重建现代性的三次浪潮

| 田冠浩 袁立国 著

本书的研究、写作和出版得到了国家社科基金青年项目（13CZX004）、
中国博士后科学基金面上项目（2014M561415）、
东北师范大学青年学者出版基金资助和中央高校基本科研业务费专项基金资助的支持。

前　言

本书试图论述康德、黑格尔和马克思对现代性进行的三次批判和重建，以及他们之间复杂的思想联系。人们一般用"现代性"来指谓一种以人的自我决定、自我实现为根本原则的人类文明形态。这一文明形态从思想史上看，肇始于马基雅维利和霍布斯对自然欲望的合理化论证，因此在其开端中就带有强烈的功利主义色彩。人类虽然摆脱了神的监护，却又沦为欲望的奴隶。卢梭、康德率先对此发起挑战，提出了以理性超越自然、彰显人道的现代性方案，构成了重建现代性的第一次浪潮。黑格尔继之而起，综合康德的精神超越性与古典经济学对于社会的具体解释，试图以此建立由人类精神认识和掌控的社会生活。这是重建现代性的第二次浪潮。而重建现代性的第三次浪潮则是马克思在黑格尔的基础上提出的：通过劳动者的自由联合控制社会生产力，为人的个性的全面发展提供条件，最终使人的自由即创造性变成人的现实感受的深刻理想。现代性思想在这一过程中经历了从自然观点、到精神观点、最后到精神与自然相统一的"人的自我实现"观点的深刻变化，而人性的丰富层次在此也得到了充分的展现。因此，回顾康德、黑格尔和马克思在重建现代性方面的重大探索，对于我们理解现代性的丰富内涵，进而发掘现代社会自我更新的巨大潜力，仍然具有重要意义。

本书成书于我们跟随恩师张盾教授求学期间。先生对本书研究纲领和观点的形成产生了至关重要的影响。更为重要的是，先生的治学为人为我们开启了一道"访前贤而理故纸，履大道以著文章"的生命境界，先生的教育和加持使我们拥有了不一样的学术人生。作为同门合作的成果，袁立国博士撰写了本书的第二章、第四章、第九章、第十章、第十一章、第十二章和第十四章，其余部分由我撰写并由我负责全书统稿。本书的最终完成建立在我们共同求学过程中频繁讨论的基础上，因此本书也是友谊的见证。书稿的部分内容曾在《哲学研究》、《马克思主义与现实》、《江海学刊》、《天津社会科学》、《社会科学》、《社会科学辑刊》等刊物发表，在此向这些杂志的慷慨支持表示诚挚感谢。

田冠浩
2015年元旦于长春

目 录

绪论：告别中世纪的三次理性革命 1
 一、市民理性对基督教自然法传统的改写 1
 二、道德理性及其神学结构 4
 三、社会理性与其自我批判 8

第一论题　康德对启蒙现代性的批判与重建 15

第一章　卢梭对现代性的批判与康德的辩护 16
 一、卢梭对资产者的批判 16
 二、康德对启蒙的理性主义辩护 20
 三、启蒙的真正目标 25

第二章　康德对政治现代性的先验论证 28
 一、霍布斯与建构主义的开端 28
 二、康德的建构主义认识论 32
 三、建构主义的政治现代性问题 35

第三章 康德伦理学形式主义的来源和后果..........40
　一、重提卢梭问题：道德政治何以可能？..........40
　二、黑格尔论卢梭和法国大革命..........44
　三、"爱弥儿式的自由"与康德形式伦理学的空洞性..........47
　四、康德伦理学形式主义的政治后果..........49
　五、形而上学的巴别塔..........53

第四章 对康德法权哲学的再认识..........58
　一、康德伦理学对自然权利观念的批判..........59
　二、重思康德法权哲学的"保守"立场..........62
　三、康德区分道德与法权的意图..........66

第二论题 黑格尔与"精神"观点的现代复兴..........71

第五章 重思黑格尔早年的宗教—政治理想..........72
　一、现代性的双子星：法国革命与康德哲学..........72
　二、诉诸人性、人权的宗教研究..........76
　三、告别大革命和康德哲学..........79
　四、面向现代政治的宗教研究..........82

第六章 黑格尔论基督教与现代人的命运..........87
　一、现代世界的开端：罗马私人与基督教..........87
　二、现代人道理想的"基督教形态"..........90
　三、基督教与现代国家的统一..........95

第七章 黑格尔思辨哲学的伦理本性..........102
　一、"认识你自己"与阿里斯托芬的《云》..........102

二、基督教对人的认识及其缺陷……………………106
　　三、作为现代伦理意识的思辨哲学…………………111

第八章 黑格尔的"精神创世论"……………………………121
　　一、柏拉图与基督教的精神"创世论"………………122
　　二、近代哲学的理性主义世界观……………………126
　　三、黑格尔与自我创造的人…………………………131

第九章 康德、黑格尔对现代社会理论的升华……………141
　　一、古今的政治观念论………………………………141
　　二、斯密与社会理论的兴起…………………………145
　　三、康德、黑格尔与政治的回归……………………150
　　四、对历史唯物主义的启示…………………………156

第三论题　马克思对近代西方政治思想的综合与超越…………159

第十章 马克思的政治存在论………………………………160
　　一、自然：现代政治自主性的逻辑起点………………160
　　二、历史：政治哲学的存在论转向……………………164
　　三、自由：政治存在论的理论旨趣……………………167

第十一章 历史唯物主义与契约论传统……………………172
　　一、现代人道理想的普遍性叙事………………………173
　　二、历史唯物主义的政治意识…………………………175
　　三、从形式联合到实质联合……………………………180

第十二章 马克思与卢梭的社会思想 185
- 一、卢梭对社会公共精神的复兴 185
- 二、历史唯物主义对社会的再发现 189
- 三、财产权批判与新社会构想 193

第十三章 马克思对黑格尔"等级神话"的超越 198
- 一、"等级神话":政治经济学与基督教政治框架的综合 198
- 二、"犹太精神":马克思对"市民社会"的初步批判 204
- 三、《资本论》对黑格尔"等级神话"的最终超越 208

第十四章 马克思的政治经济学批判与科学社会主义 216
- 一、从政治哲学到古典政治经济学 216
- 二、从古典政治经济学到政治经济学批判 221
- 三、从政治经济学批判到科学社会主义 228

第十五章 马克思对黑格尔"精神自由"思想的改造 233
- 一、黑格尔对基督教社会思想与古典政治经济学的双重超越 ... 235
- 二、马克思在《1857—1858年经济学手稿》中对黑格尔的批判 .. 239
- 三、《资本论》及其手稿中的自由理想 243

附录 卢梭与现代共同体 249

参考文献 255

绪论：
告别中世纪的三次理性革命

按照19世纪、20世纪的民族主义、进步论和欧洲中心主义的意识形态，基督教中世纪被认为是希腊、罗马文明陷落的黑暗时期，如今这一教条已为沃格林等学者所摒弃，并且开始重新关注"中世纪"对它解体过程中所出现的现代世界具有的重大意义。本文追随前贤，试图表明：第一，现代理性从中世纪政治与思想方式的束缚中挣脱出来并非是在它的早期阶段一劳永逸地解决了的问题，在诸如自由主义（洛克）、道德主义（康德）、国家主义（黑格尔）等根本性的现代社会方案的创制中实际上都混入了重要的中世纪—基督教因素；第二，现代性危机始终伴有中世纪危机的影子，现代理性正是在与"中世纪"艰苦卓绝的竞争中实现的自我更新，克服和缓解它在各个发展阶段上的缺陷；第三，这种与"中世纪"的持续竞争使现代理性保持了自我批判和调整的可能性，这一点对于我们这些信仰马克思主义的人来说，对于我们世界的命运来说也许更为重要。

一、市民理性对基督教自然法传统的改写

现代市民理性的兴起在很大程度上正是为了应对中世纪晚期的教派冲突的危机局面，它的伟大先驱是托马斯·霍布斯。霍布斯生活的时代正值英国社会从中世纪向现代急速转型的内战阶段，因此，和平与安

全问题构成了其政治哲学的基本出发点。在霍布斯看来，英国内战的原因主要有两个：首先是在世俗方面，大学中希腊、罗马学问的研究及其对社会生活的影响，使人们渴望自由的"荣耀"；其次是在宗教方面，清教观念将每个人的权利和义务归之于各人的启示，并最终私人化。这两种趋势合流滋养了不服从的精神，国教和国王被他的天主教臣民和清教臣民视为外来的敌人，最终导致了内战的爆发。① 出于结束内战状态的需要，霍布斯提出必须创造一个绝对的主权者，作为上帝在凡间的代表，按照自然法（自然理性）施行统治，以实现和平与安全保障；并且为了避免国家再次陷入纷争，主权者必须享有裁判和决定《圣经》信仰的权威。② 乍看起来，霍布斯的这个方案极端保守，几乎可以追溯到日耳曼迁徙时期的民族王权，甚至旧约信仰中犹太人的神权政治，③这使他饱受后世自由主义者的诟病。

但实际上霍布斯在这里却实现了对于中世纪政治思想的一次突破。这是因为霍布斯已经注意到伴随着教会的世俗化和新教改革运动，宗教社团已经变成了与其他社会共存的特殊社会，因此英国的宗教与政治冲突已经不再具有传统意义上的神圣性，它只不过是一场世俗争端，一种缺少权威秩序的"自然状态"，而走出这种敌对状态的最好办法就是根据每个人追求自保的自然理性（自然法）缔结契约，组成政治社会，正是这一点将他与中世纪的自然法传统联系在一起，并最终决定性地把自然法改造为一种"市民理性"。就霍布斯声称实现政治秩序所依据的自然法乃是通过自然理性可以认识的上帝意旨而言，霍布斯显然分享了托马斯·阿奎那和奥卡姆的威廉的自然法意识，后者认为上帝通过"永恒法"治理世界，而自然法就是"永恒法将其自身铭刻于理性造物心中，并赋予他们一种转向适当行为和目标的倾向"，它包括了"自我保全"和"倾

---

① 参见〔法〕皮埃尔·莫内：《自由主义思想文化史》，曹海军译，长春：吉林人民出版社2004年版，第26—27页。
② 〔英〕霍布斯：《利维坦》，黎思复、黎廷弼译，北京：商务印书馆2010年版，第17章、第40章。
③ 〔美〕沃格林：《没有约束的现代性》，张新樟、刘景联译，上海：华东师范大学出版社2007年版，第207—208页。

向文明共同体的生活方式"。①但是霍布斯在接受自然法观点的同时，革命性地修改了传统基督教的"原罪"观念，即声称自然状态下的人做任何事情都是合乎自然法（自然理性）的、无罪的，②自然法并不高于世俗的人性，这使得基督教自然法取得了一种与"市民理性"同质的内容，出于理性设计的政治社会在根本上只是确保和平的公安措施。霍布斯以此将自然法降低为一种市民法，并试图将其作为重塑中世纪晚期基督教社会的基础。

霍布斯以后，对于"市民理性"的发展影响最大的人是洛克。尽管后者明确反对霍布斯式的绝对主权观念，但是他们理解政治的理性立场却完全一致，这正如拉斯莱特所说的，"霍布斯思想对于洛克有着理论上的重要性，它以某种方式进入他的学说，其深度远远超过政治意见的分歧"③。洛克在政治理论上的主要贡献在于他比霍布斯更清楚地表达了"市民理性"的政治诉求，亦即声称私有财产是现代人自由和权利的基础，是社会契约的基本出发点，这使得霍布斯所开创的"市民理性"在政治实践上取得了巨大的成功，因为对财产权的强调适应了新型市民社会的经济动机，因而能够最有效地恢复社会秩序。这一点在一百多年以后再次为西耶斯和法国革命的其他设计者所洞见。不过从这个意义上也可以说洛克式自由主义（包括宗教宽容）在其起源上不过是一种宗教战争让位于世俗目标的停火状态，在神圣标准缺失和人类理性尚不健全的情况下，这一状态不可避免地转向"资本主义"这一与现代社会相伴随的独特现象。正是这一点激起了沃格林对洛克的激烈批评："把人的本质定义为人自己的财产，这在我看来始终是所谓人类哲学史上最可怕的暴行之一……洛克的政治秩序的理想图景只不过是马克思相信不得不艰苦地予以研究勾勒，并不得不予以揭露的资

---

① 〔美〕沃格林：《政治观念史稿·卷三 中世纪晚期》，段保良译，上海：华东师范大学出版社2009年版，第247页。
② 〔英〕霍布斯：《利维坦》，黎思复、黎廷弼译，北京：商务印书馆1985年版，第14章。
③ 〔英〕彼德·拉斯莱特：《洛克〈政府论〉导论》，冯克利译，北京：生活·读书·新知三联书店2007年版，第88页。

产阶级社会图景。"①

在洛克那里,与市民理性的政治观念相伴随的是一种理性主义的自然宗教和经验主义的哲学态度。其中前者声称,即使不依赖《圣经》启示和宗教仪轨,普通人也能通过观察和反思揭示出上帝对自然秩序的安排,②后者则相信人可以通过感官经验和内省获取有效的知识,从而宰制自然、治理人世。它们共同反映了"地理大发现"后中世纪向现代转型的新趋势:人们不再相信通过教堂、修道院、十字军可以自上而下地驱逐邪恶(经院哲学的演绎法),取而代之的是海外探索、商业剥削、殖民地开发等自下而上掠夺自然和世界的获利经验(培根的归纳法)。③洛克这位自然宗教和经验哲学的教父本人就是一家从事奴隶贸易的殖民地公司的股东,他甚至采用了一种独特的逻辑为荷兰在东印度地区的侵略性商业政策辩护,就是声称处在自然状态中的国家与处在自然状态中的人拥有同样的自然权利,它可以为自己谋取一切生存所必需的利益而不为不义。④这也从一个侧面反映出了洛克式的市民理性所具有的殖民色彩,将其适用于祖国和同胞必然引起社会的分裂和人性的败坏。

二、道德理性及其神学结构

霍布斯和洛克的开创性工作迈出了中世纪思想向现代转型的关键一步,在他们那里政治国家已经成为社会生活的最高权威,而人的理性则成为整饬国务的首要原则,这一点构成了所有后世政治理论的基础。但是由于霍布斯和洛克对于人类理性的理解仅仅停留在市民阶级狭隘

---

① 〔美〕恩伯莱、寇普编:《信仰与政治哲学——施特劳斯与沃格林通信集》,谢华育、张新樟译,上海:华东师范大学出版社2007年版,第135—137页。
② 〔美〕约翰·奥尔:《英国自然神论:起源和结果》,周玄毅译,武汉:武汉大学出版社2008年版,第120页。
③ 〔奥〕弗里德里希·希尔:《欧洲思想史》,赵复三译,桂林:广西师范大学出版社2007年版,第380页。
④ 〔奥〕弗里德里希·希尔:《欧洲思想史》,赵复三译,桂林:广西师范大学出版社2007年版,第394页,〔英〕彼得甘西:《反思财产》,陈高华译,北京:北京大学出版社2011年版,第156页。

的自保、自利的观念上，理性政治的基础过于薄弱，使得早期现代社会为此付出了沉重的代价。其具体表现就是：一方面政治社会缺少独立性，它必须依赖于一种"自然法"的神圣权威才能取得最后的统一；另一方面，市民理性的自私倾向却时刻动摇着"自然法"残存的威信，最终使个人利益纷争取代宗教内战成为社会生活的常态。由此可见，市民理性还不理解自身真正利益的所在，它还没有完全取得独立，而这正是卢梭、康德打造"道德理性"的根本出发点。

卢梭是第一个要求改造市民理性及其政治观念的现代思想家。不过他并不完全否定作为霍布斯和洛克的理论前提的自然法（自然理性）传统，《爱弥儿》中有相当大的篇幅用来讲述对自然的观察和对自然必然性的认识和悦纳。他只是认为凭借自然倾向本身无法立约，因为一旦社会败坏了人类自然的激情，他们的契约就只能以自我利益的计算为依托，这样的社会契约不是倾向于无政府就是倾向于僭政。[①]在卢梭看来，为了使政治社会成为合法的，必须把个体的自然理性提升为一种"公意"（公民的道德理性），这意味着培养一种道德的自由，使人关心法律的正义甚于个人的得失。卢梭以此第一次将"道德理性"置于基督教的自然法之上，但也可能正是在这里卢梭为现代思想重新引入了某种神学式的结构。

为了说明这一点，最重要的文献是《爱弥儿》中的"萨瓦牧师自白"，在这篇文献中，卢梭有意向人展示了一颗拥有"道德理性"的灵魂，其纯净、正直只有耶稣的使徒能相提并论。但是这是一颗现代人的灵魂，它经历了哲学的启蒙，抛弃了对天主教奇迹和教条的信仰，最终认识到了良心的自由——人的意志运动具有超出自然的自发性，唯有人能够把共同的意志和自己的意志结合在一起，从而脱离肉体欲望的奴役，理解秩序、美和道德。[②]卢梭在这里以前所未有的方式表彰了人道的尊严，而他为此付出的代价就是重新引入了一种中世纪式的"灵肉分离"的二元

---

① 〔美〕阿兰·布鲁姆：《巨人与侏儒》，秦露等译，北京：华夏出版社2007年版，第237页。
② 〔法〕卢梭：《爱弥儿》，李平沤译，北京：商务印书馆1978年版，第383、396—397页。

论结构，其深远影响迄今未受重视——当卢梭借"萨瓦牧师"之口说出"良心是灵魂的声音，欲念是肉体的声音"时，卢梭就不得不承认"单单拿理智来建立道德，这是不可能的……如果上帝不存在，就只有坏人才懂得道理了"。①正是这番话使我们理解了卢梭思想的要害所在，即过于偏重道德理性的原则以致过分强调人性的改造，使他最终不得不诉诸宗教情感和上帝悬设，这无异于重建了基督教的"灵魂天国"，对现实政治于事无补。对此罗伯斯庇尔也许是卢梭思想最富戏剧性的注脚，他把法国大革命引向公民的纯粹道德，结果收获的却是一场笼罩着宗教迷狂氛围的革命恐怖和处决他本人的断头台。

卢梭以后，全面阐述人类的"道德理性"并将其推向极致的是康德，这项事业是通过一整套人类理性的批判方式进行的。通过《纯粹理性批判》，康德区分了现象与物自体，提出经验世界的秩序存在于人的先验范畴之中，人为自然立法，以此颠覆了世界秩序出自上帝之手的基督教观点；通过《实践理性批判》，康德将卢梭的"公意"思想转化为一条形式法则："使你意志的准则同时成为普遍立法的原则"②，以此第一次表达出现代性的核心价值：善并非自然（自然法），它是人类理性的产物，人通过普遍理性的自我立法，摆脱了自然的监护，从而真正成为自己的主宰；最后在《判断力批判》里康德指出，理论理性无法在其经验运用中为超验的"自然实存本身的目的"提供辩护的根据，从而否定了近代自然神学的基础——而比这更为重要的是，因为"惟有人能自己制造一个目的概念"并运用知性将造物纳入一个"目的系统"，同时又因为惟有人的"道德理性"能够成为"目的上的无条件立法"，所以只有人的道德目的才是"全部自然在目的论上所从属的终极目的"。③康德以此表明人类的意志能够转变成绝对有力、必然的法律，④从而给了对基督教自然法

---

① 〔法〕卢梭：《爱弥儿》，李平沤译，北京：商务印书馆1978年版，第411、419—420页。
② 〔德〕康德：《实践理性批判》，邓晓芒译，北京：人民出版社2004年版，第39页。
③ 〔德〕康德：《判断力批判》，邓晓芒译，北京：人民出版社2004年版，第282、292、294页。
④ 〔德〕克里斯·桑希尔：《德国政治哲学：法的形而上学》，陈进江译，北京：人民出版社2009年版，第173页。

传统致命的一击，从此以后一切宗教信条都必须在道德理性的法庭面前接受审查和评判。

"三大批判"一举奠定了康德作为现代人道大宗师的地位。他比卢梭更激进地表达了现代理性的立场，但是正因如此也更深刻地受制于一种神学式的"二元结构"。在康德看来，"人是目的"的道德法则已经表达出了人类团结一致的形而上学基础，但是仅有道德理性仍不足以产生经验世界里的"自然律"，不能成为使全部自然满足人类幸福的原因。① 这几乎再现了中世纪思想中灵与肉、天国与尘世的分离，康德对此提出的解决办法是预设上帝存在和灵魂不朽，从而使人可以怀有对"德福一致"的"希望"。这一解决方案看似不得已为之，实则却是理解康德哲学的机要所在，对其加以详细分析，可以使我们发现康德思想仍然受制于中世纪的地方。

首先，康德提出的"希望问题"对于希腊无神论来说毫无意义，因为在希腊人看来人本身不是目的，而是在一个永恒不变的目的秩序中拥有其位置，当一个人在他自己的位置上履行了"本分"，他就实现了本性上的满足（幸福）；获得幸福的资格（德行）就是幸福本身。但是对于康德而言却不同，启蒙运动使人意识到自己就是目的本身，由此出现了公共善（道德）与私利（幸福）的冲突。康德必须考虑如何解决这个问题，这使他倾向于一种纯粹的理性自由，能够克服自然欲望的动机，无条件的颁布道德命令。科耶夫发现，正是在这里康德暗中引入了一种基督教式的"否定性"人论："'道德'没有苛求自由人去履行具体的义务，而是要求他避免他作为造物所必然沾染上的罪。"②

其次，受制于这种"否定性"的人论，康德认为道德自由、上帝存在和"至善"的来世本身都在时空经验之外。这意味"人和他生活于其中的世界，绝无可能达致一种含有幸福的满足"，"义务与现实之间的和谐只能在这个空间—时间范围内的自然性世界的彼岸出

---

① 〔德〕康德：《纯粹理性批判》，邓晓芒译，北京：人民出版社2004年版，第613页。
② 刘小枫、陈少明主编：《康德与启蒙》，北京：华夏出版社2004年版，第37页。

现"。①这表明当康德提问"我们可以希望什么"②时,他已经回到了某种中世纪立场:人虽然把最高价值给予自己,但是他逃避现实;灵魂与肉体、理性与自然的二元对立只不过揭示出了"人还不敢把这种价值给予生活在具体世界中和行动的自己;他不敢把这个世界作为一种理想加以接受"③。正是在这个意义上,康德哲学仍然是一种以人类学形式呈现的神学。

最后,正是由于康德哲学受制于上述二元对立的神学结构,使他无法将"道德理性"与现实政治统一起来,以致无法提出真正独立于"市民理性"的政治主张。以《法权形而上学》为例,康德几乎完全采纳了洛克关于财产权的立场,甚至认为法律和国家的意义就在于对获得物的核准和维护,因此从根本上说是为私有财产和私有财产所有者的利益存在的。这刚好印证了查尔斯·泰勒的看法:在康德那里"道德自主性的获得以道德的空洞性为代价",为此"他的政治理论最终到功利主义那里去汲取资源",以致其中阐明的无非是"以自己方式寻求幸福的每一个个体的(关于)社会的功利主义见解"。④

三、社会理性与其自我批判

在卢梭、康德之后,全面反思和推进现代理性精神的人是黑格尔。他的哲学常常被人指责为是一种思辨神学,似乎他只是通过概念与历史的辩证运动,重新赋予了上帝(绝对精神)一种合理性的形式,而他在财产、法律、国家、历史等标题下所讨论的内容则不过是为上帝所扬弃的有形世界,其真理本身在上帝之中。这种流行观点实际上是对黑格尔的一种极大误解,它没有注意到黑格尔对上帝观念的改造已经使这一概念发生了根本性的变化。当黑格尔谈论上帝、实体和"绝对精神"的时候,

---

① 刘小枫、陈少明主编:《康德与启蒙》,北京:华夏出版社2004年版,第37页。
② 〔德〕康德:《纯粹理性批判》,邓晓芒译,北京:人民出版社2004年版,第612页。
③ 〔法〕科耶夫:《黑格尔导读》,姜志辉译,南京:译林出版社2005年版,第249页。
④ 〔加〕泰勒:《黑格尔》,张国清、朱进东译,南京:译林出版社2002年版,第567—568页。

他所意指的实际上是作为整体的社团、民族和国家；而所谓的"思辨性"恰恰是社会生活本身的性质，这种性质在现代社会的发展达到了前所未有的程度，其具体表现就是：一方面，个人的牟利动机与自由精神在社会性的法律和政治制度中受到约束和保障；另一方面，个体是社会自身的环节，通过使公民进入社会分工中一定的职业和等级，现代社会才成为有效运转的整体。因此所谓黑格尔的"思辨神学"实际上恰恰是一种关于现代社会生活的整体性观点，表明黑格尔希望提出一种"社会理性"来克服"市民理性"和"道德理性"的缺陷，从而为现代性奠定新的基础。

  黑格尔的这项工作是从对基督教的彻底世俗化、政治化的解读开始的。按照他的看法，基督教已经通过"圣灵王国"的教义，意识到"精神（神）就是他自己的宗教社团"①（黑格尔所谓的宗教社团并非现代意义上的职业宗教团体，而是作为一个文明共同体的民族），而社团中的个体成员也因为"圣灵注入"获得了无限性，从而达到了与"实体者"（社团）的统一，②这表明基督教已经获得了一种对于社会生活的真理性见解。但是黑格尔并不满足于此，因为它还仅仅是一种在思想要素里所过的"实体性生活"，只停留在表象的形式之中，没有成为确切的概念。③也就是说基督徒虽然已经意识到了他作为特殊性与普遍性、有限性与无限性的相统一的抽象自由，但是这种自由还没有取得特定的现实存在，它仍然处在现实性的"彼岸"，因此它还仅仅是一种自由的"感情"和"表象"，只有当基督教的社会理想沉入现实，在现实的社会生活中展开它自己，最终在尘世建立起自由的"天国"，"精神"（抽象理想）才能在现实世界中复返于自身，即获得关于自身的确切认识。

  在黑格尔看来，这个"精神"下降到现实又复返于自身的过程就是

---

① 〔德〕黑格尔：《精神现象学》下卷，贺麟、王玖兴译，北京：商务印书馆1979年版，第251页。
② 〔德〕黑格尔：《宗教哲学》，魏庆征译，北京：中国社会科学出版社2005年版，第482页。
③ 〔德〕黑格尔：《精神现象学》下卷，贺麟、王玖兴译，北京：商务印书馆1979年版，第186页。

所谓的现代性进程。这个进程的起点就是霍布斯和洛克首倡的市民理性，它标志着基督徒开始把他的抽象自由向现实世界伸展，由此导致的"功利主义"行为最终将中世纪引向了现代"市民社会"。这个新社会的特征被黑格尔在《法哲学》中概括为社会生产、分工和财富分配的日益精细化、复杂化；社会成员之间相互依存的程度的提高；以及与之相关的现代法律和行政事业的创建。黑格尔认识到"市民社会"的兴起使"精神"的特殊性环节得到了发展，现代社会生活获得了空前的规模和深度。但是他也注意到在这个过程中人的目光过于执着于世俗事务，以至于个人的特殊利益取代了道德价值，从而丧失了一种实体性生活（伦理共同体）的视野。正是这一点激起了卢梭和康德的激烈批评，他们要求人应该追求普遍的目的，在"道德理性"的绝对自由中重新奠定人道的尊严和整体性的社会理想（目的王国）。在这方面，黑格尔与卢梭、康德的思想方向具有一致性，他们都希望为现代理性恢复一个"实体性"的维度，然而黑格尔却反对卢梭和康德将实体性的权威建立在思维的主观性之中，因为纯粹的思维规律（道德律）过于抽象空洞，以至无法成为现实世界中行为的指导——法国大革命正好诠释了这一点，"把抽象的观念生硬的应用于现实，那就是破坏了现实"。①所以黑格尔不再把现代理性理解为一种抽象的自由观念，而是将其理解为一种结合着思维的普遍性与现实的行动意志的社会生活。这就是拿破仑所建立的现代国家，黑格尔在耶拿战争中亲历了它的诞生。

按照黑格尔在《精神现象学》和《法哲学》中的看法，拿破仑通过建立国家权力机构和颁布《法国民法典》（1804年）已经在根本上使公民的特殊权利被结合到国家的普遍目的之中，从而使国家成为"绝对自在自为的理性的东西"，"在国家中自由达到了它的最高权力"。这意味着现代社会生活获得了超越私利动机（市民理性）的目的和权威，从而使现代社会的生产、司法和行政体系能够按照合理的方式运行，以服务于

---

① 〔德〕黑格尔：《哲学史讲演录》第四卷，贺麟、王太庆译，北京：商务印书馆1978年版，第256—257页。

共同体的整体利益；在这个过程中成为对社会有用的成员变成了个体行动的出发点，而个人特殊利益的满足则是这样一种普遍性的社会生活本身的结果。①黑格尔由此认为，现代国家已经实现了基督教的社会理想，国家成为行走在地上的"神"，基督徒的抽象精神自由已经被实现为一种共同体中的公民生活，天国和尘世的对立已经消失，现代理性（黑格尔哲学）最终在国家中获得了它的绝对基础，它因此能够扬弃宗教的表象形式，达到对真理亦即以国家为载体的"绝对精神"的概念性知识。②这表明在为现代性辩护的道路上，黑格尔比他的前辈思想家走得更远。从他开始，现代性被看作是一种人类社会生活自身的理性，不再依赖任何外在的权威和希望；人就是在他自身中的"神"；社会自身就是绝对的标准和这个标准的实现。正是在这个意义上黑格尔哲学所表达的"社会理性"实现了对中世纪的一次决定性告别。

　　黑格尔的思想体系经常给人以包罗万象的印象，这正是因为黑格尔已经把哲学实现为一种"社会理性"，从而能够以一切人类活动方式及其外界环境为对象，最终使生产、等级、贫困等社会问题第一次获得真正的哲学阐释——正是这一点使黑格尔哲学成为了马克思哲学出场的最重要背景。当马克思在《德意志意识形态》和《资本论》中称赞黑格尔"第一次为全部历史和现代世界创造了一个全面的结构"③，甚至公开承认是这位伟大思想家的学生时，马克思显然已经注意到了黑格尔的"社会理性"使哲学发生的深刻变化。但是马克思为什么还要强调自己的"辩证法"与黑格尔的"辩证法"截然相反呢？就马克思从社会生产和交往来理解人的现实性而言，马克思已经是在黑格尔所开创"社会理性"层面思考问题。那么又是什么原因使马克思坚持认为黑格尔使辩证法神秘化了呢？如果像我们已经证明的那样黑格尔的辩证法表达的是一种人类社会生活自身的理性，那么马克思对黑格尔的批评，其合理性又在哪

---

① 〔德〕黑格尔：《法哲学原理》，张企泰、范扬译，北京：商务印书馆1961年版，第253页。
② 〔德〕黑格尔：《法哲学原理》，张企泰、范扬译，北京：商务印书馆1961年版，第360页。
③ 《马克思恩格斯全集》第3卷，北京：人民出版社1960年版，第190页。

里呢？

思考这些问题，将把我们带入现代性自我理解和自我批判的最深刻之处。而马克思和黑格尔正是这种理解和批判关系的两极。黑格尔对于现代性的理解，建立在英国工厂革命（政治经济学）、法国政治革命和德国宗教改革的基础之上，在他看来这三大运动最终在耶拿战争中汇聚为一种个人的特殊自由与社会的普遍自由相统一的现代人的理念（国家理念），从而使社会历史达到了顶点，而他自己的哲学正是对这一"绝对理念"的表述。在这方面马克思与黑格尔也有相同的地方。当马克思在《资本论》中将共产主义表述为"自由人联合体"时，实际上是重复了黑格尔对现代社会理想的表达。马克思与黑格尔的不同之处只是在于，他认为黑格尔以对理想的认识代替了对理想的实现，因此是一种"观念"与"现实"的倒置。关于这一点，学术界的讨论很多，基本的看法是：马克思以具体的、现实的唯物史观颠倒了黑格尔抽象、思辨的唯心史观。这种观点固然不错，但是还没有完全揭示出马克思颠倒黑格尔的根本用意。为了说明这一点，最重要的是弄清楚马克思怎样看待黑格尔的"绝对理念"与国家的关系。

首先，黑格尔以国家作为"绝对理念"的载体，这在马克思看来是一种中世纪的偏见。在《黑格尔法哲学批判》中马克思指出，黑格尔将"（国家）机体规定为观念的发展"①实际上是一种基督教唯灵论的表现。用马克思自己的话说："（在黑格尔那里）'概念'是'观念'的即圣父的圣子，它是动因，是决定性的和有辨别力的原则，'观念'和'概念'是独立的抽象。"②在这里马克思将"观念"（国家理想）比作"圣父"，将"具体概念"（阐述国家的组成部分和制度安排）说成是"圣子"，正是模仿了黑格尔在《宗教哲学讲演录》中使用的语言，其用意乃是通过一种"道成肉身"式的类比，批评黑格尔将"观念"自身的理想性强加给了国家的不同方面，从而使国家权力神圣化。

---

① 《马克思恩格斯全集》第3卷，北京：人民出版社2002年版，第18页。
② 《马克思恩格斯全集》第3卷，北京：人民出版社2002年版，第19页。

其次，在马克思看来，黑格尔对国家进行一种"有机体"式的类比也是唯灵论的，这是因为马克思注意到将国家视为"有机体"意味着国家中的不同方面"处于合乎理性的相互关系之中"①，然而这种"合理性"仍然是以上述"唯灵论"的方式强加的，它掩盖了资本主义国家"机械性"、"压迫性"的一面。正因如此，所谓的"绝对国家"实际上是重塑了中世纪的等级神话，即认为社会各部门是"基督神秘身体"的一部分。

因此，从马克思的观点来看，黑格尔的"绝对理念"作为对现代性合理方面的认识，仍然只是一种理想（思维过程），而不是现代社会本身，一旦将其"反转"过来用于阐释现实，黑格尔哲学就陷入了神秘的方面，并且使"现存事物显得光鲜"②，使不合理的社会秩序获得辩护。这正是马克思坚决反对黑格尔辩证法的原因所在。但是从这里也可以看出，马克思与黑格尔关于"辩证法"的争论在根本上是关于现代社会方案的争论，是实现"社会理性"的不同策略的竞争。在黑格尔看来国家能够有效地管理社会生产和行政事务，实现社会的普遍福利和公民的道德尊严。但马克思却注意到现代国家仍然是建立在使社会分裂的财产权的基础之上，作为阶级统治的工具，它必然加剧社会分裂，因此国家并非"现代理性"的化身，只有按照社会生产和交往自身的理性，摆脱私有财产及其国家的束缚，现代社会才能真正使自身合理化。

就与中世纪思想决裂的彻底性而言，马克思对"社会理性"的批判性思考显然更胜黑格尔一筹，但是他也从反面促进了黑格尔式"国家善政"的进一步成熟。时至今日，黑格尔和马克思的"社会理性"仍然构成了我们理解现代社会生活的基本视野，这体现在三个方面：首先，现代社会必须有一个整体性的维度，才能抑制资本力量推动的各种恶性市场行为，调整财富分配状况，维护社会的团结和稳定，就此而言黑格尔的"国家"理念仍然是当代政治实践中的真理。其次，马克思始终是现

---

① 《马克思恩格斯全集》第3卷，北京：人民出版社2002年版，第15页。
② 〔德〕马克思：《资本论》第1卷，北京：人民出版社2004年版，第22页。

代国家方案最有力的批评者,这是因为一旦政治权力偏离公众利益,就可能加剧社会的不平等,所以必须限制私有财产对政治事务的影响,才能真正使社会生产和财富服务于大多数人的福祉。最后,经济全球化作为当代资本主义的最新表现形式,为黑格尔的"国家善政"与马克思的"资本批判"提供了某种结合的可能性,这就是在不平等的国际经济秩序中只有通过国家力量限制国际资本主义的负面影响,使国家本身成为"资本批判"的新方式,才能实现国际经济环境的改善和国民福利的增长。

第一论题

康德对启蒙现代性的批判与重建

第一章
卢梭对现代性的批判与康德的辩护

学界一般认为，康德伦理学是先验的和高度形式化的，其动机是出于构造一个先验哲学的完整体系的需要，就是把人的超感性存在（即本体）从知识领域推广到道德领域，使其实在性得到证实。然而，仅仅从理论的理由来解释康德伦理学的动机是不够的，因为它关乎世道变迁中的人心变迁，纯理论的解读很难理解其中所包含的社会政治意义。在此问题上，如果断言像康德那样的深邃智慧没有任何现实感，那肯定是贬低了康德。康德是一位先验哲学家，但他首先是一位启蒙时代的哲学家。思想史的仔细考察告诉我们，康德构造伦理学的首要动机是为了回应卢梭对现代性的激烈批判，卢梭关于"公意"和"资产者"的开创性问题直接引发了康德的伦理学研究，在卢梭的冲击下，康德感到必须为他所在的启蒙时代作出辩护。如果我们能注意到卢梭对康德产生的强烈影响，就会发现康德伦理学高度抽象化和形式化的思想形态背后其实包含着清晰的现实感和时代印记。这对更好地理解康德伦理学和理解卢梭都有益处。

一、卢梭对资产者的批判

卢梭对现代社会和现代政治的思考从对资产者的思考开始。"资产者"一词是卢梭的伟大发明，卢梭的这一发明在西方现代性的发展中具有转折性意义。因为与早先的启蒙思想家不同，卢梭的批判对象不再是行将就木的王权和贵族，而是资产者。这种类型的人是现代政治的主导性类型，这种人无诗、无爱、无英雄气概，既非贵族，也非人民，也非公民；他的宗教也是贫乏的、此岸的。① 卢梭认为，资产者的出现和取得统治预示着人类开始走向永久堕落的卑下结局，为此他第一个开辟了反对资产者的战场，在这个战场上与资产者相对立的两种主导类型是自然人和公民。

卢梭反对资产者的第一个步骤是攻击资产者这种类型赖以存在的基础：自然权利。他直接针对的是霍布斯和洛克的自然权利学说，他的方法是接受这种学说，并使其彻底化："对社会的基础作过一番研究工作的哲学家，都认为必须追诉到自然状态，但他们当中，没有一个人追溯到了这种状态。"他提醒人们注意，尽管这些哲学家"各个都不厌其烦的在书中大谈什么人类的需要、贪心、压迫、欲望、和骄傲，把人类只有在社会状态中才有的观念拿到自然状态中来讲：他们说他们讲的是野蛮人，但看他们笔下描绘出来的却是文明人"②。卢梭笔下的自然人是真正的自然人，这种人得自上天的资质与作为文明人的资产者的品质是正相反对的：自然人不关心财产也不可能占有财产，他只关心当下的需要，他的欲望很少而且易于满足；自然人因此是完整、孤独的，他不依赖他人，因此也不伤害他人；由于懂得服从必然的法则，对于他来说唯一的灾难——饥饿和痛苦也是容易承受的，在多数情况下，自然的厚爱就足以使他生活愉快而幸福。卢梭的自然人与霍布斯和洛克的自然人显然完全不同，这样一种悠闲自得的自然人，使霍布斯倡导的自我保全的权利只能处于派生的地位，因为在自然状态中敌对状态是很罕见的；同时也使洛克主张的追求财产的权利失去根本性，对人来说，根本的权利不是财产，而是自然的自由，凭借自然的自由人就可以自我保全和享受生活。卢梭宣称自然状态中有过一个时代是人们愿意永远停留于其中的，即使

---

① 〔美〕阿兰·布鲁姆：《巨人与侏儒》，秦露等译，北京：华夏出版社2007年版，第261、236页。
② 〔法〕卢梭：《论人与人之间不平等的起因和基础》，李平沤译，北京：商务印书馆2007年版，第46页。

人类在文明中获得再大的理智和道德的进步，也永远无法补偿从自然状态脱离出来在幸福方面给人类造成的损失。至于资产者，则与自然人完全对立，资产者是不完整的人：除非依靠财产，资产者就不能保全自身；为了占有财产，资产者就不得不依赖他人。卢梭认为，财产取消了资产者的一切自然的自由，由于他在根本上欲望的是对他人的权力，远远超出自然的需要而欲壑难填、充满敌意，他们带给自身和整个社会的性格只能是奴役的、不幸的，"他们是自己愿意用他们的财产去消耗他们的生命的"①。这样，卢梭就以自然人的名义否定了资产者所声称的一切天赋权利，而判定资产者是人性彻底扭曲的结果，资产者存在的自然合法性被完全剥夺了。

卢梭认为，人本于自然是社会性阙如的，既无理性也无道德，他们"既没有教育，也没有进步；子孙一代一代的繁衍，但没有什么进步的业绩可陈，每一代人都照例从原先那个起点从头开始；千百个时代都像原始时代那样浑浑噩噩的过去：人类已经老了，但人依然还是个孩子"②。人类本来就是为这样的状态而生的，进入社会状态并非必然，只是一系列偶然事件将理性和道德发展强加给了人类。如施特劳斯所见，卢梭对自然状态的这一思考最终导致抛弃由霍布斯和洛克建立的现代自然权利论：自然人是亚人性的，返回自然状态去为人类社会寻找终极规范是荒诞不经的；就历史是偶然的而言，它同样无法给人类社会提供标准，由此卢梭必须去思考有关真正的公共权利的知识。③这正是《社会契约论》的主题，在这部伟大作品中，卢梭试图确立起一种理性的法则，来作为传统自然法的现实替代物。卢梭的这项工作使公民成为资产者的另一个道德对立面。

"人生而自由，却无往不再枷锁之中。自以为是其他一切主人的人，

---

① 〔法〕卢梭：《爱弥儿》，李平沤译，北京：商务印书馆1978年版，第620页。
② 〔法〕卢梭：《论人与人之间不平等的起因和基础》，李平沤译，北京：商务印书馆2007年版，第79—80页。
③ 〔美〕施特劳斯：《自然权利与历史》，彭刚译，北京：生活·读书·新知三联书店2006年版，第280—281页。

反而比其他一切更是奴隶。"这一变化出现在人的社会状态,卢梭自认无法弄清它是怎么形成的,但他自信能够解答"什么才使这种变化称为合法的"①。虽然卢梭也把自我保全的自然权利看作社会契约的根基,而社会的合法性就在于通过立约的公正普遍性吸纳这种权利,但他坚持认为自然的动机本身无法立约,无法造就社会的人。因为一旦社会败坏了人类自然的激情,他们的契约就只能以自我利益的计算为依托,这样的社会契约不是倾向于无政府就是倾向于僭政。②说到底,自私不足以成为政治道德的保障,合理的社会状态需要有一种真正的道德和理性作支撑。按卢梭设想,为了结成社会,公民必须放弃自然的自由而加入到"公意"中来,成为全体不可分割的一部分,这样他就使自身获得了普遍化。因为"公意"意味着对每个成员执行同样条件和权利的约定,公民之间的权利和义务因此具有相互性,这样被结合起来的"公意"将不接受任何个别的目标,而永远以普遍的或共同的利益为依归。公意(作为法律)结合了意志的普遍性和对象的普遍性,因此就其意图上说永远是其所当然的,它表达了一种真正的理性的正义。公民的尤为卓异之处就在于他们这样做不是服从任何别人的意志,而只是在服从自己的立法。这种自我立法的意志使人类第一次具有了道德的自由,第一次真正成为自己的主人。③卢梭正是在他这种对自由和普遍性的思考中描述了社会联结的法则和合格社会成员的类型,也把矛头又一次指向了资产者。由于资产者只知道服从自私的目的,而置公意于不顾,他就始终都是欲望冲动的奴隶,因而不得自由;资产者需要法律保护他们享有财产,却千方百计避免对全体同胞承担同样的义务,于是他没有同胞,没有祖国,作为法律的破坏者他是国家的敌人。真正说来,资产者没有任何普遍性,即使有也只是某种物化的普遍性,即把一切都思考为金钱关系;资产者没有为普遍性立法的高贵意志,却怀着践踏普遍性的险恶用心,处处腐蚀道

---

① 〔法〕卢梭:《社会契约论》,何兆武译,北京:商务印书馆2003年版,第4页。
② 〔美〕阿兰·布鲁姆:《巨人与侏儒》,秦露等译,北京:华夏出版社2007年版,第237页。
③ 〔法〕卢梭:《社会契约论》,何兆武译,北京:商务印书馆2003年版,第20、38—40、47、24、45、26页。

德和公正，他是社会联结的破坏者。

卢梭从自然和社会两个方面向资产者同时发难：自然人宣判了资产者的扭曲，而公民则照见了资产者的不义。二者使资产者在自然的诚实和道德的崇高两方面都成为最无能的人。卢梭以后的任何一位严肃的反思现代性的思想家都无法绕开卢梭的这一论题。

二、康德对启蒙的理性主义辩护

经过卢梭的"资产者"论题，现代性就与资本主义联系在了一起，批判资产者，也就动摇了对启蒙的根本信念，这是康德所不能接受的。在卢梭的"公意"思想中，康德看到普遍性已经成为产生道德和正义的基本方式，资产者不具有普遍性，因此为启蒙辩护，首要的工作就是为启蒙的普遍性辩护。这成为康德整个道德哲学和政治哲学的一个起点，康德的目标就是要从普遍性出发在人身上找到某种坚固的、不朽的东西，并且最终证明启蒙的精神与这种东西即真正的道德相一致。康德注意到，虽然卢梭把人类一切苦难的根源归结为人类的进化，把人类从自然状态走出看成是整个人类的堕落，但他仍旧承认进入社会状态使人获得了真正道德方面的收益。毕竟为了融入社会而遵从公意要求每个个人履行严苛的自我克制，这本身就是德行和尊严的标志，这种道德的收益在康德看来是真正的历史进步，人因此才获得了自由和作为人的尊严：并非幸福而是道德才是人类的天职。这样，康德就建立起了一个与卢梭截然不同的评判标准来看待现代性。

在卢梭以前，人的本性被认为是由自私的本能欲望构成的，康德却在卢梭对真正道德自由的发现中看到了一种实现人类尊严的新道德学说的可能性。重要的是，这个学说立足于人类的文明状态而不是自然状态。卢梭把文化看成只不过是一系列偶然事件累积的结果，历史没有任何必然进步的根据，而康德却认为大自然赋予人类的最伟大目标就是走向社会性或者说道德，从单纯动物的野蛮状态过渡到人道状态，从本能的摇篮过渡到理性的指导。这一历史过程的本质正是一场从不完美走向完美状态的进步。①康德认为，人具有使自己社会化的倾向，只有在社会状态中人类才能发展他的自然禀赋，因为在社会中人本于自然冲动总想按照自己的意思摆布一切，于是造成了人与人的相互对抗和灾难，为了克服这些社会化的阻力就唤起人的全部能力的发展，"于是就出现了由野蛮进入文化的真正第一步，而文化本来就是人类的社会价值之所在；于是人类全部的才智就逐渐发展起来了，趣味就形成了，并且由于继续不断的启蒙就开始奠定了一种思想方式，这种思想方式可以把粗糙辨别道德的自然禀赋随时间的推移而转化为确切的实践原则，从而把那种病态的组成了社会的一致性终于转化为一个道德的整体"②。康德相信文化的发展最终将导致一种独立于自然的目标，这一目标的发现使人类历史最终获得了真正的意义，这显然受到了卢梭的影响。他在卢梭的《论科学与艺术》和《论人与人之间不平等的起因和基础》中看到了文化与人类天性的冲突，而在《爱弥儿》和《社会契约论》中又看到了关于文化必须怎样发展才能调和人类道德天职与自然天性的讨论。③康德给自己定下的任务就是清晰地表达这一目标，尽管接受这一目标意味着必须采取对人类自然天性最严苛的约束态度。从这里可以看出康德道德哲学的着眼点是社会性，尽管并非是某种习俗的社会性。

阿兰·布鲁姆曾指出康德在使用"文化"一词的时候肯定想到卢梭，尤其是卢梭关于资产者的讨论，④因此文化的目标才体现为与资产者的自私利益相抵触的普遍道德法则。资产者不具有普遍性，文化却要走向普遍性，这正是康德对启蒙运动作为文化过程的一个阶段所持的基本判断。文化的目标是道德，但却不是任何古典式的有关幸福的道德，因为在现代状况中，幸福从根本上已不足以构成一个普遍性的法则，康德为启蒙辩护的第一步就是驳斥道德上的自爱和幸福原则，进而与资产者划

---

① 〔德〕康德：《历史理性批判文集》，何兆武译，北京：商务印书馆1990年版，第70页
② 〔德〕康德：《历史理性批判文集》，何兆武译，北京：商务印书馆1990年版，第7页。
③ 〔德〕康德：《历史理性批判文集》，何兆武译，北京：商务印书馆1990年版，71—72页。
④ 〔美〕布鲁姆：《美国精神的封闭》，战旭英译，南京：译林出版社2007年版，第141页。

清界限。在这一点上康德与启蒙的前辈思想家霍布斯、洛克甚至卢梭都不同。我们发现,在《实践理性批判》中康德举过的"依据扩大自身财产的准则处理寄存物"、"宣称自身幸福是他的神圣义务的密友"和"在自身幸福方面精于计算的管家"这些例子,都可以看作是对资产者形象的影射,康德借此指明"德性和自爱的界限如此清晰明白的判然二分",幸福(自爱)原则与普遍性是如此互不相容,以至于在一个普遍的立法形式中必定会自我耗尽。①甚至幸福概念本身也是极不确定的,它的一切要素都必须借自于经验,这种经验在即使同一个理性存在者身上也会有所不同,"可靠地和普遍地规定那种行为将促进一个理性存在者的幸福,这个问题是完全无法解决的"②。归根结底,幸福不可能是文化的理想,因为它最终只取决于个人的想象力,文化和启蒙必须具有真正尊严的目标,康德教导说这一目标能够必然地被理性把握。

在《人类历史起源臆测》、《道德形而上学的原理》和《实践理性批判》中,康德都表达过这样一种看法:自然状态和本能更适宜于精确地满足幸福目标,理性或者说真正的人的使命却不在于自然的满足,而在于产生就自身而言就是善的意志;文化的工作只有通过同自然状态决裂才能开始,超越本能和自私最终将为人类开启一个自由状态。③这种状态的标识就是普遍性。康德此观点显然受到卢梭"公意"思想的启发,"公意"的普遍性要求人们在行动中用义务的呼声取代本能的冲动,用权利取代嗜欲,此前只知道关怀一己的人类发现自己不得不按照另外的原则行事,并且在听从自己的欲望之前,先请教自己的理性。④卢梭曾宣称他逐渐意识到并在自己的著作中表述了一个可能具有实践用途的道德准则:"避免我们的义务与我们的利益发生冲突,避免从别人的痛苦中获取我们的幸福",凡是违背这一准则的行为都将"变得邪

---

① 〔德〕康德:《实践理性批判》,邓晓芒译,北京:人民出版社2003年版,第34—35、47—48页。
② 《康德著作全集》第4卷,李秋零译,北京:中国人民大学出版社2005年版,第426页。
③ 《康德著作全集》第4卷,李秋零译,北京:中国人民大学出版社2005年版,第402—403页,〔德〕康德:《实践理性批判》,邓晓芒译,北京:人民出版社2003年版,第83—84页。
④ 〔法〕卢梭:《社会契约论》,何兆武译,北京:商务印书馆2003年版,第25页

恶和不公正，尽管心地依然正直和善良"。①二者的不同在于，普遍性在卢梭那里还只是裁量全体幸福的公意的根基，而在康德看来却单独就构成了绝对的善，幸福的目标反而会毁损普遍性这一根基，于是康德把根基颠倒为目标，普遍性本身既是理性的理想又是理性唯一的规定根据。康德称理性在实践方面的普遍性公式为道德律，即"要这样行动，使得你的意志的准则任何时候都能同时被看作一个普遍的立法的原则"。此道德律是一个纯粹的形式原则，我们能够意识到它，是因为我们注意到理性无需任何经验性条件，就直接把它作为一个先天综合命题强加给我们，向我们的意志能力颁布必然性，在严格的意义上它是纯粹理性的唯一事实，具有无可置疑的被给予性，纯粹理性借此宣布它是原始立法的。②作为超越个体经验条件的合法性准则，道德律包含使一切有理性存在者的意志的准则符合法则的必然性，因此是普遍的、客观的；而作为理性独立于一切质料的自我立法，道德律就是自律、自由，用康德的话说："道德律不仅证明它（自由）是可能的，而且证明它在那些认识到这个法则对自己有约束的存在者身上是现实的。"③康德于是揭示了属于真正有理性存在者的一种生活前景：人可以如此无矛盾地将自身普遍化，以至于超越自爱的天性和资产者狭隘卑下的利益动机，从而摆脱自然因果性连同一切爱好作为实践的至上原则对人性的贬低，证明人在行动的意向上有绝对的自由，从而能够以普遍立法者的身份享有绝对的尊严和价值；普遍化在自然律隐退的地方为自由赢得了地盘，在这之上建立起来的将是一个纯粹实践理性的王国。康德在这里彻底拒绝了卢梭和早期启蒙思想家的自然主义，第一次无矛盾地表达出启蒙的核心价值观：善并非自然，它是理性的产物，而理性则要取法于普遍性，人借助于普遍性摆脱了自然的监护，从而为自己争得了未来，在道德和政治领域中理性必须取代自然，人从

---

① 〔美〕吉尔丁：《设计论证》，尚新建、王凌云译，北京：华夏出版社2006年版，第7—8页。
② 〔德〕康德：《实践理性批判》，邓晓芒译，北京：人民出版社2003年版，第38—42页。
③ 〔德〕康德：《实践理性批判》，邓晓芒译，北京：人民出版社2003年版，第63页。

此真正成为了自己的主宰。①正是在这个意义上，康德赞扬启蒙是社会和道德的进步。

说到底，普遍性或者说道德的着眼点在于社会，在这个意义上道德的先验普遍性其实就是社会的普遍性。康德认识到文化的发展把人确立为自然的目的，但同时也要求每个理性着眼于他的同胞而对他的意志加以限制；②道德义务的依据是理性存在者彼此之间的关系，这使得人的地位发生了根本变化，用定言命令的一个表达式来说就是"你要如此行动，即无论是你的人格中的人性，还是其他任何一个人格中的人性，你在任何时候都要同时当作目的，绝不仅仅当作手段来使用。"③自然的自由是根据人的倾向行动而不必关注他人，但是进入社会就必须为人发现另外的更高的普遍根据，这一点可以看成是所有启蒙思想家共同面对的问题。霍布斯和洛克把人看成是同乘一艘船的乘客，每个人的利益都是私人化的，但却都平等地怀有舟行水上的愿望，这种人的典型就是资产者；卢梭看到了资产者的自私利益会败坏普遍性，从而对社会构成威胁，因此他要求通过普遍化的个人愿望和给予个人同样的利益把人聚拢起来；康德追随卢梭而又走得更远，他要通过使人去自然化的严苛道德建立一个更为深刻和确定的和谐。④在康德，纯粹实践理性王国的正义才是一切人类权利概念的根本出发点，例如公共权力的一条先验公式就与道德律如出一辙："凡是关系到别人权利的行为而其准则与公共性不能一致的都是不正义的。"⑤可以看出康德的法哲学和政治哲学都是以其道德哲学为依归的，"道德王国"是"尘世王国"的原型、原理，唯有依靠理性的普遍运用，公民和国家间的和平而可靠的联结才是可能的，自由的王国才是可以展望的。康德坚信，到他的时代，理性经过社会和文

---

① 贺照田主编：《西方现代性的曲折与展开》，长春：吉林人民出版社2002年版，第95—96页。
② 〔德〕康德：《历史理性批判文集》，何兆武译，北京：商务印书馆1990年版，第68页。
③ 《康德著作全集》第4卷，李秋零译，北京：中国人民大学出版社2005年版，第442、437页。
④ 〔美〕阿兰·布鲁姆：《巨人与侏儒》，秦露等译，北京：华夏出版社2007年版，第326页。
⑤ 〔德〕康德：《历史理性批判文集》，何兆武译，北京：商务印书馆1990年版，第148页。

化的磨砺已经积累了足够的力量，终于达到了它的启蒙阶段，要对心灵的自由世界和社会的感官世界实施它的统治。这就是康德看到的启蒙。

三、启蒙的真正目标

只有在康德的道德哲学中，启蒙才明确了它真正的目标，第一次达到了现代理性主义的自觉。通过赋予自由以普遍性的形式，现代性的精神内核最终被展现出来。对于康德来说启蒙运动就是人类脱离自己的不成熟状态，要求"公开运用自己理性的自由"[①]，让意志绝对地规定意志。这正是"每一个理性存在者的意志都是一个普遍立法的意志"[②]这一理念所蕴涵的真义。在文化进程中，就其以自身为目的而言，人类是不断前进的，但只有经过启蒙运动，自由才明确地成为真正人的事业和历史。回顾康德最重要的理论建树，我们发现《纯粹理性批判》旨在给骄傲的理性划定界限，让自然法则在人的自由面前止步，而《实践理性批判》则更明确提出为了人的实践意图要捍卫自由意志。二者与启蒙运动的精神正相一致。概括说来，康德认识到了理性能够使人超越特定经验和利益的限制，人因此才能做到不计得失，宠辱不惊，只选择根据普遍规则行动；而普遍化本身就是无条件的理性行为，是理性同一性的外化形式，只有经过普遍化，理性才能把自身当作一个对象来认识，最终懂得不仅要把自身用作工具，更重要的是要把自身当作目的。这才证明了启蒙有助于使人克制欲望和运用理性的自由得到进一步揭示，从而使道德的自由和尘世的权利有望成为人的现实。

康德对启蒙的理解包含着调和自然与自由、尘世王国与道德王国的深刻努力。在评价启蒙给政治和人权带来的好处时，康德指出："它必定会把人类从其统治者的自私自利的扩张计划之下挽救出来的，只要他们懂得自己本身的利益所在。而这种启蒙运动以及随之而来的启蒙了的人

[①] 〔德〕康德：《历史理性批判文集》，何兆武译，北京：商务印书馆1990年版，第23、25页。
[②] 《康德著作全集》第4卷，李秋零译，北京：中国人民大学出版社2005年版，第439页。

们对于自己经充分理解到的好处所不可避免地要采取的一种衷心的同情，就必定会一步步地上升到王座上来，并且甚至于会对他们的政体原则产生影响。"①理性在社会领域的运用尽管是某种不纯粹的、对抗性的运用，却能够使政治更加合乎于道德，因为政治的公共性原则与道德的普遍性原则是最终一致的。而一种公民权利和自由的改善本身也有助于道德的进步，它为人们公开运用自己的理性开辟了余地，促进了宗教和心灵领域对理智的开放。康德深谙"隐微写作"手法，他所谓理性的公开运用看上去非常保守，就是指"任何人作为学者在全部听众面前所能做出的那种运用"②，但这一观点实际上却非常革命。就此观点的第一层教导说，它要求的只不过是让有助于促进公共事业的思想和合理地估计自己的价值以及每个人的本分就在于思想其自身的那种精神在社会中传播；与此相关稍微激烈一些的教导则在于反对精神的专制主义，宣称任何信仰和道德上的垄断都将阻碍人类朝向改善前进，甚至最高政治权力对个人灵魂得救的影响也应当仅限于"防范任何人以强力妨碍别人根据自己的全部才干去做出这种决定并促进这种得救"，在有关良心的事务上每个人都有权自由的运用自身所固有的理性；③而其最具革命性的教导则在于"这种自由精神也要向外扩展，甚至于扩展到必然会和误解了其自身的那种政权这一外部的阻力发生冲突的地步"，因为它对这种政权树立了一个范例——道德的自由并非不关怀公共的安宁和共同体的团结，公开运用理性的自由终将逐步作用于人民的心灵面貌，并且终于还会反作用于政权的原则，使之学会按照人的尊严去看待人。④这最后一层教导体现了康德哲学的历史感之所在：权利改善能够为道德进步提供条件，而道德本身又是对权利作出认识和要求的根据，社会现象的自然律与道德的自由律在持续的启蒙之中得到统一。

按施特劳斯的分期，卢梭和康德是为现代性第二次浪潮领航的两位

---

① 〔德〕康德：《历史理性批判文集》，何兆武译，北京：商务印书馆1990年版，第18页。
② 〔德〕康德：《历史理性批判文集》，何兆武译，北京：商务印书馆1990年版，第26页。
③ 〔德〕康德：《历史理性批判文集》，何兆武译，北京：商务印书馆1990年版，第28—30页。
④ 〔德〕康德：《历史理性批判文集》，何兆武译，北京：商务印书馆1990年版，第30—32页。

思想家。前者从自然状态出发否定历史和文化，从而动摇了现代性的根基，虽然他也曾试图依靠理性去重建这一根基，但现代性的大厦却已经倾斜；后者注意到这种倾斜并试图补救，他的解决办法就是去自然化，让理性更加纯粹，从而为现代性做出严格的道德辩护。在这一辩护中，康德这样回应卢梭对资产者的批判：资产者既不自由也不普遍，而一个符合现代性理想的人却是自由而普遍的"理性存在者"，他的意志和行动没有矛盾，既然现代性和启蒙是一个持续普遍化、道德化的过程，资产者就注定要在其中毁灭自身。用康德自己的话说："道德上的恶有着一种与它的本性分不开的特点，那就是它在它的目标上（尤其是在对其他同样意图的人的关系上）是自己违反自己并且要毁灭自己的；于是这就为（道德的）善的原则准备了道路，尽管还要经历漫长的进步。"①

---

① 〔德〕康德：《历史理性批判文集》，何兆武译，北京：商务印书馆1990年版，第145页。

第二章
康德对政治现代性的先验论证

在目前学界对近代认识论的研究中,人们往往更多以形而上学史的演进逻辑为线索展开讨论。但若以现代性反思的视角看,所谓近代"认识论转向"却并非出于纯粹"认识的理由",在更深层上,知识问题的根本旨趣在于实践问题,哲学关于"物的追问"实质是对人进行追问。① 基于此,思想史研究应该超越认识论研究的先验范式,揭露近代哲学中"认识"与"政治"之间的话语关联,揭示知识、真理与社会的建构性本质。在这个意义上,本章试图对近代认识论转向与现代政治哲学之内在关系进行揭示,为学界理解西方现代性之兴起提供一总体性视角,并窥其内在困境。从霍布斯到康德是这一西方"哲学—政治"现代性进程的两个节点。

一、霍布斯与建构主义的开端

17世纪是科学方法论自觉的世纪,从培根的《新工具》、霍布斯的《哲学原理》到笛卡尔的《方法谈》等经典,都是对全新科学方法论的探索。随着实验科学的兴起,像古典哲学家那样的宇宙论思辨已无可能,如何在机械论自然观的大背景下创造科学的哲学成为近代哲学家的基本

---

① 〔德〕海德格尔:《物的追问》,赵卫国译,上海:上海译文出版社2010年版,第216页。

问题。对此，霍布斯认为哲学应从思考超验存在转到有限物体上，探究自然现象的机械因果律，"哲学是关于结果或现象的知识……是根据我们首先具有的对于结果或现象的原因或产生的知识，加以真实的推理"①。要获得事物的因果认识就必须具备关于事物过程的知识，而只有当我们自身是一件事物之产生原因时，才能明确知道这件事物的"过程"。例如，几何学就是这样的知识。而最困难的认识对象则是自然物体，因为自然的原因不是我们，而是上帝。

霍布斯并没有止步于此。如果说笛卡尔是运用普遍怀疑法摧毁了一切外部表象，从而在逻辑上确定了"我思"这个内在的阿基米德点；那么，霍布斯则反其道而行之，先从外在表象开始区分表象和表象对象，并承认事物之表象对认识所具有的根本意义："现象，是我们借以认识一切别的事物的原则，我们必须承认感觉是我们借以认识这些原则的原则，承认我们所有的一切知识都是从感觉获得的。"②通过这种区分，事物失去了独立于主体的不言自明的实在性，主体能够经验到的只是事物的显现，认识的对象不再是超越心灵之外的实在，关于实在的认识只能通过实在的显现获得，而事物自身作为超越的存在始终隐而不显。这就是所谓近代"认识论转向"的基本出发点。"认识论转向"的基本逻辑是对本体认知要通过追问认识的形式才能获得。在认识论反思中，人和物之间被中介化了，这一中介即是我们关于事物的"观念"（idea），知识的探讨必须以作为中介的"观念"为对象才能获得真理性。如果说，在柏拉图那里"idea"尚指超越了变动不拘的现象界的实在本质——共相世界，那么"idea"现在不是被理解为一种不变的超验本体，而是被理解为事物对主体的"显现"和"表象"，柏拉图式的实体性形而上学被转换成观念论形而上学。在这个意义上，无论近代经验论者还是唯理论者首先都是观念论者。

---

① 北京大学哲学系外国哲学教研室编译：《十六—十八世纪西欧各国哲学》，北京：商务印书馆1961年版，第61页。
② 北京大学哲学系外国哲学教研室编译：《十六—十八世纪西欧各国哲学》，北京：商务印书馆1961年版，第90页。

在对事物进行了表象和表象对象二分之后，霍布斯认为知识的任务就在于对观念表象进行再创造和再制作，创造和制作的前提则是对自然如此的物体有适当的了解，分析物体如此这般的原因。而要了解物体的成因，就必须将物体拆开、分解，这是分解、分析的方法。理解了物体的成因后，人们就可以按照这个成因重新组装物体，即在意识中重新将其建构起来，乃至创造纯粹人为的物体，这是组合或综合的道路。"很显然，霍布斯用分解法打开来的物体是自然物体，而当他用组合法把它重新组装起来的时候，这个物体已经不再是自然物体，它已经是人为物体了。"[1]霍布斯将这种方法称之为"分解—组合法"，或"分析—综合法"，其要义在于：通过在思想上和行动上对物体进行分解、分析，从而探究物体的各个性质，在此基础上进而重新组装物体，如果能够复原物体，就说明我们完成了对物体的彻底认识。而我们关于物体的表象都是整体的、混沌的，其内部的细微因素则并不直接见于感官，分解、拆开物体就是为了找到物体内部最为单纯的要素。因此，认识首先就是从整体事物始，以单纯要素终；相反，组合法则是从这些最为单纯的要素始，以整体事物终，即将这些单纯因素重新组装成由之而引入的物体。

霍布斯的这一方法看似简单，实则具有极为重要的建构性意义，其根本目的是为自然提供某种解释模型。而这种解释纯粹具有假设性质，因为自然现象的终极原理是不可知的，归根到底它是上帝的作品，况且，在对事物进行"分析"的过程中是否已经得到了最为单纯的要素，我们也不得而知。因此，建构主义的策略是转换问题方式，即自己建构原理，并以这一原理试错自然。组合或综合的道路就是一条建构原理并组装事物的道路，它悬搁了表象和表象对象的二元对立关系。对霍布斯来说，表象背后的那个超验的本体世界从来就不是问题，"哲学的对象，或者哲学所处理的材料，乃是每一个这样的物体：这种物体我们可以设想它有产生，并且可以通过对它的思考，把它同别的物体加以比较，或者是，这

---

[1] 王军伟：《霍布斯政治思想研究》，北京：人民出版社2010年版，第67页。

种物体是可以加以组合与分解的,也就是说,它的产生或特性我们是能够认识的"①。所以,哲学的对象就只能是自然事物和人为事物,因为自然事物至少是"可想"的,人为事物是"可知"的。而对于像上帝、灵魂这样的超验存在,则坚决要被排除在哲学的大门之外,因为我们不能将这样的对象加以分解或组合,更不能设想其制作过程,它们既不可"设想",更不可知晓。我们永远不可能对它们形成知识。真正的知识门类首先是几何学、国家学、自然哲学,因为它们的对象是能够被设想制作的东西。几何学和国家学是可以获得绝对确定性的科学,是可以证明的,但自然哲学则只能是猜测性的,具有假设性质。这是因为,我们自身就纯粹是几何图形和国家的成因,国家也是人和人的立约之物。"几何学是可证明的科学,因为我们由之进行推理的线条和图形是由我们自己绘制和描绘的;公民哲学是可证明的科学,因为正是我们自己创造了国家。可是,由于我们对自然物体的构建一无所知,我们不得不从结果去寻求其构建,因此,对于其原因是什么不可能得到证明,我们能够证明的唯有其原因可能是什么。"②

正是由于我们具有关于几何学和政治哲学的因果知识,所以几何学和政治的推理是自身原理的一种演示和证明。而自然哲学家则只能从作为结果的表象出发,运用分解、分析的方法找到某种单纯因素,然后再从这些基本要素出发,重新组装、综合成某种"原理",因此这个"原理"仅仅是假设性的,最多只是自然现象的"可能原因"。这就是霍布斯的建构主义原则。它消解了古典的超验真理观,深刻揭示了现代性的本质,即真理在本质上是"人为"的"创造",而非"发现"某种超验的实在。

---

① 北京大学哲学系外国哲学教研室编译:《十六—十八世纪西欧各国哲学》,北京:商务印书馆1961年版,第64页。
② Thomas Hobbes, *The English Works of Thomas Hobbes*, London: Rouledge/Thoemmes Press, 1839—1845, vol. I. p. 66.

二、康德的建构主义认识论

其实，现代自然科学的发展已经表明，科学家们并不是通过直接把握独立于心灵的外部对象来理解自然，相反，科学研究都是从已有的概念框架和理论结构出发去理解自然。康德在《纯粹理性批判》第二版序言中这样谈到："理性只洞察它自己根据自己的规划产生的东西，它必须以自己按照不变的规律进行判断的原则走在前面，强迫自然回答自己的问题"，而人和自然的关系就像是"以一个受任命的法官的身份迫使证人们回答自己向他们提出的问题"[①]。对于这些论断，恐怕我们只有以建构主义的观点才能理解其深意。而所谓"哥白尼革命"的实质在于，康德接受了霍布斯的建构主义方法但却赋予先验论证的形式，其核心内容进一步深化了对知识本性的认识，刷新了客观性概念的内涵。

经过康德的先验分析，在霍布斯那里混沌的经验整体被分析为主体条件和客观因素，即认识的先天形式和后天感性材料。霍布斯认识到了知识论的建构主义真理，却并没有给出建构主义在主体认识之网中的真正玄机，因此只能简单地把知识的产生视之为对观念表象的机械组合、排列与叠加。而经过先验论的奠基作用，主体的认识机理被划分为三个层次：感性直观、知性思维、理性综合。在感性中，对象刺激人的感官，由于主体先天感性直观纯形式即时间和空间的作用，形成关于对象的杂多感性材料；在知性中，由于统觉的先验统一性能力及知性范畴的综合作用，从而将杂多的感性材料转换成关于对象的知识；而在理性中，先验理念由于不具有建构性使用的功能，只具有范导性功能，因此对知性判断起着引导，并赋予知识体系以统一性的作用。在整个认识过程中，由于时间、空间以及知性范畴的先验品质，它们作为一切"理性存在者"的认识形式在逻辑上"先于"经验并使经验"成为可能"。因此，康德强调普遍必然性不在对象中，而在主体之中，其核心是知性范畴固有的"建

---

① 〔德〕康德：《纯粹理性批判》，李秋零译，北京：中国人民大学出版社2004年版，第14页。

构性"功能，它是先验论证的最核心因素。在知性范畴的力学性原理中，康德谈到："力学的规律就经验而言却当然是建构性的，因为它们使任何经验无之则不成立的概念成为先天可能的。"①康德以此表明，正是惟有通过知性范畴的建构性原理，经验对象及其知识才是可能的，范畴本身对经验具有必然性。

康德先验论的认识论建构主义是对意识能动性的高度肯定，但现象界是意识建构的最终平台，一旦超出现象界，知性范畴的建构性运用不具有任何意义。对此，康德继承了霍布斯以来关于表象和表象对象的二分，将对象划分为显象—物自体。在这里，如何理解康德的物自体或本体概念是能否真正把握康德哲学建构主义精神的关键一环。也就是说，如果康德也像霍布斯那样承认实体本体的存在，那么，知识的建构主义是否始终无法摆脱本体论幽灵的纠缠，从而最终仍难逃休谟的攻击，势必造成对知识客观性的严重威胁？我们借黑格尔对康德物自体概念的批评，试分析之。

黑格尔在其哲学史著作中认为，由于康德将知识局限在现象界，致使"全部知识老是停留在主观性之内，在主观性之外便是外在的物自体"。因此，康德的客观性概念只是由思维的统一性原则建立起来的普遍联系，"客观的东西……封闭在自我意识的纯自我内，封闭在能思的知性范围内"。而由于康德仍停留于内意识论域，"我们只是与我们的规定打交道，不能达到自在；我们不能达到真正的客观的事物"。②黑格尔以此质疑，康德虽然终结了形而上学的客观独断论，但又陷入了一种主观独断论。③对物自体的"自在自为的真理"的放弃则是康德认识论所无法抵达的最高真理。

---

① 〔德〕康德：《纯粹理性批判》，李秋零译，北京：中国人民大学出版社2004年版，第509页。
② 〔德〕黑格尔：《哲学史讲演录》第4卷，贺麟、王太庆译，北京：商务印书馆1978年版，第274页。
③ 〔德〕黑格尔：《哲学史讲演录》第4卷，贺麟、王太庆译，北京：商务印书馆1978年版，第258页。

黑格尔的这一批评长期以来已成为人们评价康德哲学的经典论断。但若以建构主义的观点来看，这个批评是不正确的，其中的关键在于黑格尔对康德的本体概念进行了错误的实体性理解。若依照黑格尔的批评，如果承诺了关于本体知识的必要性与可能性，对物自体—本体的实体性理解就是其题中应有之义，更进一步，现象则具有非实在性，只是本体"显现"的虚假之物。因此，认识的真正任务就变成了穿透内意识的规定，从现象界抵达本体界的知识。这就是黑格尔批评先验哲学的根本逻辑。但是，依照"第一批判"的基本精神，现象界和本体界并非两个不同的实在领域，我们只有一个时空中的事物和现象的世界。严格来说，物自体—本体并非是实在的对象，它在"第一批判"中只是作为一个空洞的、否定的、限制性的概念。"本体概念纯然是一个界限概念，为的是限制感性的僭妄，所以只有消极的应用。尽管如此，它却不是任意地杜撰出来的，而是与感性的限制相关的，但毕竟不能在感性的领域之外设定某种积极的东西。"①本体的"消极应用"指本体为非感性直观客体，其目的在于给感性的范围确定必要的"界限"，进而"通过把物自身（不作为显象来看）称为本体而限制感性"②。"本体"概念既标志了自身作为感性的"边界"，同时也昭告着知性范畴的合法使用的范围，而当我们力图运用知性范畴超越"界限"去把"本体"看成实在领域而生产知识时，得到的将是一切谬误之源。因此，康德主张一种"先验的观念论"和"经验的实在论"方案，"本体"概念在第一批判中只具有"先验的观念论"特征，不具有经验性使用的任何功能，而现象则具有"经验的实在性"，构成真实的认识对象。正是由于这种特殊的本体概念，才使康德彻底摧毁了自柏拉图以来的一切超验实在论的形而上学，承认了人类的现实经验对构成知识所具有的真实性和基础性作用；反之，对那一彼岸之玄暗的"本体"则只能思之，却不能知之，在知识范围内探究它的任何企图都是人类理智的疯狂。对形而上学实体本体论的瓦解使思想

---

① 〔德〕康德：《纯粹理性批判》，李秋零译，北京：中国人民大学出版社2004年版，第247页。
② 〔德〕康德：《纯粹理性批判》，李秋零译，北京：中国人民大学出版社2004年版，第248页。

彻底摆脱了本体论幽灵的掣制，使康德的先验建构得以可能。

在这个意义上，当黑格尔指责康德停留于"主观的真理"，而放弃了对本体的认识时，其实正是对康德的严重误读，更与《纯粹理性批判》的总精神不相容。对此，哈贝马斯认为"黑格尔的批判不是内在的"，对于黑格尔的指责，"批判哲学则不这么看，因为工具创造世界（全部实在表现在世界之中），所以工具在发挥与作用的条件下始终只是揭示世界，而不是掩盖世界"①。后康德哲学的发展表明，经过康德的影响，现代哲学的主流拒绝了超验实在论的真理观，从而将知识和真理看作"生成"和"建构"的动态过程。建构主义精神在深层上体现了现代主体的纯粹创造能力，正如有论者指出："康德学说并不否认我们的理性能认识事物自身，而是我们的理性不打算去认识，因为它不想认识而是想创造……我们的心灵不想知道什么而是想创造，确切地说是想知道它创造了什么。"②

三、建构主义的政治现代性问题

建构主义的真正意义在于为政治的现代性提供了知识论基础。在古典哲学中，由于超验本体论支配，哲学思想的目标是作为世界本体的存在—理念，哲学对存在和理念的沉思就是对纯粹智慧之爱。理念是自然的本质，作为"不动的推动者"的最高理念是永恒和完满的，古典的观念认为，宇宙万物皆分有理念，每一事物依其"自然"（法）都有自己的固定位置，向着这种固定位置的进程就构成了整个宇宙秩序的目的论链条。同样，人的存在也有固定的位置和目的，人因向着这一目的不断前进就构成了人生的全部意义，过符合自身"自然"（目的）生活就是有美德的生活，而有助于实现这一目的制度就是自然正义。

因此，在古典哲学的目的论秩序中人只是占据某一位置，这个秩序

---

① 〔德〕哈贝马斯：《认识与兴趣》，郭官义、李黎译，上海：学林出版社1999年版，第9页。
② 〔奥〕维塞尔：《席勒美学的哲学背景》，毛萍译，北京：华夏出版社2010年版，第171页。

确是超验的，并非人的创造。但现代知识论的建构主义瓦解了古典目的论的存在论基础，无论霍布斯还是康德都否认认知自在"本体"的可能性。霍布斯首先扭转了古典的"自然"观，使其脱离了理性和秩序，并不存在一个和谐、有序、充斥理念完满性的自然，自然只不过是没有秩序的、永恒的机械之流。同样，人之"自然"也是有缺陷的，即"得其一思其二、死而后已、永无休止的权势欲"①。从这一人类的"普遍倾向"出发，霍布斯对古典自然法予以重新改造，即"试图保持自然法的观念，但又要使它脱离人的完满性的观念"②。其结果是，自然法观念从培养人的德性为目的的自然正当变成了以追求人的感性欲求为内容的自然权利。从根本上说，无论是霍布斯的"分解—组合法"，还是康德知性范畴的建构性原理，表面上看只是揭示了一个纯粹认识论问题，但更深层上则体现了"现代"对"古典"的优越性，强调"自然"的真理在于"人为"。更进一步，建构主义又将"制造"的信念扩展到道德和政制事务的领域，产生了契约论的政治观念。霍布斯相信，进入国家之前的自然状态是一个"孤独、贫困、卑污、残忍而短寿"的状态，③政治的目的就是克服自然状态，实现"自由"，即以私人权利为基础、靠"人为"立约通向现代公民社会和国家。麦克弗森甚至认为，霍布斯这一国家理想不过是以"占有性个人主义"为原型的资产阶级法权国家。④

黑格尔曾认为，"康德哲学是在理论方面对启蒙运动的系统陈述"⑤。历史地看，康德哲学的诸多前提性观点都从霍布斯那里而来。康德接受了霍布斯对古典自然观的破坏性解释。在理论哲学中，"自然"是现象界的作为可能经验性事物的因果秩序总体，服从机械的知性规律；

---

① 〔英〕霍布斯：《利维坦》，黎思复、黎廷弼译，北京：商务印书馆1985年版，第79页。
② 〔美〕施特劳斯：《自然权利与历史》，彭刚译，北京：生活·读书·新知三联书店2006年版，第183页。
③ 〔英〕霍布斯：《利维坦》，黎思复、黎廷弼译，北京：商务印书馆1985年版，第95页。
④ C.B.Macpherson, *The Political Theory of Possessive Individualism: Hobbes to Locke*. Oxford: Oxford University Press, 1962, p. 265.
⑤ 〔德〕黑格尔：《哲学史讲演录》第四卷，贺麟、王太庆译，北京：商务印书馆1978年版，第258页。

在实践哲学中,"自然"则等同于人之感性欲求。因此,哲学的任务就是为人树立"自由"的尊严来克服"自然"必然性的束缚。但在对"自由"的理解上,二者产生了深刻的分歧。康德认为,霍布斯等人从人的感性欲求出发建立起来的自然权利论并不能理解人之为人的道理,其根基是人的任性。因为法权的立法仅是外在的立法,而伦理的立法更具有内在性,属于内在的立法。①在《实践理性批判》等文本中,康德彻底否定了任何立足于质料性原则建立起实践原理的可行性,认为人的自由和尊严只能奠定在纯粹理性的平台上,只有当理性以自身为目的时才是自由。而"自由"之实现需要克服人性的"自然",即运用理性的普遍性克制感性欲求的特殊性——要这样行动,使你的意志的准则任何时候都能同时被看作一个普遍立法的原则。因此,当一个人能够以道德的绝对命令来约束自己而行动时,就由法律的外在约束提升到了德性的内在自律,从作为"自然"的存在者提升到了作为"自由"的存在者。康德的道德论超越克服了法权的外在性原则,并以此指向自由理想的最高图景:一个理性存在者组成的目的王国。

但依照康德的知性逻辑,法权和道德是分裂的。尽管道德是人性的最高原理,而人类政治生活的基础却必须取自权利的特殊性原则。康德认为最合乎人性的统治是以私有财产权为基础的宪政共和政治,维护个人消极自由的共存是法权的普遍原则。②换言之,道德建构主义的基础是纯粹实践理性,而法权建构的基础则是现实的感性欲求,虽然法权谋取了理性的普遍形式,但根本来说,康德对政治的理解仍是功利主义的同路人。将法和国家看成资产者利益"守夜人"的角色,这并没有超出霍布斯和洛克的基本视阈。在这个意义上,康德对个人理性自治的强调并不能从整体上提升社会生活的普遍价值。对此,黑格尔尖锐地指出,康

---

① 《康德著作全集》第6卷,李秋零译,北京:中国人民大学出版社2007年版,第221、226、227页。
② 《康德著作全集》第6卷,李秋零译,北京:中国人民大学出版社2007年版,第238—239页。

德基于个体的理性普遍并不能在社会层面证成道德的有效性，悬搁了历史和社会语境的先验反思只能诉诸个体的道德"良心"，在抽象的形式主义伦理法则下，为善和作恶皆可得以论证。因此，纯粹实践理性的普遍性概念其实仍是一种"任意"，由于它缺少客观性环节，因此缺乏现实性。①总之，康德的政治概念并不能从根本上提升现代人的道德尊严和自由本性，市民社会是"私利的战场"（黑格尔），根本没有把人当成"目的"，道德的自由理念从没有降临过市民社会。对于这种深刻的矛盾，在康德的体系中被以更加抽象的概念形态表述为"自然"与"自由"的分裂，但实际上这一分裂体现了康德的道德理想主义和现代性功利主义的深刻冲突。

在《判断力批判》等晚期著作中，康德提出了贯通"自然"与"自由"的目的论视角。以反思判断力的视角看，人是作为"目的系统的那个自然最后目的"②，文化则是这一目的的体现，人在文化的创造中"人化"了自然。但由于文化是在社会分工和不平等之上发展出来的，必然导致"绝大多数人保持在受压制、辛苦劳累而很少享受的状态中"③，文化的进步必然导致普遍的苦难。而康德通过一种合规律性眼光看到，这种普遍的苦难是大自然借以实现自身的必然的环节，其最终目的是文化后面的道德目标，文化是自然通向自由的桥梁。因此，现代社会的科学、艺术和法制等文化形式就对人起着一种深刻的"教化"作用，最终把人"把意志从欲望的专制中解放出来"并依据理性的目的而生活，"美的艺术和科学通过某种可以普遍传达的愉快，通过在社交方面的调教和文雅化，即使没有使人类有道德上的改进，但却使他们有礼貌，从而对感官偏好的专制高奏凯旋，并由此使人类对一个只有理性才应当有权力施行的统治做好了准备"。④

---

① 〔德〕黑格尔:《哲学史讲演录》第四卷，贺麟、王太庆译，北京：商务印书馆1978年版，第290—291页。
② 〔德〕康德:《判断力批判》，邓晓芒译，北京：人民出版社2002年版，第285页。
③ 〔德〕康德:《判断力批判》，邓晓芒译，北京：人民出版社2002年版，第288页。
④ 〔德〕康德:《判断力批判》，邓晓芒译，北京：人民出版社2002年版，第287、289页。

然而，问题在于康德的先验论根本无法理解作为整体的自然，因此这种目的论不是实质的。而反思性判断力的非建构性和非生产性则表明，这种目的论眼光根本上只是康德的艺术家审美和想象力的产物，因此文化概念最终只能落实到"审美教育"（席勒）上，从而只能在个人的审美体验和对未来天意的"希望"中体会这种"自由感"。在某种意义上，霍布斯和康德以来的道德—政治、自然—自由的难题构成了整个自由主义现代性的根本困境。对霍布斯主义的克服构成了此后现代西方政治哲学重建自身的价值普遍性与意义的历史起点，即由于霍布斯对古典自然（法）的毁灭性解释所引起的现代人的自我救赎之路：如果自然状态注定"孤独、贫困、卑污、残忍而短寿"，人类该如何超越它而又不陷入另一种享乐主义和虚无主义的"第二自然状态"中呢？对此，康德的政治哲学体系并不能提供一个令人满意的答案，无论是基于理性自治的私人道德良心还是科学文艺的审美教育，都不能真正从制度上克服这个困境。对这个问题的回答，正是后康德德国政治哲学的主题。

第三章
康德伦理学形式主义的来源和后果

在第一章中,我们曾论证康德先验伦理学的首要动机是为了回应卢梭对现代性的激烈批判,由此完成了对启蒙的一次伟大辩护。本章将进一步指出,卢梭对康德的深远影响是双向的:一方面,康德接受了卢梭的"道德政治"理想和理性主义立场,为我们提供了一个最深邃庄严的现代道德方案;另一方面,"爱弥儿式自由"的孤独内省倾向则为康德伦理学带来了形式性、空洞性的特征,并最终使其向现实领域的扩展成为一种自我否定,表现为无论康德设计的"人类合法秩序"能否实现,它本身都将毫无德性可言。

一、重提卢梭问题:道德政治何以可能?

在整个启蒙时代,从哲人到政客到市民,人人都在谈论自由,自由被奉为一切个人利益的基础。但是卢梭却看得更高更远,他发现启蒙在谈论自由时无非是在谈论商业和金钱,与真正的自然自由和道德自由相差甚远。在《社会契约论》开篇卢梭写道:"人是生而自由的,但又无往不在枷锁之中。"①这里的"生而自由"是指人本来是为悠闲自得、离群索居的自然状态而生的,但在社会状态中人却永远丧失了这种自然的自

---

① 〔法〕卢梭:《社会契约论》,何兆武译,北京:商务印书馆2003年版,第4页。

由，因为对他人的依赖而"无往不在枷锁之中"。卢梭以此开宗明义，意在提醒现代人自然的自由已不能失而复得，人类所应期望只能是一种"理想社会"中的道德自由，这种自由并不意味完全摆脱对他人的依赖，而只在于使"他人的枷锁"合法化。自由问题于是转变为"是什么使人的社会状态成为合法的"这一问题。卢梭以此在现代思想中复兴了古典政治哲学的主题：道德政治何以可能？

与早期启蒙思想家把社会的基础追溯到人的自然权利不同的是，卢梭认为自然人是孤独的，在自然状态中找不到社会的根基，所谓自私、自保的权利只是人性败坏的产物，在根本上只能败坏政治，因此合法的社会状态只能以道德、理性作为原则，道德政治是对于人放弃天然自由的补偿。卢梭意识到"道德政治"的建立必须以彻底变革人性为前提，必须"以作为全体一部分的有道德的生命来代替我们人人得之于自然界的生理上独立的生命"，属于自然的力量消灭得越多，维持社会的力量同时也是需要人们相互帮助才能运用的力量也就越大、越持久，"制度也就越巩固、越完美"。①这就是卢梭在《社会契约论》中关于"道德政治"的核心表述，卢梭以此第一次为现代社会树立了道德政治的"古典理想"。但是必须指出卢梭并不理解怎样实现这一理想。众所周知《社会契约论》本身不是完整的著作，而是卢梭从其《政治制度论》手稿中抽取出来能够独立成篇的部分，它只阐述了道德政治的原则、条件和部分特征，对于怎样实现道德政治则语焉不详。甚至从卢梭思想的基本原则看，充分探讨怎样实现道德政治也是不可能的。这是因为，一方面，卢梭的道德政治建筑在理性与自然截然对立的观点上，实现道德政治意味着理性的自我克制最终取消了自然的全部独立性——思维（理性）取代了存在（身体和行动），从而也就丧失了实现自身为现实的一切基础。另一方面，卢梭否认历史的意义。这体现在，首先卢梭认为历史进程是偶然的，"只是由于某些后果严重的偶然事件的相继发生"，人类才脱离了他的野蛮状

---

① 〔法〕卢梭：《社会契约论》，何兆武译，北京：商务印书馆2003年版，第50—51页。

态①；其次在卢梭看来无法获得甚至根本上就没有关于历史的终点和目的的前定知识，相信历史进步是没有依据的。②由于卢梭不承认历史进步的必然性，道德政治从理性的天国降临人世就既不是有真实历程的，也不是人类理性能加以认识的，因此从根本上说它只能是奇迹，是无从谈起的。

事实上，卢梭也确实中断了《政治制度论》的写作，代之以《忏悔录》、《让－雅克评判卢梭：对话录》等自传作品，这种从"政治规划"到"自我申辩"的写作重心的转移反映出卢梭对于道德政治的绝望。为了理解卢梭这种绝望的必然性，我们还需剖析《爱弥儿》一书的主旨：卢梭希望把爱弥儿培养成有道德的公民，而不是立法者或革命者。问题就在于此，卢梭在讨论爱弥儿的教育时，并不以道德政治的实现为前提，爱弥儿仍然要生活在一个败坏的社会中，相应的卢梭对爱弥儿的教育也仅限发展爱弥儿得自自然的力量和用理性克服欲望的力量，爱弥儿并不具备变革世道、人心的知识。虽然卢梭在爱弥儿成年以后教给他"政治的原理"，并让他游历欧洲各地，研究社会的法律和风俗，但这却仅仅是为了让爱弥儿"把痛苦看作是不可避免的，从而使自己得到安慰，按照需要的法则做事"，让爱弥儿最终"在严密地观察了我们的种种社会制度以后，是不会对他们寄予他们不配受到的信任的"③。因此卢梭向爱弥儿推荐的自由实际上是"道德的自然人"的自由。这种自由意味着服从自然和社会强加给他的必然性，理解"人总是要在政府和法律的幻影之下才能安宁地生活"；同时，虽然社会还不是道德的，"道德的自然人"却能够遵从良心和理性，以自己的行为体现道德的公正，因为他的自由不依赖任何人而只取决于他本身——用卢梭的话说："不管在什么形式的政府之下，都是没有自由的，自由是只存在于自由的人的心里的，他走

---

① 〔法〕卢梭：《论人与人之间不平等的起因与基础》，李平沤译，北京：商务印书馆2007年版，第93页。
② 〔美〕施特劳斯：《自然权利与历史》，彭刚译，北京：生活·读书·新知三联书店2006年版，第280—281页。
③ 〔法〕卢梭：《爱弥儿》，李平沤译，北京：商务印书馆1978年版，第703、728页。

到那里就把自由带到那里。"①由此足见,虽然卢梭按照公民的美德培养爱弥儿,他却并不指望通过爱弥儿来实现道德政治,即便国家需要爱弥儿的服务,爱弥儿也有一种既诚实又可靠的办法来摆脱它,那就是:很忠实地执行他的任务,以至别人再也不愿意把这个任务交给他。②卢梭相信只要他那个时代的人还存在,爱弥儿或真正的公民就只能是"孤独的人"。

关于"道德的自然人"的思考与卢梭的生活遭遇密不可分,《忏悔录》、《一个孤独漫步者的遐想》和卢梭晚期的书信都能证明这一点。"道德的自然人"是孤独的人,但这并非卢梭的初衷。在致圣日耳曼先生的信中卢梭写道:"对人群中最深情的人来说,作为他对他们的柔情的回报,发现自己变成他的同类所讨厌的家伙,而不能理解这种狂怒的原因……恶人们难以平息的愤怒难道会使整个民族整整一代人的心掉头并改变……判断、感情、理智对它如此顺从,为它而抛弃把我们造就成人的一切……我生活在最健谈的民族之中,有如生活在一群哑巴之中……在整个民族中留下了一个完全孤独、没有安慰的不幸者。"③卢梭认为他用作品表达了真正的自然诚实和社会正义,而人们却把这些本应带给他荣耀的东西当成他的罪状,④最爱人类的人向他的同胞奉献出他笃信的美德,结果却遭到一致拒绝。在《漫步之一》中卢梭发出同样的感慨:"我就这样在世上落得孤单一人,再也没有兄弟、邻人、朋友,没有任何人可以往来。人类最亲善、最深情的一个啊,竟然遭到大家的一致摒弃。"⑤同代人的误解、孤立、迫害最终使卢梭确信"指望公众能回心转意是多么大的一个错误",从而下决心"今后在人群里会仿佛根本不存在一样","和他们没有任何实际的联系"。在最后的日子里,卢梭这样

---

① 〔法〕卢梭:《爱弥儿》,李平沤译,北京:商务印书馆1978年版,第728—729页。
② 〔法〕卢梭:《爱弥儿》,李平沤译,北京:商务印书馆1978年版,第731页。
③ 〔法〕卢梭:《卢梭自选书信集》,刘阳译,南京:译林出版社1998年版,第172页、184页、185页。
④ 〔法〕卢梭:《忏悔录》,陈筱卿译,南京:译林出版社1995年版,第287页。
⑤ 〔法〕卢梭:《一个孤独漫步者的遐想》,袁筱一译,上海:上海人民出版社2007年版,第11页。

找到了他的"绝对安宁"和"永久休憩"："世间的一切对我来说都结束了。再也没有任何事会令我好或令我痛。在这世上我无所希冀、无所畏惧，如此我竟在痛苦的深渊尽头得到了安宁，我这样一个可怜而不幸的凡夫俗子，居然像上帝一般超然于世。"① "道德的自然人"——卢梭——最终怀揣着"道德政治"的全部原理和美德从社会中退隐到内心世界，成为一个绝对的孤独者。卢梭复兴"道德政治"的努力从而宣告破产。

二、黑格尔论卢梭和法国大革命

尽管卢梭把"道德政治"的理想封闭在内心世界，但其对公民自由的教导却注定不甘于孤独内省，而要对历史进程施加影响。正如黑格尔所言，卢梭的"抽象推论一旦得时得势"，就会带来法国大革命这样一场"人类有史以来第一次不可思议的惊人场面"。② 理解这一点对于理解卢梭至为重要。黑格尔在《精神现象学》第六章发表了他对法国大革命的看法：

近代功利主义对民众的启蒙最终使人认识到"有用性"的真理在于"为我"，人欲望的就是自己的意志，由此斩获了自我同一性的思维形式。③ 根据这一形式，人的价值被理解为它的"绝对自由"，并且就这种形式上的价值而言每个人都是平等的——"绝对自由"是每一个人的特殊意志的共性，它直接是普遍的，不能容忍任何特权和等级制。于是自由、平等的要求吹响了法国大革命的号角，在摧毁旧制度的大革命中"绝对自由"感到"它的目的就是普遍的目的，它的语言就是普遍的法律，它的事业就是普遍的事业"。④ 然而"绝对自由"毕竟不是一个完善的原

---

① 〔法〕卢梭：《一个孤独漫步者的遐想》，袁筱一译，上海：上海人民出版社2007年版，第15页、16页、18页。
② 〔德〕黑格尔：《法哲学原理》，张企泰、范扬译，北京：商务印书馆1961年版，第255页。
③ 〔德〕黑格尔：《精神现象学》下卷，贺麟、王玖兴译，北京：商务印书馆1979年版，第114—115页。
④ 〔德〕黑格尔：《精神现象学》下卷，贺麟、王玖兴译，北京：商务印书馆1979年版，第116页。

则，它虽然合理地摧毁了一个不再符合自由意识的国家，却并不能给自由意识提供新的基础。①这是因为"绝对自由"作为没有分化的抽象的东西，不能容忍任何差别和结构，不容许否定、限制任何私人的自由，以致任何肯定性的制度和事业最终都只能化为泡影。②质言之，"绝对自由"只不过是一种形式上的普遍性（私人意识仍是独立的）。当它要作为普遍意志产生一项建设行动时，必须把私人的意识结合到具体的内容上，这样一来私人的意识就感到它受到了干涉，不能实现他自己立法的愿望，他对行动只有局部的参与；反过来说也一样，普遍意志一旦指向具体内容也就成了排斥其他意识的一个个别的意识，行动因此不再是一个普遍的行动，所以普遍意志的肯定性行动只能是个悖论。③申言之，排斥一切差别的空洞自由就是否定和死亡。旧秩序一旦被破除，绝对自由的行动就立刻转变成"对某种秩序有嫌疑的个人加以铲除，以及对企图重整旗鼓的任何一个组织加以消灭"。它感到任何有组织的东西、任何差别的再次出现都违反了自己的无规定性而必须加以毁灭，④以至终于爆发为一场"制造毁灭的狂暴"：因为绝对自由不产生任何肯定性的事业，个体没有办法对其表现罪行，于是嫌疑代替了罪过，单凭嫌疑的指控就可以消灭任何实存的个体。⑤

黑格尔在论及卢梭的时候，常常把卢梭的"公意"等同于每个人的特殊意志的共性，等同于"绝对自由"的形式普遍性，并以此认定卢梭思想应该对法国大革命的狂暴负责。对此，许多黑格尔研究者都认为这有失公允的。因为卢梭在"公意"中确立的自由乃是约定的自由，它不

---

① 〔英〕洛维特：《从黑格尔到尼采》，李秋零译，北京：生活·读书·新知三联书店2006年版，第327页。
② 〔德〕黑格尔：《精神现象学》下卷，贺麟、王玖兴译，北京：商务印书馆1979年版，第116—117页。
③ 〔德〕黑格尔：《精神现象学》下卷，贺麟、王玖兴译，北京：商务印书馆1979年版，第118页。
④ 〔德〕黑格尔：《法哲学原理》，张企泰、范扬译，北京：商务印书馆1961年版，第14—15页。
⑤ 〔德〕黑格尔：《精神现象学》下卷，贺麟、王玖兴译，北京：商务印书馆1979年版，第119—120页。

仅在于每个人的自由是平等的，而且要求用理性克制自然的欲望，从而使每个人的自由都能得到社会的普遍承认。这种约定自由的真实根据在于成为全体不可分割的一部分，从而使自身获得普遍化，成为自我立法的意志。但黑格尔的论断也有其理由，那就是法国大革命宣扬的"绝对自由"在很大程度上可以看作是卢梭思想的逻辑后果。这是因为约定自由仍然是一种空洞的思维形式，①任何行动都不可避免地指向存在的内容，而任何存在的内容都会破坏思维的纯粹性，因此约定的自由、理性的自由只有在不行动的时候才仿佛在人与人之间建立了肯定的关系；一旦约定自由具有了内容的要求（理性就被欲望污染了），它就重新沦为任意。质言之，约定自由、"公意"就其行动而言仍然是"单个人的意志"和以"单个人的任性、意见和随心表达的同意"为基础的契约，与大革命追求的每个人的"绝对自由"没有实质区别。②通过黑格尔，我们看出卢梭的约定自由只是存在于空想中的普遍承认，因此只是对自由的不现实的承认，是不现实的自由。卢梭坚持理性与自然、思维与存在的对立，把自由等同于理性、思维，结果只有不行动的"孤独的人"才是自由的。然而也正是这种倾向于孤独内省的自由，表明了卢梭与法国大革命迥然不同的旨趣。

正如苏格拉底在雅典民主的衰颓时期，退回到自身中去寻求正义和善③，当卢梭面临启蒙的二律背反时（人权登上了神位，人性却被贬低到了自私、自保的动物水平；理性扯断了神谕的锁链，人却成了虚无主义深渊中的自由落体），也做出了同样的选择。这一选择最终成就了一种新的道德意识，自由精神从此越出狂热的法兰西，进入内省的德意志哲学。

---

① 〔德〕黑格尔：《哲学史讲演录》第四卷，贺麟、王太庆译，北京：商务印书馆1978年版，第233—234页。
② 〔德〕黑格尔：《法哲学原理》，张企泰、范扬译，北京：商务印书馆1961年版，第255页。
③ 〔德〕黑格尔：《法哲学原理》，张企泰、范扬译，北京：商务印书馆1961年版，第142页。

三、"爱弥儿式的自由"与康德形式伦理学的空洞性

与法国大革命不同，康德不仅从卢梭的公意思想中获得了道德普遍性的教诲，而且从爱弥儿的自由和卢梭的孤独退隐中发现了道德的内在性原则；后者进一步塑造了康德伦理学形式性、空洞性的特征。作为卢梭"道德政治"理想的衷心同情者和继承人，康德重建"道德政治"的努力就是以这种形式性、空洞性的伦理学为起点的。

我们曾在上文简要地谈到了爱弥儿的道德自由，现在则需进一步讨论康德伦理学与这种自由的关系。在《爱弥儿》续篇的最后部分卢梭通过爱弥儿的经历给出了他对道德自由的最后定论。在一次航海中，爱弥儿发现船长把他们出卖给海盗，于是他走到船长身旁说："如果我们被他们捉去，你会丢你的命"，海盗最终登上了他的船，这时爱弥儿感到："我应当充当法官，充当法律的执行人"，于是他怎样说的，就怎样做了。①在此我们看到了爱弥儿不畏强暴，完全按照"公意"（理性的法律）行事的自由。故事没有就此结束，爱弥儿知道事情无可挽回，于是服从必然性的法则！放弃抵抗并沦为奴隶。即便如此，爱弥儿的自由的也没有受到丝毫减损，他仍然能做到"所遵循的办事法则，是从我早已知晓的原理中推衍出来的……尽管他们是应用在我所处的境地中……其效果还是十分可靠，一点不差的"②。这又使我们看到自由即使在野蛮的奴役之下也可以保全自身，人的心灵能够如此坚强，以至不受任何外界干扰，在任何时候都能够依据"公意"的普遍原则行事，并且实际上是只服从内在（理性）的立法。康德不仅对爱弥儿的自由深表赞同，而且还把进一步阐明这种自由视为自己的哲学任务，康德在《道德形而上学原理》中就曾写道：道德命令"所涉及的不是行为的质料，不是由此而来的效果，而是行为的形式，是行为所遵行的原则"③。黑格尔对康德与卢梭之间

---

① 〔法〕卢梭：《爱弥儿》，李平沤译，北京：商务印书馆1978年，第783页。
② 〔法〕卢梭：《爱弥儿》，李平沤译，北京：商务印书馆1978年，第792页。
③ 〔德〕康德：《道德形而上学原理》，苗力田译，上海：上海人民出版社1986年版，第67页。

的思想传承关系有非常深刻的理解，他在《哲学史讲演录》中指出：卢梭的道德自由已经是把一种普遍原则即"思维"当作立法的根据；"意志只有作为思维的意志才是自由的……这个原则提供了向康德哲学的过渡"；"康德哲学在理论方面就是以这个原则为基础"，使自由最终达到对思维固有形式的意识，从而在伦理学中将道德和自由明确等同起来，指明道德就在于完全遵循思维形式的规定。①在这里，黑格尔所说的"思维"就是康德所说的"为义务而义务"的纯粹理性。由于它排除一切经验动机和条件，在康德看来就具有了法则的普遍必然性，因此是真正的道德，是人性尊严的所在。现在我们再看康德笔下的道德律："要这样行动，使得你的意志的准则任何时候都能同时被看作一个普遍的立法的原则"②，就会发现，康德在此是想用一条绝对严格的形式法则来表明：人能够通过普遍化自身的理性克制，超出自然经验的束缚，无条件的颁布道德命令，因此凭借这一法则就可以设想实践理性王国的全部正义，并且为一切人类权利概念提供根本的出发点，从而一种形式的、内在的伦理学观点就能为"道德政治"的实现提供可靠的原理和模型。

然而，黑格尔在《精神现象学》第五章第三节却专门批评了康德伦理学的这种形式化特征，认为它根本无力实现自己的目标。因为仅仅依靠道德的形式法则并不能真正为人的行动立法，一种外加给形式的行动内容，就其经验性、偶然性而言，与立法的普遍性和必然性是不相容的。形式伦理学只能停留在应当，不能下降到现实，在这里声称要立法的理性，事实上只不过是"有意识的同语反复"，他不理解"存在着的或真正的内容"，只是"以游戏于自身为无上愉快，以只与自身邀游为至高满足"。③黑格尔就此得出他的第一个论断：形式伦理学"自身并不直接是一种内容，而只是一种尺度，它根据是否自相矛盾来判定一种内容能否

---

① 〔德〕黑格尔：《哲学史讲演录》第四卷，贺麟、王太庆译，北京：商务印书馆1978年版，第233—234页。
② 〔德〕康德：《实践理性批判》，邓晓芒译，北京：人民出版社2003年版，第39页。
③ 〔德〕黑格尔：《精神现象学》上卷，贺麟、王玖兴译，北京：商务印书馆1979年版，第281—283、262页。

成为规律或法律。创立法律的理性,于是下降而为一种仅仅审核法律的理性"。但黑格尔并没有在此止步,他意识到"审核工作"同样不能深入下去,因为"审核的尺度既然是同语反复,既然与内容漠不相干,那么它就不仅是适用于某一正面的内容,也同样能用于反面的内容"①。在《法哲学原理》中黑格尔对此做出了再次说明,他指出康德哲学的形式主义最终把道德科学贬低为"为义务而义务的修辞或演讲",这样一种"形式上自我一致的抽象无规定性……不可能过渡到特殊义务的规定",由此造成的影响是:"即使在考察行为的内容时这项原则也不含有标准,借以决定该内容是不是义务。相反地,一切不法的和不道德的行为,倒可用这种方法而得到辩解。"②

四、康德伦理学形式主义的政治后果

康德构建形式伦理学的初衷与卢梭一致,是希望通过树立理性的权威,为现代社会构筑道义基础。这一点就注定了形式伦理学的内在原则会向外在社会领域延伸,从而将自身扩展为关于行动自由的法权形而上学。康德的法权形而上学主要包含两个方面。第一,重新界定自由。在法权形而上学中自由不再是与道德律相关的自由意志,而是有外在对象的、行动的任性,"仅仅与法则相关的意志,既不能称为自由的,也不能称为不自由的,因为他与行动无关"③。任性的自由取决于占有对象的权利,因此占有权是整个法权体系的标的。第二,提出巩固占有权的先验原则:"凡是关系到别人权利的行为而其准则与公共性不能一致的都是不正义的。"④这一原则表达了公民共处的形式,从中可以引申出司法、国家等制度理念,用以阐明每个人的任性的自由如何共存。康德因

---

① 〔德〕黑格尔:《精神现象学》上卷,贺麟、王玖兴译,北京:商务印书馆1979年版,第283—284页。
② 〔德〕黑格尔:《法哲学原理》,张企泰、范扬译,北京:商务印书馆1961年版,第137页。
③ 《康德著作全集》第6卷,李秋零译,北京:中国人民大学出版社2007年版,第233页。
④ 〔德〕康德:《历史理性批判文集》,何兆武译,北京:商务印书馆1990年版,第148页。

此认为他从根本上找到了避免法国大革命的暴乱无序的"人类合法秩序"。但是需要注意，由于形式伦理学的空洞性，其向法权领域的扩展毋宁是一种逆反，无论这种"人类合法秩序"能否实现，它本身都将毫无德性可言。对此我们将分别从康德的私人法权学说、国家学说和普遍法权原则这三个方面加以阐述。

如黑格尔所见，由于形式伦理学排斥一切经验性标准，它就只能是一种"没有任何内容，不具体的下命令的伦理学"①。由此产生的结果是康德在《道德形而上学导论》中明确承认"伦理的立法不可能是外在的立法"，行为的动机只能从"偏好和反感这种任性的病理学"获得规定根据，以至曾经在道德领域被拒绝的冲动、自利在行动层面又重新被确立为合法的目的。②比这更为严重的是由于道德动机在外在立法领域的缺位，康德的整个法权形而上学体系都建筑在这样一条实践理性的法权公设之上："把我的任性的每一个对象都当作客观上可能的'我的'和'你的'来看待和对待。"③实践理性之所以需要这样一条公设，是因为它需要把个人的任性的准则与质料结合起来，使行动具有对象，但是不难看出通过"我的"、"你的"所能被考虑的行动仅仅是占有财产以及财产化的人格的行动，因此这条公设必然导向以财产权为范式的法权体系。康德的《法权论的形而上学初始根据》的第一卷就是对这种占有法权的讨论，结果造成了在私人法权关系中理性的普遍性被重新物化，人与人的关系被思考为只不过是占有以及占有的派生关系。康德的"婚姻法权"刚好是这种物化的一个明证。在这种法权关系中，婚姻被解释为："因为一个性别对另一个性别的性器官的自然使用，是一种享受，为了这种享受一方委身于另一方。"人格由此被等同于交互条件下的占有物，按照康德的设想，因为人格在使自己成为物品的同时也在使用中获得了另一个人格，"这个人格就重获自身并且重建了自己的人格性"④。然而这种对人

---

① 〔法〕科耶夫：《黑格尔导读》，姜志辉译，南京：译林出版社2005年版，第108页。
② 《康德著作全集》第6卷，李秋零译，北京：中国人民大学出版社2007年版，第226页。
③ 《康德著作全集》第6卷，李秋零译，北京：中国人民大学出版社2007年版，第253页。
④ 《康德著作全集》第6卷，李秋零译，北京：中国人民大学出版社2007年版，第288页。

格的物化理解却显然违背了"人是目的"的道德要求；交互使用的条件不能肯定任何人的尊严，以致婚姻的神圣性与人格的崇高性在这种关系中荡然无存。

不仅如此，康德认为即便在公共法权中也不包含比私人占有的法权更多的义务，私人法权的质料与公共法权的质料是相同的，甚至国家也只是私人为了获得某物的永久占有，在法权法则之下的联合。①康德在《法权论的形而上学初始根据》中曾明确表示：国家之所以是必须的，是因为"尽管按照每个人自己的法权概念，某种外在的东西可以通过强行占有或者契约来获得，但只要这种获得本身没有为自己获得一个公共法律的核准，它就毕竟只是暂时，因为它没有通过任何公共的（分配的）正义来规定，而且没有通过任何实施法权的权力来保障"②。不难看出，在这里国家的意义就在于对获得物的核准和维护，因此从根本上说是为私有财产和私有财产所有者的利益存在的。康德关于公民资格的规定进一步暴露出了这种学说的阶级立场：因为公民具有"独立的属性"，"即不能把自己的生存与维持归功于人民中另一个人的任性"，所以"帮工，家仆……一般而言每个不能凭自己的经营、而不得不受他人雇用以维持自己的生存的人都缺少公民的人格性"。③不难看出，这样一来国家的真正公民就只剩下了资产者和少数公职人员，后者和国家都只不过是资产者个人私利的中介物。由此可见形式伦理学的空洞性造成的"法理"、政治后果是：虽然它在纯然的道德范围内激烈地反对资产者的卑下利益和自爱原则，但是当其向现实领域扩展时却为资产者的利益提供了庇护。在此不得不佩服德拉-沃尔佩在《卢梭和马克思》一书中的洞见："人作为目的等这样庄严的道德公式，包括康德对其所作的创造性应用，本质上缺乏普遍性，因为它只适用于资产阶级的个人……神圣而庄严的道德公式有一个仅限于资产阶级人的世界的市价。"④

---

① 《康德著作全集》第6卷，李秋零译，北京：中国人民大学出版社2007年版，第319、323页。
② 《康德著作全集》第6卷，李秋零译，北京：中国人民大学出版社2007年版，第322—323页。
③ 《康德著作全集》第6卷，李秋零译，北京：中国人民大学出版社2007年版，第324—325页。
④ 〔意〕沃尔佩：《卢梭和马克思》，赵培杰译，重庆：重庆出版社1993年版，第73—74页。

从黑格尔在《法哲学原理》中对"市民社会"的讨论来看，康德所说的普遍法权原则甚至道德律都还仅仅是一种"普遍性的形式"，这种普遍性的形式既是资产阶级市民社会的一个原则，又是其产物。在现代资产阶级经济体制中，个体需要的满足依赖于普遍的分工协作，从而一种社会化的需要和劳动就使人们在对自身利益的权衡中获得了普遍性的教养，以致终于把这种普遍性的形式视为维持自身利益最重要的手段和前提，进而上升成一种关于法和道德的意识形态。①如果考察一下康德的普遍法权原则："如此外在的行动，使你的任性的自由应用能够与任何人根据一个普遍法则的自由共存"②，就会发现在这之中个人的特殊利益是唯一现实的目的，而普遍法权原则仅仅是实现个别利益的中介，本身没有任何道德价值。虽然在康德看来伦理学可以把外在的法权义务接纳进自身，从而使守法具有道德意义，③但是这样一种接纳本身却是可疑的，因为对一种中介、手段的肯定毋宁就是对他所指向的私人利益的追认；在这种肯定中伦理学毋宁是在放弃它自己的标准，向资本主义社会做出妥协。这刚好印证了查尔斯·泰勒的观点：在康德那里，"道德自主性的获得以道德的空洞性为代价"，为此，"他的政治理论最终到功利主义那里去汲取资源"，以致其中阐明的无非是"关于以自己方式寻求幸福的每一个个体的社会的功利主义见解"。④

综上所述，我们认为康德伦理学没能超越资产阶级契约论传统，希望通过普遍化自身来升华破碎的现代性的努力最终只能返回到自私、自利的社会经验基地，即便一种"人类合法秩序"能够实现，情况也会是："法则将会遭到厌恶乃至于轻视，然而却为了自己的好处而仍然被遵守着。法则的字眼（合法性）在我们的行动中是找得到的，而法则的精神在我们的意向（道德性）中则全无。"⑤因此从根本上说，康德的形式伦

---

① 〔德〕黑格尔：《法哲学原理》，张企泰、范扬译，北京：商务印书馆1961年版，第201、217页。
② 《康德著作全集》第6卷，李秋零译，北京：中国人民大学出版社2007年版，第239页。
③ 《康德著作全集》第6卷，李秋零译，北京：中国人民大学出版社2007年版，第226、227页。
④ 〔加〕泰勒：《黑格尔》，张国清、朱进东译，南京：译林出版社2002年版，第567—568页。
⑤ 〔德〕康德：《实践理性批判》，邓晓芒译，北京：人民出版社2004年版，第206页。

理学并不能提升现代政治。

五、形而上学的巴别塔

《圣经·创世记》上说，大洪水后人类只剩下诺亚一族，天下人的言语都是一样的，因此能够互相理解，行动有序。那时的人类要在示拿建一座塔，塔顶通天，以免日后彼此分散。耶和华知道后就说："他们成为一样的人民，都是一样的语言，如今既作起这事来，以后他们所要做的事就没有不成就的了。"于是耶和华变乱了天下人的语言，通天塔（巴别塔）最终没能造成。康德的形式伦理学可以看作是对上述创世神话的一次现代重写。在康德看来，通过一种理性—自由的同一性语言就可以重新找到人类团结一致的形而上学基础，认清一个完美人类社会的结构和必然性，从而使尘世向天国的上升成为可以期待的。然而这不过是康德的一厢情愿，对于这种理性—自由的形而上学语言来说，根本没有一条实现自身的道路。

首先，通过教育、启蒙自上而下实现道德王国的努力是行不通的。因为在康德那里，启蒙无非是教导了理性与自然的对立，强调道德的尊严在于"去自然化"的理性克制。这种教导实际上已暗示出道德与它在尘世的实现不相容。对此，黑格尔在《精神现象学》第六章中指出：在康德的道德意识里义务构成着唯一的实体，"而这种实体就是它固有的纯粹意识，因为义务不能以自我意识的一种异己物的形式出现"，于是这种意识就"如此完全的封闭于自身内"，以至实现道德王国所需的另一个环节，亦即作为道德行为的对象的自然，"对自我意识而言是一种完全无意义的现实"；结果理性愈自由，自然愈自由，既然道德意识对自然漠不关心，自然也就成了"完全从自我意识解放出来的、因而只与自己发生关系的特定存在"，成了具有自己固有规律和行动的一个独立整体。①黑格

---

① 〔德〕黑格尔：《精神现象学》下卷，贺麟、王玖兴译，北京：商务印书馆1979年版，第125—126页。

尔由此认为：道德王国的实现要求"德福一致"即理性与自然和解，这毋宁是自相矛盾的，因为这种和解就意味着"绝对义务应该在整个自然中表现出来，道德律应该成为自然规律"，但这样一来道德行为本身就消失了。①黑格尔对此解释说："只在假定有一种需要行为去克服的否定物的前提之下，才有行为……如果自然是合乎道德律的，那么通过行为对现有的存在物的克服扬弃"，道德规律就被破坏了，因此假定"德福一致"的道德王国的实现，"就等于承认了这样一种本质状态：在这种状态中，道德行为成了多余的，甚至根本上没有道德行为可言"。②除此之外，黑格尔还进一步指出：道德行为的存在要求"道德意识必须是在其自身中已经完成了的"③，即意识在自身中实现理性和感性的统一，但是按照康德的教导这种道德意识的完成也是不可能的。这是因为在康德那里，一方面，"作为冲动和情欲出现的感性"是"对道德有本质重要性的中介"，是达成道德意识的"现实环节"，黑格尔解释说："义务的纯粹思维（理性）是本质，其中没有任何可以放弃的东西"，所以"只有通过扬弃感性这一条道路"才能实现二者的统一；另一方面，"道德自我意识设定他自己的目的是纯粹的，与欲求和冲动无涉的，所以在它的目的里感性的目的已经都清除掉了"；这两个方面加在一起就使道德意识的完成变为对于"实现自己有用的工具或器官"的废置，亦即对纯粹意识联系于现实的中项的丧失，以至陷入一种道德理性根本无法彰显自身的虚无主义之中。④在黑格尔看来，即便是把道德完成设想为一种"中间状态"、一项无限进程，它也是非道德的，因为这种进程"将以道德与意识本身的上述虚无或消灭为目标；而永远一步步地走进虚无，则叫做减退"⑤。

---

① 〔德〕黑格尔：《精神现象学》下卷，贺麟、王玖兴译，北京：商务印书馆1979年版，第138页。
② 〔德〕黑格尔：《精神现象学》下卷，贺麟、王玖兴译，北京：商务印书馆1979年版，第138—139页。
③ 〔德〕黑格尔：《精神现象学》下卷，贺麟、王玖兴译，北京：商务印书馆1979年版，第139页。
④ 〔德〕黑格尔：《精神现象学》下卷，贺麟、王玖兴译，北京：商务印书馆1979年版，第128—129、139页。
⑤ 〔德〕黑格尔：《精神现象学》下卷，贺麟、王玖兴译，北京：商务印书馆1979年版，第140—141页。

由此可见，康德伦理学作为一种超自然的形而上学语言，并未认真对待它的行动和现实，它既不认识欲望，也不认识存在(物自体)，它毋宁是在逃避它的尘世，不敢在尘世中建立它的价值。

其次，康德意义上的道德王国也不能通过历史自下而上的实现。仍然是在《精神现象学》第六章，黑格尔指出：在康德的道德里，"在以伦理目的为纯粹义务的意识里，人们根本不能设想有差别，尤其不能设想有数量大小这样肤浅的差别；只有一个德性，只有一个义务，只有一个道德"①。因此就这样一种非经验的形式道德而言，从根本上就既不存在前进的可能，也不存在减退的可能；它只能一蹴而就，与任何历史经验无关。比这更进一步，黑格尔对整个康德哲学最富洞见而又极其隐晦的批评出现在《精神现象学》序言和第八章的一句谜一般的语言中："概念是实际存在着的时间。"只有科耶夫洞见到了这一批评的真正含义，而我们在这里仅限于考查其伦理旨趣。科耶夫提醒我们，黑格尔"把通向真理的概念性知识的一致性整体叫做概念"，因此黑格尔这句话讨论的是真理与时间的关系——这一讨论对哲学乃至人生都至为重要，因为真理必须与时间有某种关系，"真理通过和为了生活在世界中的人存在"②，而时间性，如海德格尔所言是人在世生存的本性。科耶夫指出，当黑格尔说"概念是实际存在着的时间"时，他把康德全部学说的核心就归结为这句名言："概念无直观则空，直观无概念则盲"，并认为这句话表明康德已经意识到真理—知识必须与人的经验性、时间性存在方式发生关系；但黑格尔对此却不满意，因为概念（真理）在康德那里"仍不失为永恒的"，它仅仅以"图式化"的方式联系于时间，它在时间之外，本身不是时间。③科耶夫进一步解释了黑格尔这种不满的伦理考虑："(在康德那里)之所以概念是永恒的，是因为在人身上有某种置于时间之外的东西；这就是自由，也就是被当作'实践理性'或'纯粹意志'的

---

① 〔德〕黑格尔：《精神现象学》下卷，贺麟、王玖兴译，北京：商务印书馆1979年版，第141页。
② 〔法〕科耶夫：《黑格尔导读》，姜志辉译，南京：译林出版社2005年版，第397页。
③ 〔法〕科耶夫：《黑格尔导读》，姜志辉译，南京：译林出版社2005年版，第416、400、433页。

'先验自我'"——"如果有概念与时间的联系，那么也有'纯粹意志'在时间现实中的应用"，黑格尔理解康德的意思是，概念在时间中的先天应用就是"纯粹意志"的自由行为，在此自由的效准是在时间"之前"确立的——黑格尔反对的正是这一点："自由行为尽管联系于时间，但在时间之外"，虽然通过为义务而义务的纯粹概念可以产生理性的自由选择，但"这种选择不是时间的……在时间存在中没有自由"①。因此，当黑格尔、科耶夫说康德哲学是"概念联系于时间"时，他们的意思就是：康德式的道德、自由仅仅是否定的。其表现在于：一方面，在康德那里"永恒的（东西）不是人在时间中已经成为的东西"②，这就断言了作为时间经验的人类历史不可能在自身中产生道德、自由的真理，同样由概念（理性语言）规划的东西也无法在历史经验中实现自身；另一方面，因为道德、自由不能成为现实的时间（经验），它就只能停留在同语反复的玄思中，指责现实的矛盾，而无所作为地沾沾自喜。科耶夫因此称康德教导的自由是"在唯一的超时间行为中否认其罪恶的堕落之人的自由"③。通过黑格尔、科耶夫对康德的批判，我们现在认识到康德规划道德王国的形而上学语言实际上只不过是一种非历史、非时间的语言，它自命为永恒真理，然后假装联系于实际，结果只不过是一方面宣布了现实的不合理性，一方面宣布了真理的不现实性。

综上所述，理性—自由的形而上学语言只能适用于对天国的虚构和想象，它因此只是一种故作高深的冷漠；它逃离到世界之外，尽管还保留着道德的美名，却不敢真正对现实发出声音。于是当道德无所作为时，人们在行为中就必然"直接以显现的东西作为原则，从而把伦理性的东西设定在个人特有的世界观和它的特殊信念中"④。个人主义和自私利益的语言最终成为时代的语言，人类的语言再次"变乱"或者干脆说它从未被统一过，即便道德理性因为厌倦了虚无从云头折返人间，它所能

---

① 〔法〕科耶夫：《黑格尔导读》，姜志辉译，南京：译林出版社2005年版，第428、430页。
② 〔法〕科耶夫：《黑格尔导读》，姜志辉译，南京：译林出版社2005年版，第430页。
③ 〔法〕科耶夫：《黑格尔导读》，姜志辉译，南京：译林出版社2005年版，第431页。
④ 〔德〕黑格尔：《法哲学原理》，张企泰、范扬译，北京：商务印书馆1961年版，第152页。

扮演的也只是居中调停的角色——与其说是促进了团结，不如说是默许了分裂。人类依旧分散在大地上，为了各自的利益奔忙。这些都表明，如同巴别塔被毁，康德通过形式伦理学重建"道德政治"的现代神话也只能无果而终。

第四章
对康德法权哲学的再认识

日本学者安培能成有个生动的说法,康德哲学就像一个蓄水池,在西方哲学史上具有承前启后的作用,当代各种哲学思潮无不从康德哲学中汲取了营养。然而,超出纯粹哲学的语境,在政治哲学的范围内,康德哲学要么被有意无意地忽视,要么饱受诟病。例如,当代政治哲学家阿兰·布鲁姆认为"(康德的政治学说)面临严重的困难","康德政治哲学所产生的问题,根源就在于道德和政治的含混性"。①另一位政治哲学家阿伦特甚至认为,康德的法哲学作品只不过是其晚年智力衰退的产物,根本达不到其批判哲学体系应有的高度。②即使是自称继承了康德的罗尔斯,也仅仅是继承了道德哲学面相的康德,却无视了康德的法权哲学。这些学者的判断自有因由,但并不足以成为判定康德政治哲学的标准。当代德国哲学家赫费就认为这类评价对康德是不公正的,完全有理由证明康德是一位杰出的古典政治思想家。③本章追随赫费的评价,以康德的文本为基础、从思想史的视阈出发澄清康德在政治哲学史上的重要地位。

---

① 〔美〕列奥·施特劳斯主编:《政治哲学史》,李天然等译,石家庄:河北人民出版社1993年版,第684、686、673页。
② 参见 H.Arent, *Lectures on Kant's Political Philosophy*, Chicago: University of Chicago Press, 1982, First Session, Third Session。
③ 参见〔德〕奥特弗里德·赫费:《康德生平、著作与影响》,郑伊清译,北京:人民出版社2007年版,第190—191页。

一、康德伦理学对自然权利观念的批判

有充分的文本依据证明，政治问题是康德学术生涯中一直都在关注的主题。早在《纯粹理性批判》中，康德就提出："一部按照使得每一个人的自由能够与其他人的自由共存的法律而具有最大的人类自由的宪法，毕竟至少是一个必要的理念，人们不仅在一部国家宪法的最初制订中，而且就所有的法律而言都必须以这一理念为基础。"[①]后来在一些短篇作品，如《关于一种世界公民观点的普遍历史理念》、《论俗语》以及《永久和评论》中，康德更清晰地论述自己的政治哲学思想。而1797年出版的《道德形而上学》则包含了康德关于法权和国家学说的系统思想。值得注意的是，康德把法政学说体系（"法权的形而上学初始根据"）隶属于"道德形而上学"的总问题中，这意味着在康德哲学中道德和法之间存在复杂的内在联系。通常认为，从康德哲学的内在逻辑来看，其道德哲学源于从第一批判的自然问题向第二批判的自由问题的过渡，是理性的理论运用向实践运用的迁跃，从而解释人作为自由的存在者何以可能。从精神史的谱系来看，康德哲学诞生的背景是启蒙时代，启蒙的时代精神是自由和独立，人的自由如何可能的问题是康德政治哲学的总问题。在历史的视野内，康德政治哲学与霍布斯、洛克、卢梭等人构成了一个完整的启蒙现代性叙事。

霍布斯和洛克等早期启蒙哲人在开启现代性的过程中，创造了一个全新的人性概念。在古典哲学中，伦理学受制于超验的宇宙论秩序，这个秩序就是自然法或自然正当概念，它认为整个自然是一个目的论的等级系统，是从纯粹质料到纯粹形式、从感性到理性的不断攀升，人的内在作为一个小宇宙同样具有一个价值序列而从属于这个自然法。在个人生活上，它持一种理性主义和禁欲主义态度，要求人过一种有节制的符

---

① 〔德〕康德：《纯粹理性批判》，李秋零译，北京：中国人民大学出版社2004年版，第284页。

合自然（秩序）的生活，人要追求自然安排的那个应然的目的。受这一道德目的论的制约，古典政治哲学的主旨就是思考什么是人的理想生活，实现这种理想生活的最好政体是什么。

然而到了近代，霍布斯等人就对这样的伦理学感到极其厌恶，其中最根本的原因就是，古典政治由于预设了较高的人性标准和不切实际的理想目标，它因此在根本上是软弱无力的。霍布斯称这种不仅解决不了现实问题，而且还造成国家分裂、破坏和平的思想是虚妄的哲学。而启蒙哲人认为，并不存在古代哲学家所想象的超验的自然正当概念，（现代）自然法的真正基础不是目的论和宇宙论，而应该是人的现实性和人的开端，即生命、欲望和幸福。这些世俗内容是人性中最为基础和最低级的部分，但对每个人来说却是最真实的目的，"旧道德哲学家所说的那种终极目的和最高的善根本不存在。欲望终止的人，和感觉与映像停顿的人同样无法生活下去。幸福就是欲望从一个目标到另一个目标不断地发展"。人性就是这种"得其一思其二、死而后已、永无休止的权势欲"。①既然欲望才是人的最真实的自然，从而它也是一项自然权利。

在这个意义上，霍布斯等启蒙哲人的自然权利论奠基于欲望的心理学，自然权利论的论证逻辑是把这种心理主义内容神圣化为自然法，在此之上的契约论政治则演变成保护原子式个人自由的现代市民社会国家。从此，政治不再是道德生活的保障，而是基于自我利益的理性算计的结果；个人不再是生活在公共伦理实体下的共同体成员，而是市民社会的自我利益的守护者。这种新型的人就是布尔乔亚，它是现代人的主导性类型，他们"无诗、无爱、无英雄气，既非贵族，也非人民"②，他们的宗教也极其贫乏，是只关心一己私利的宗教——货币拜物教。霍布斯以来的启蒙伦理学实质上是把人在自然状态中的自私转化成为"开明的自利"，启蒙运动是对人性的下降。

---

① 〔英〕霍布斯：《利维坦》，黎思复、黎廷弼译，北京：商务印书馆1985年版，第72页。
② 〔美〕阿兰·布鲁姆：《巨人与侏儒》，秦露等译，北京：华夏出版社2007年版，第236页。

在这一背景下，康德针对当时居于主流地位的功利主义意识形态，企图通过重建启蒙伦理挽救这个破碎的现代性世界。以往囿于纯粹先验论范式的康德伦理学研究无法获得这样历史感。通过对这个背景的揭示，可以看到康德伦理学既是启蒙时代的产物，同时又是对启蒙病态的医治。在1784年写作的《什么是启蒙》中，康德认为"启蒙运动除了自由而外并不需要任何别的东西"①，这个说法显然是对早期启蒙精神的继承，但康德进一步对现代自由的理念进行了更加深刻的规定。作为对霍布斯以来现代自然法学说的批判，康德根据先验论原则提出了纯粹实践理性这个重要概念，它指理性在行动层面上的纯粹运用的功能，实际上是对人的理性能力的一种抽象。根据这个方法，康德区分了自然的意志和自由的意志，前一种意志品质实际上是任性，它总是受激情的刺激和感性冲动的主导，表现为实践理性的不纯粹运用；后一种意志则只受纯粹理性的规定，是自由意志，也是纯粹实践理性本身。康德认为，建基于任性之上的欲望心理学所导引出的自然法学说并不能揭示人的真正的自由本质。就人的自然存在来说，人是现象的存在者，但人之为人就在于能够超越自然并作为本体存在，也就是一个道德的存在者。人类自由的本质就是超越感性规定、需求、欲望、愉快和不愉快的感觉而选择自己决定自己行动的能力。这就是人类道德实践的重大意义，它在根本上确证人类的自由尊严。

这种以理性克制感性的严苛的道德标准使康德和柏拉图式的古典伦理相当接近，但就康德仍保留了"人是最终目的"为道德的唯一质料原则而言，则是继承了启蒙哲学把人类学—目的论作为现代伦理学的原初论题。这使得康德获得了一种本于现代却又超出现代的视野。在康德看来，启蒙的人类学必须依靠先验伦理学的提升才能保持一种深刻的道德尊严，人类才不至于在启蒙的醉醺醺的幸福主义的欢宴中耽搁对至善的向往。无论是古典宇宙论的自然正当还是现代科学的自然权利论，在根本上都立足于一种意欲式的假言命令，经过休谟的攻击这种假言道德

---

① 〔德〕康德：《历史理性批判文集》，何兆武译，北京：商务印书馆1990年版，第25页。

已经实难自立。休谟使人看到，从相继观念推不出因果观念、从事实判断推不出价值判断。因此，霍布斯主义的欲望心理学并不能证成他的自然法观念，即使人类确实以欲望、激情和意志作为行动的原初动机，但这并不足以成为论证人类合理生活的唯一目的和人存在的价值尺度。相反，康德式的道德命令根本上立足于定言判断，它不以任何外在目的为尺度，只告诉你绝对地要做什么。这就是道德绝对命令："要只按照你同时认为也能成为普遍规律的准则去行动"①的客观性基础，这表明了理性以自身为手段和目的，实现了从自然理性向实践理性的提升。雅克·马里旦认为，"康德把人类意志和自由变成了柏拉图式理念世界中的自足性存在。它们最终取代上帝成了自然法事实上的终极源泉"②。这意味着，康德的批判哲学必然炸毁了霍布斯以来的现代自然法和自然权利观念的正当性基础，人类存在的任何超验的神圣基础都没有了，启蒙政治的合法性需要在先验伦理学基础上重新实现自我证成。

二、重思康德法权哲学的"保守"立场

在康德之前，卢梭已经率先发动了对启蒙现代性的批判和重建。在卢梭看来，启蒙政治把个人主义的私利原则推向极致是造成现代性困境的根本原因，现代社会的出路在于用理性的普遍性重新为政治立法。卢梭为契约论设想了一种全新的结合形式，即每个人都将自己的特殊利益交付集体，并通过这种联合以共同体的力量保护每个人。这就是"公意"。它的精神实质是每个人都只服从自己参与制定的法律，因此就是自由。通过这种形式，卢梭为现代政治注入道德的力量，因为"公意之着眼于公共利益"并能永远正确。③考察思想史渊源，卢梭的"公意"思想正

---

① 〔德〕康德：《道德形而上学原理》，苗力田译，上海：上海世纪出版集团2005年版，第39页。
② 〔法〕雅克·马里旦：《自然法：理论与实践的反思》，鞠成伟译，北京：中国法制出版社2009年版，第51页。
③ 〔法〕卢梭：《社会契约论》，何兆武译，北京：商务印书馆2003年版，第35页。

是康德的"自我立法自我服从"的道德绝对命令的理论原型,所不同之处在于:在卢梭那里,"公意"作为政治设计的原则包含着实质性的内容,它最终所要处理的是个人私利与公共善的冲突。而康德则完全在纯粹先验形式的界面上处理这一问题,把私利与公共善的政治问题转换为特殊性和普遍性的先验伦理学问题,即个人行为的特殊性准则如何能够提升为道德的普遍性法则。①

康德的这一"转换"绝非偶然为之。现代政治发端于霍布斯的极端个人主义原则,它把自然状态视为社会的起点,把政治共同体看作个人的集合,把个人和国家之间视为"保护—服从"的关系。②其产生的积极意义在于:一方面,它告别了古典主义以宇宙论—伦理学对现代政治的规约,从而建立了现代政治的自主性和自我理解;另一方面,"利维坦"式的强权国家则为克服"自然状态"下"一切人对一切人的战争"提供了保障。然而需要指出的是,后一方面只是现实的极端情况和例外状态。在告别战争之后,③人们从对他人的恐惧将转化为对"利维坦"和绝对主权者的恐惧,但我们毫无理由证明对"利维坦"绝对权力的恐惧要好过对他人的恐惧。因此,靠"保护—服从"关系所维系的共同体是不可能牢靠的。原因很简单,在绝对自利原则的主导下,个人对共同体的服从和认信只是迫于法律的强力,绝不是发自内心的,一旦适逢机会,霍布斯的自私的个人还是会像逃避瘟疫一样逃避法律和义务。对此,迈内克一针见血地指出:"(霍布斯)为了每个人总体裨益的缘故,这一机械地构造出来的利益和权宜之国确实能要求其公民的盲目服从,但它无法从他们要求基于忠诚的奉献,要求一种对国家的依恋。"④

---

① 关于康德道德哲学对卢梭政治理论的继承关系,参见张盾:《"道德政治"谱系中的卢梭、康德、马克思》,载《中国社会科学》2011年第3期。
② 〔德〕卡尔·施米特:《霍布斯国家学说中的利维坦》,应星、朱雁冰译,上海:华东师范大学出版社2008年版,第135页。
③ 〔英〕霍布斯:《利维坦》第十三章,黎思复、黎廷弼译,北京:商务印书馆1985年版。
④ 〔德〕弗里德里希·迈内克:《马基雅维里主义》,时殷弘译,北京:商务印书馆2008年版,第323页。

按照这个思路，卢梭的"公意"思想实则是对霍布斯极端个人主义的一次矫枉过正。在以"公意"联合起来的共同体中，立法的内容只能是每个人所共同欲求的普遍对象；同样，每个私人意志如果能够普遍化为全体欲求的对象，它也就同时成为"公意"。因此，卢梭的"公意"思想能够在理论上回应法律和自由的关系难题：我为什么要由衷地服从法律？因为这是我（们）的自我立法。然而，卢梭的政治理论同样存在巨大的难题。首先，卢梭的共同体设计必须依靠公民美德作为前提，这种理想的公民类型是那种能够热爱国家、关心公共善，把集体利益视作高于个人利益的人，但在现代社会里中，这种公民是不存在的。其次，法国大革命自称以卢梭政治理论为指导，但它却表明了以人民主权和美德之名所实行的革命不过是一场大恐怖。后来黑格尔曾这样评述大革命："它因而是最冷酷最平淡的死亡，比劈开一颗菜头和吞下一口凉水并没有任何更多的意义。"①

对于见证了法国大革命的康德而言，如何让启蒙事业以一种更加有效的、平缓而温和的方式推进则成为其时代的根本问题。这使得康德晚年对道德和政制之间的关系采取了一种妥协和保守的立场，以拒绝卢梭的道德激进主义，从而提出了这样的观点："一个人即使不是一个道德良好的人，也会被强制而成为一个良好的公民的"、"良好的国家体制并不能期待于道德，倒是相反地，一个民族良好道德的形成首先就要期待于良好的国家体制"。②由于人性的脆弱性，无论是古典的还是卢梭式的道德政治，在现代性的背景下都不具有实践的可行性。当康德把卢梭的作为政治设计的"公意"先验化为道德的绝对命令时，这恰恰在另一个层面表明了康德对现实所进行的冷峻的思考：如果道德意味着人的自由本质，那么它将超出人的此世的必然性，卢梭式的共同体固然表达了政治中的伦理诉求，但这样的伦理王国只能存在于彼岸。康德退而求其次认

---

① 〔德〕黑格尔：《精神现象学》下卷，贺麟、王玖兴译，北京：商务印书馆1983年版，第119页。
② 〔德〕康德：《历史理性批判文集》，何兆武译，北京：商务印书馆1990年版，第125、126页。

为，在现实世界里，最具可行性的选择只能是宪政的法治国家，"建立国家这个问题不管听起来是多么艰难，即使是一个魔鬼的民族也能解决的（只要他们有此理智）……因为这个问题并不在于人类道德的改善，而只在于要求懂得那种大自然的机制我们怎样才能用之于人类……使他们自身必须相互都屈服于强制性的法律之下"①。

康德晚年对法权问题进行了深入的理论思考，其成果主要见诸于《道德形而上学》的第一部分"法权论的形而上学初始根据"。除了霍布斯和卢梭，普芬道夫、博丹以及贡斯当等人的法政思想都曾对康德产生了一定的影响。尽管如此，康德还是以其批判哲学的特色开出了自己在法学上的独到创见，甚至像第一批判那样展开了对法权原则的"先验演绎"。根据先验哲学的方法，道德目的王国因其停留"理知的存在"而独自构成一个先验理念的"原型世界"，当其下降后，在现实世界中则落实到法律王国，它是道德王国的"摹本"。作为沟通人的现象存在与本体存在，"权利科学"为人的现实的行为制定规则，其准则是从实践理性中推演出来的。在道德论中，实践理性对自由意志的立法是自治，道德自由回答了人性中的高贵尊严，它是纯粹内在性的。作为法权上的等价物，康德将道德的绝对命令转换为法权的普遍原则："如此外在地行动，使你的任性的自由应用能够与任何人根据一个普遍法则的自由共存。"②这一法权原则表明了：首先，法权涉及一个人格的外在的、实践的关系；其次，法权的内容关切每个人的任性与任性的关系；最后，在每个人任性的关系中，不考虑任性的内容而关切任性的形式，看双方之间能否按照普遍法则保持一致而不相冲突。根据这个法权的先验原理，人和人之间的现实关系的实质是个体之间的自由如何协调的问题，它由私法所规定。作为表达外在自由的权利原则，其内容就是确定"你的和我的"。在自然状态下，"你的和我的"只是暂时的，保护私人权利需要一个公共权利，这个公共权力就是"使这样一种彻底的协调一致成为可能的那种外

---

① 〔德〕康德：《历史理性批判文集》，何兆武译，北京：商务印书馆1990年版，第125页。
② 《康德著作全集》第6卷，李秋零译，北京：中国人民大学出版社2007年版，第239页。

部法则的综合"①。由这个公共权利确立起一个普遍的法权状态，它是自然状态的对应物，由自然状态中的私人法权产生并以保护私人法权为目的。康德最终认为，这一保障私人法权的公共权利就是国家宪政的来源和根据，国家就是这样一个以保障每一个人的个人权利为目的的"自由人"的联合体。

三、康德区分道德与法权的意图

康德的法权思想表明，对个体权利的维护是推进现代性事业的生长点。通过把个人的权利原则置于纯粹实践理性这一全新的思想平面上，康德彻底抽空了霍布斯等人经验论自然法学说的感性论基础，证明了唯一自然权利就是自由，它是人"生而具有的法权"。但这还是抽象的，作为权利的自由在现实中必须获得其等价表达，这就是所有权概念。所有权作为一个法律概念，不是关于对象的"经验性占有"，而是关于对象的"理知的占有"，也就是无需时空中的持有就可以声称"这"是"我的"。"占有"作为法权概念是一个知性概念。②就这一个人权利原则所表达的内容来看，康德在政治上的自利主义原则似乎走得太过了。在立法和表决权问题上，康德甚至认为妇女、帮工、仆从这类人是依附性的，因此属于"消极的国家公民"，他们并不具有表决权。又如，在"采用物的方式的人身法权"中，夫妻关系被明确指认为一种"占有"关系，是"既平等占有彼此交互占有人格，又平等占有物质财富"③。

可以看到，实践理性在道德论和法权论的各自领域的运用是如此之不同：在道德的概念中，它证明了人类理性所本来具有的高贵尊严，它能够面对一切外在的诱惑而持守自身；在所有权概念中，理性的普遍性却被证成为占有欲之正当性的思想形式。在道德问题上要求十分苛刻的

---

① 〔德〕康德：《历史理性批判文集》，何兆武译，北京：商务印书馆1990年版，第194页。
② 《康德著作全集》第6卷，李秋零译，北京：中国人民大学出版社2007年版，第252—263页。
③ 《康德著作全集》第6卷，李秋零译，北京：中国人民大学出版社2007年版，第288页。

康德，在法权领域中却并没有表现得太过激进，取代道德崇高理想的是一种十分形式化的平等原则。对此，黑格尔的"伦理"观点提出了质疑，尽管康德排除了对婚姻关系自然论的解释，但将其理解为民事契约却仍然"是粗鲁的，因为根据这种观念，双方彼此任意地以个人为订约对象，婚姻也就降格为按照契约而互相利用的形式"①。我们由此可以理解为什么布鲁姆和阿伦特等人对康德法权思想评价不高，在道德的普遍性诉求和权利的特殊性内容之间，康德确乎显得有些矛盾。按照黑格尔的批评，康德的道德自由仍是一种主观自由，并没有把伦理的普遍性灌注到法的体系中使之成为客观的具体自由的定在形态。黑格尔这个批评显然基于自己特殊的政治理想的考量。然而我倒认为，康德这个思想矛盾仍是十分表面的和形式的，如果以历史的眼光去看，我们将完全有理由证明康德的这种思想选择乃是十分审慎的、具有合理性的。

如前所述，康德对政治和法的思考源于启蒙政治的现代性进程和法国大革命的历史实践。从霍布斯到卢梭，启蒙政治经历了从自利主义到道德普遍主义的演进，如果说卢梭率先批判了启蒙的利己主义并开辟道德政治的新论域。那么，康德则通过对特殊性和普遍性、道德和法权的划界推进了自由主义宪政国家的自我理解。康德洞见到了卢梭政治理论中蕴含的道德维度，但法国大革命的实践表明，卢梭的道德政治的激进主义由于过度抽空了自身而极易沦为吞噬一切异质性的道德恐怖，当它要把这种自由落实到现实、产生一项建设性行动时，它必然"变为破坏一切现存社会秩序的狂热，变为对某种秩序有嫌疑的个人加以铲除"②。为了避免这种抽象的普遍性和绝对自由所造成的恐怖，先验伦理学将理性的普遍性限制在了道德事务的领域内，而在这个领域内自由是纯然内省的。这种内省的道德完全是个人化的，它只依赖于个人的反思和自觉践行，它完全是一个私人领域的内容。相反，在政治问题上，人性的现实要求法权原则必须以特殊利益为底线，以理性的普遍性形式协调这一

---

① 〔德〕黑格尔:《法哲学原理》，张企泰、范扬译，北京:商务印书馆1961年版，第177页。
② 〔德〕黑格尔:《法哲学原理》，张企泰、范扬译，北京:商务印书馆1961年版，第14页。

私人权利。通过这种形式，个人重获所有权的正当性并成为现代市民社会的基本原则，在这一领域内"每一个特殊的人都是通过他人的中介，因此也无条件地通过普遍性的形式的中介"①。虽然卢梭极力批判布尔乔亚社会的自利原则，但康德却看到对所有权的承认是现代社会向公民社会状态平稳演进的根本基础，因此不能取消。其后果是，通过法权和道德的区分，康德实质上也就完成了对"政治道德"和"个人道德"的区分：法作为"政治道德"属于公共领域，在此范围内公民必须持守法权原则为行为底线，而道德的绝对普遍性和绝对自由的诉求则只具有个人意义，它归属于私人领域，只能靠个人内省，而绝非公共强制。

康德对道德和法权的原则性区分在根本上实现了一次对启蒙政治的深层重构。这一重构体现了康德哲学在政治领域中的另一种"划界"和"批判"，它既是对霍布斯、洛克的政治个人主义造成的利己主义倾向和卢梭的道德政治理论的抽象自由的深层批判，同时也是对现代世界中的道德和法权、私利与公共善、个人与共同体之间关系的重审和建构。简单来说，在卢梭的政治理论中，康德借取了其中的道德灵感并将其提升为一种先验的道德哲学；在这种道德哲学中，康德所提出的实践理性的普遍性形式也成为重构自由主义法权体系的根本方法，从而使现代人权思想获得了更加深刻的论证基础。在道德和法之间，康德重新圈定了其各自的位置和限度，这种"划界"为我们思考在现代世界中道德和政治（法）的关系提供了这样的思想启示：基于人性的现实性，道德的普遍性理想和绝对的自由只能作为现实世界的"原型"存在，其施行运用的方式在于，在私人领域里它是个人的自我立法以及善行的内在规定根据；而在世俗生活中，政治只能取自"特殊性"原则（私人所有权）为立法的根基。在其现实性上，政治应该只关心其成员在现实中"怎样"生活，而必须放弃人"应该"如何生活的这样不恰当的道德目标。

在这个意义上，康德对道德和法权的区分破解了卢梭乃至古典意义上的道德政治诉求，并将其视为人类理性在实践领域的僭越，它揭示了

---

① 〔德〕黑格尔：《法哲学原理》，张企泰、范扬译，北京：商务印书馆1961年版，第197页。

现代政治的自主性不在于任何超验的道德目的，而在于人自身的此世的幸福生活；同时，康德伦理学也赋予了霍布斯、洛克以来以原子式个人为基础的自由主义政治以一种深刻的道德尊严，从而构成了对启蒙功利主义的深刻批判，并促使后世的自由主义能够不断反思自身的道德限度。康德政治哲学从而最彻底地表征了政治现代性的自我理解，实现了启蒙政治的一次自我更新和理论深化。由此可见，康德政治哲学所采取的殊异思路根本是出于对现实问题的真实回应，它是时代精神的表达，我们难以否定其在思想史上的独特地位。

第二论题

黑格尔与"精神"观点的现代复兴

第五章
重思黑格尔早年的宗教—政治理想

很少有哪位思想家能够像黑格尔这样在他的研究者中造成如此之多的争论。黑格尔究竟是保守主义者还是左派？是无神论者还是思辨的神学家？似乎任何一方的观点都能在他恢弘、富丽的思想体系中找到自己的证据。为了摆脱黑格尔研究的这种困境，萨拜因告诉我们，回顾黑格尔早年的宗教、政治理想是绝对必要的。在这一时期，黑格尔还没有发展出他那套令人迷愕的抽象观念——那套观念使他后来阐发的政治哲学变得异常艰涩难懂。然而，即使没有那套逻辑工具，他的主要思想也已经明确地提出来了。①

一、现代性的双子星：法国革命与康德哲学

在讨论青年黑格尔的思想以前，我们首先需要了解产生这种思想的现实根据和理论背景，这种考察将把我们引向现代性最雄伟的两座高峰。这就是18世纪末的法国大革命和康德哲学。黑格尔对现代社会的理解正是伴随着这二者的发展和转变，逐渐走向成熟的。

法国革命并非第一次现代革命，在它之前英国的两次革命和美国革命已经开辟了通向政治现代性的道路。但是就政治制度变革的程度之

---

① 〔美〕萨拜因：《政治学说史》下卷，邓正来译，上海：上海人民出版社2010年版，第323页。

深、影响之广而言，法国大革命却史无前例。它在整个西方世界面前展示了一个按照世俗理性和人权原则建立社会共同体的宏伟计划，启蒙精神由此真正深入人心。大革命还为欧洲树立了全新的政治理念：人生而自由、平等，社会的差别只基于共同体的利益，而政治的结合则完全以保护自然的、不可消灭的人权，即自由、财产、安全和反抗压迫的权利为目的。①这一点对于当时的欧洲社会的影响，无论怎样评价都不过分。不仅在革命政权控制的地方，欧洲的封建领主和教会遭受到了不可逆转的打击和削弱，即使在它的敌人那里，它的法律和行政制度也得到了广泛的承认和效仿，以至于无论革命成败如何，欧洲历史都已经朝向他所指引的方向前进了。

现代性的另一座高峰是德国哲学，特别是康德哲学，它与法国大革命刚好是一对双生子。这不仅是因为它以"人是目的"这样一个简洁的形上原则总结了大革命的精神价值，而且更重要的在于这种哲学与革命进程中的主流思想，有时甚至是极端思想之间有一种直接的关系。阿伦特曾经提到过一个著名的例子：雅各宾派的缔造者之一，著名的立宪议会成员西耶斯，在起草法国宪法时就已经知道康德，并受到其哲学的影响，据他的朋友特瑞门所说，西耶斯试图把康德哲学介绍给法国，并认为"法国人通过研究这种哲学将会完成他的革命"②。相似的例子还包括宪政派教士的领导人格雷古瓦，他曾在康德的《单纯理性限度内的宗教》出版一年内研究了这部著作，并希望从中为一种与"政治民主"相适应的"基督教民主"找到理论支撑。③这些例子表明大革命的一些主要参与者已经获知了关于康德哲学的重要讯息，并且试图利用这种哲学来满足革命的特殊需要。另一方面，康德晚期思想也同样受到了法国革命的深刻影响，以致有论者认为康德的《法权形而上学》、《论俗谚》、《论

---

① 〔意〕拉吉罗：《欧洲自由主义史》，杨军译，长春：吉林人民出版社2001年版，第62页。
② Hannah Arendt, *Lectures on KANT's Political Philosophy*, The University of Chicago Press, 1992, p.44, p.45.
③ 〔匈〕费伦茨·费舍编：《法国大革命与现代性的诞生》，罗跃军译，哈尔滨：黑龙江大学出版社2010年版，第228页。

永久和平》、《单纯理性限度内的宗教》等作品几乎是针对法国大革命的各个关键性时刻所作的一系列哲学评论。①我们在这里只限于说明两个最重要的例子。

首先值得注意的是，康德的《单纯理性限度内的宗教》（1794年）与罗伯斯比尔的"理性崇拜"（1793年）政策之间的内在的联系。这主要体现在两个方面，第一，在《单纯理性限度内的宗教》中康德较以往更为直截了当地批评了天主教的启示教义和奇迹信仰，公开声称"圣洁的传说及其附属物、规章和诫命"对于成熟的理性已经成了累赘和桎梏，甚至为了清除古老宗教"令人遗憾"的制度和观念，不得不以一场"新的在任何时候都是充满危险的革命"为代价。考虑到法国天主教的反动立场和旺代宗教战争等背景，康德的上述观点显然就是对罗伯斯比尔"理性崇拜"政策和与之相关的革命措施的声援，尽管康德后来否认一种合法的革命权的存在，但是这并不妨碍他承认在旧宗教造成的非理性状态下，通过革命缩短进步进程的积极意义。②第二，康德意识到，"道德上的至善并不能仅仅通过单个人追求他自己在道德上的完善来实现，而是要求单个人为了这同一个目的联合成为一个整体，成为一个具有善良意志的体系"，而这就需要一种不同于"道德法则"的"更高的道德存在者的理念"（上帝），才能使"单个人自身不足的力量"联合起来发挥作用。③康德在此对他之前的道德神学观点做出了重要的发展，这就是开始注意到社会共同体对于"至善"的重要性，进而从社会层面理解道德和宗教的价值。正是这一点使他与罗伯斯比尔的"理性崇拜"取得了惊人的相似性。后者注意到，革命进程中的废除基督教运动已经使国家陷入了危险的境地，特别是在其背后的无神论，本身就是"与平民格格不入的富人的理论"④，必然滋生利己主义，践踏"公意"、平等和民主，

---

① 〔匈〕费伦茨·费舍尔编：《法国大革命与现代性的诞生》，罗跃军译，哈尔滨：黑龙江大学出版社2010年版，第232页。
② 参见《康德著作全集》第6卷，李秋零译，北京：中国人民大学出版社2007年版，第96—97、124页。
③ 参见《康德著作全集》第6卷，李秋零译，北京：中国人民大学出版社2007年版，第98页。
④ 〔法〕乔治·勒菲弗尔：《法国革命史》，顾良、孟湄译，北京：商务印书馆2010年版，第379页。

为了捍卫大革命的果实，挽救公民道德，罗伯斯比尔提出必须建立一种理性的新宗教，在公众中重新树立关于"最高存在"和"灵魂不朽"的信念。

第二个非常重要，但也一直被研究者所忽略的现象是康德的《法权形而上学》（1797年）与热月政变以及共和三年宪法（1794年）的高度一致。热月政变是法国大革命的一个分水岭，罗伯斯比尔依靠国家恐怖主义和"理性崇拜"的新宗教强制推行道德民主的措施，最终损害了革命的社会基础，以至在热月政变之前，绝大多数法国人已对革命感到失望，甚至革命派内部也出现了分裂，许多原则上忠于革命的人都因渴望恢复兴业自由和牟利自由而对国内混乱感到厌倦。热月党人利用这种国内局势的变化，埋葬了罗伯斯比尔的道德民主专政和"理性崇拜"，继而通过共和三年宪法，让富裕的产业主掌握国家的政治和经济领导权。按照布瓦希·唐格拉斯的解释，只有有产者最适合治理国家，因为"产业主关心其产业所在的国家，关心旨在保护其产业的法律和社会安定；他们依靠自己的产业和富裕而能够受教育，教育又使他们能够明智地和公正地来衡量决定着国家命运的法律的利弊……一个由产业主治理的国家必定是个法治社会"[①]。康德在《法权形而上学》中的思想转向与共和三年宪法的上述原则几乎完全一致。在这部作品中康德不仅不再通过形式化的道德原则贬抑现实社会中的牟利动机，而且相当正面地肯定了私有财产对于法权状态的积极价值，甚至认为国家也只是私人为了获得某物的永久占有在法权法则之下的联合。特别是在讨论国家公民资格一节中，这种倾向特别明显："一般而言，每个不能凭自己的经营而不得不受他人雇用以维持自己的生存的人都缺少公民的人格性。"[②]康德在这里显然接受了唐格拉斯关于有产者共和国的设想，恢复和平与秩序的需要最终占了道德的上风。

---

① 〔法〕乔治·勒菲弗尔：《法国革命史》，顾良、孟湄译，北京：商务印书馆2010年版，第466页。
② 《康德著作全集》第6卷，李秋零译，北京：中国人民大学出版社2007年版，第324—325页。

法国革命与康德哲学的这种交互作用对年轻的黑格尔产生了复杂的影响。按照传记作家的说法,大革命爆发在黑格尔进入图宾根神学院的第二年,这场革命受到了德国进步知识分子的热烈欢呼,年轻的黑格尔也在这个行列之中。也是在同一年黑格尔接触到了康德哲学,起初他并没有完全领会这种哲学的批判精神,但是没过多久,这种哲学就和法国大革命一起成为影响黑格尔早期思想最重要的两件大事。

二、诉诸人性、人权的宗教研究

作为一个处在"古今之争"时代的思想家,黑格尔很早就明确地表现出了一种追求自由、张扬人性的现代倾向。在1792前后的笔记里,黑格尔已经向基督教发出了这样的诘难:"如果说基督教反对专制政治,那么他反对买卖奴隶至今才有多长时间?"[①]在稍后的私人通信中,黑格尔更是痛斥"宗教与政治是一丘之貉,宗教所教导的就是专制主义所向往的。这就是,蔑视人类,不让人类改善自己的处境,不让他凭自己的力量完成其自身。"[②]由此可见,黑格尔对宗教的关注从一开始,就是以人性、人权为出发点。虽然他对人性的理解后来发生了更复杂的变化,但是这种以人性作为宗教的根据的基本立场是一以贯之的。

黑格尔从不是一个有神论者,在最初的"民间宗教手稿"中,他已提出宗教信条必须同时是"人性"的,即"适合于一个民族所赖以立脚的精神文化和道德所达到的阶段"。不过此时黑格尔所说的"精神文化和道德"主要还是指人的情感,这与德国启蒙运动的特殊处境有关。根据弗里德里希·希尔的研究,从18世纪开始,"理性"已经成为德国专制主义在立法、讲道、控制经济等方面的新工具,因此德国的启蒙最初是一场带有浪漫主义色彩和宗教氛围的基督徒运动。[③]受此影响,黑格尔

---

① 《黑格尔早期著作集》上卷,贺麟译,北京:商务印书馆1997年版,第99页。
② 苗力田编译:《黑格尔通信百封》,上海:上海人民出版社1981年版,第43页。
③ 〔德〕弗里德里希·希尔:《欧洲思想史》,赵复三译,桂林:广西师范大学出版社2007年版,第446页。

早年也希望通过宗教情感的革新,实现德国社会和政治的进步。

按照他当时的想法,宗教之所以必要,是因为在"神的表象"中结合了人的道德"情感",它能对人的内心本质起作用;而将上帝、灵魂不朽等观念教导给民众,其最重要的结果就是"民族精神的提高和高尚化","从而可以使得那些常常沉睡着的民族情感和尊严在灵魂里得以唤醒,这样,那个民族就不会自暴自弃,也不会被轻蔑、被抛弃"。相比之下,宗教的理性层面要远远低于其情感层面,因为理性、启蒙虽然能够"给予义务以明晰的知识",从而对克服专制和迷信情绪有益,但是却没有本领给予人道德情操,"真正讲来,它同那些东西是'不'相称的"。黑格尔当时心目中的典范是希腊的民众宗教。因为这种宗教能够"同生活的一切情感友好相处","在民众的事务上和生活中严肃的事件上,以及在节日和欢乐方面支持鼓舞他们",所以这种宗教与它的民族的伟大自由是携手前进的。①

但是黑格尔的上述情感主义立场持续的时间并不长,在康德哲学和法国革命政策的双重影响下,他对宗教的思考很快就发生了一次理性主义转向。对此加以详细分析,具有非常重要的意义,一旦我们在这里获得了方向,我们就能描绘出黑格尔早期宗教哲学与现代人权观念的本质联系。

黑格尔思想的这种转向首先与康德伦理学,特别是《单纯理性限度内的宗教》的出版有关。在1794年圣诞从伯尔尼寄给谢林的信中,黑格尔已经写道:"康德的宗教学说,目前虽然还没有发生多大影响,但日丽中天,将来总会为人之所共见。"②此后不久,他又在自己撰写的《耶稣传》中将基督描绘成一位诉诸人类理性的道德家,并且宣称理性使人在"自身内即拥有超出自然的崇高力量,而对于这种力量的培养和提高就是他的生活的真正使命",这表明黑格尔已经不再像早先那样认为"理性"是奉承主人、为利己之心辩护的臣仆,而是将其视为人类自由和尊

---

① 参见《黑格尔早期著作集》上卷,贺麟译,北京:商务印书馆1997年版,第83、62—64、75、89页。
② 苗力田编译:《黑格尔通信百封》,上海:上海人民出版社1981年版,第31页。

严的所在。此时的黑格尔相信使一切人成为目的的"实践理性"已经表达了真正自由的法则,通过它"人"便成为了知识和信仰的最高标准,从而一场使人类重新恢复崇高与"不朽之感"的革命就蕴藏在这种观念之中。①

进一步说来,黑格尔之所以转向康德的伦理—宗教思想,与法国大革命对现代市民社会和人权观念的推广也有关系。由于深知基督教关于容忍、屈从的诫命与市民社会立法的根本基础,亦即所有权原则以及自卫原则相抵触,黑格尔一直试图改造这种宗教,使其与现代社会的权利和道德相适应。康德的学说刚好提供了这一契机,因为建立在这种理性之上的宗教本身只是以"作为道德立法者的神的观念"来加强伦理动机的手段,它并不超出人的价值,因此也不贬低人的权利,对于这种宗教来说,爱自己的兄弟就是侍奉上帝,尊重他人的权利就是履行神圣的天职。宗教在这里已经取得了一种与理性和自由相容的形式,从而能够服务于一个按照"道德律"统治的"人间天国"。②黑格尔相信法国革命与德国哲学的共同结果就是这样一个"天国"的诞生。在1795年4月至谢林的信中,黑格尔满怀信心地对此做出了宣告:"人类自身像这样地被尊重就是时代的最好标志,它证明压迫者和人间上帝们头上的灵光消失了。哲学家们论证了这种尊严,人们学会了这种尊严,并且把它们被践踏的权利夺回来,不是去乞求,而是把它牢牢的夺到自己手里。"③

除此之外,尽管能够证明黑格尔研究过法国革命中的宗教思潮的证据不多,黑格尔只在《精神现象学》中提到过一次罗伯斯比尔的"最高存在"。但是卢卡奇、考夫曼等黑格尔研究者依然坚持认为,法国革命时期的"理性崇拜"和黑格尔宗教思想的"理性主义"转向之间存在着一种内在的联系。④当黑格尔在《耶稣传》开篇写下:"打破一切限制的纯

---

① 参见《黑格尔早期著作集》上卷,贺麟译,北京:商务印书馆1997年版,第71、151、177页。
② 参见《黑格尔早期著作集》上卷,贺麟译,北京:商务印书馆1997年版,第105、129、197页。
③ 苗力田编译:《黑格尔通信百封》,上海:上海人民出版社1981年版,第43页。
④ 〔美〕沃尔特·考夫曼:《黑格尔——一种新解说》,张翼星译,北京:北京大学出版社1989年版,第37页。

粹理性就是上帝本身"时，他的措辞已经更接近于罗伯斯比尔而不是康德——从他推崇康德哲学的动机来看，它与罗伯斯比尔对"理性宗教"的倡导也确实有一致之处。质言之，二者都意识到，为了共同体在道德上的健康和政治上的统一，必须有一种理性的宗教作为最后的保障，若非如此，追求人类自由和权利的事业必然被自私倾向和新的专制主义所吞没。不过在这里有一个细节值得我们注意，就是黑格尔此时并没有向服膺康德一样信任罗伯斯比尔，在前面提到过的那封盛赞康德宗教哲学的信中，黑格尔紧接着就批评了法国革命家卡里厄因反对罗伯斯比尔而被处死的事件。这一现象说明年轻的黑格尔尚未具有足够的理论敏感把握到罗伯斯庇尔的专政手段与其道德、宗教观点（在一定意义上也是康德的观点）之间的共同缺陷，因此也没有像他在思想成熟时期那样把康德形式化的道德原理与革命恐怖联系在一起，但是黑格尔很快就注意到了这一点，并最终导致了他在宗教、政治观念上向此后成熟观点的一次更为深刻的转型。

三、告别大革命和康德哲学

在1796年以前，黑格尔主要是追随法国大革命和康德对于现代自由和宗教的看法，但是随着大革命不断暴露出的自身的缺陷，黑格尔开始陷入一种深刻的思想困惑。这种困惑最终使他脱离了大革命和康德哲学的基本立场，发展出一套更为全面的宗教和政治观念。黑格尔后来回忆他在这一时期所遭受的思想危机时做出了这样的表白："这种疑病状态，我遭受了好几年，以至精神上几乎陷于瘫痪。一般地说，每一个人在其一生中都要经历这样一个转折点，这是他在本质上的一个昏暗的收缩点；他要通过这一关才能达到安全的境地……才能确信一个更内在更高贵的生存。"[①]从中我们能够看出法兰克福时期在黑格尔思想发展中的

---

① 苗力田编译：《黑格尔通信百封》，上海：上海人民出版社1981年版，第217页，[匈]卢卡奇：《青年黑格尔》，王玖兴译，北京：商务印书馆1963年版，第94—95页。

重要地位。对此加以详细考察将使我们发现《精神现象学》以及此后其他成熟作品中那些观点的原初动机和表述。

黑格尔所遭受的疑病状态,首先是指雅各宾专政带来的暴乱和康德伦理学的形式主义。最初德国知识阶层普遍认同罗伯斯比尔、圣鞠斯特等人的革命目标,即通过移风易俗,改变人民的观念和习惯,恢复伟大的古代共和制度。但是黑格尔很快注意到革命所宣扬的自由、平等、理性、民主等新思想只适合于知识分子的高谈阔论,一旦将其引入现实政治,它们就吞噬起自己的事业和英雄——吉伦特派是以共和国的名义被控,埃贝尔和无神论者以最高存在的名义被控,丹东以道德和安分守己的名义被控……所有这些给年轻的黑格尔造成了极深的印象,并使他意识到抽象地谈论人的自由、道德和理性与真正实现是两回事。

也正是在这种情况下,黑格尔开始对康德伦理学进行彻底地反思,并最终意识到"实践理性"的"道德律"只不过表达了"主语和谓语的同一性"这样一个"绝对的东西",它脱离了感性的经验和爱好,在根本上缺乏法则的一切内容,真正说来只能产生空洞的"同义反复",而非"实际的兴趣"。①黑格尔由此断定,这种形式化的道德只能是抽象的玄思,一旦将其付诸行动,它就会以其空洞性吞噬一切现实的、肯定性的事业。进一步说来,这种形式主义的道德本身也是有限的东西,它必须以个人为载体,存在于个人之中,一旦它作为原则"侵入绝对伦理的体系,而且同样试图置身于公法和私法,以及国际法之上",私人的意志就势必会窃取伦理的权威,由此酿成"最大的弊病和最严酷的专制",②而这无疑正是雅各宾专政的写照。

使黑格尔遭受疑病状态的第二个方面恐怕是热月政变后资产阶级在法国的篡权与康德《法权形而上学》的功利化倾向。我们在上文中曾经提到热月政变和康德哲学的这种逆转。为了恢复社会秩序,它们都将资产阶级法权重新确立为国家的基础。与之相应,共和国的施政方针也

---

① 〔德〕黑格尔:《论自然法的科学探讨方法》,程志民译,载《哲学译丛》1999年第2期。
② 〔德〕黑格尔:《论自然法的科学探讨方法》,程志民译,载《哲学译丛》1997年第4期。

极度右转，其具体表现包括放宽遗产继承、取消国家济贫机构、减少穷人受教育的机会和试图停止平分公有土地等一系列措施。①年轻的黑格尔显然对此耿耿于怀。按照他在《自然法论文》中的观点，财产权原则仅仅适用于关于需要、劳作和积累的"普遍互相依赖的体系"即"政治经济学体系"——这种"谋生和财产本身的体系"并非自我构成的和独立的力量。从伦理整体的角度来看，这种体系是"内在空虚"的，"不仅要防止它在量（资本）的方面的迅速增长，而且（要）阻止它所追求的更大的差别和不平等的发展"。②质言之，财产权原则只是一个特殊社会部门的原则，一旦这个部门自我组织起来成了"自在的、无条件的和绝对的整体"，从而逃避了整体的统治，疾病和死亡就会出现。③这些论述表明黑格尔实际已经意识到了资产阶级国家的巨大危害。在他看来，使国家权力依附财产权的做法，必然造成经济部门的恶性膨胀和资产阶级对整体利益的侵吞，从而破坏社会的公平和有机联系，加剧贫富分化和社会冲突。黑格尔注意到热月政变后的法国所出现的就是这样一种情况，国家权力成了资产阶级"缙绅"的财产，体现民众利益的"代表制"成了阶级统治的工具，法国的法制由此遭到破坏，④而这也正是康德的法权学说所暗含的危险。

不仅如此，在《自然法论文》中，黑格尔还进一步批评了作为资产阶级法权基础的"自然权利"观念。在他看来，所谓的"自然权利"试图脱离特殊的习俗、历史、教养和国家来理解人，结果所获得的只是"带有可能最少的特性的原子（个人）"。这种人所具有的只是自然的本能和欲望而不是法权，在它与它者之间没有形成相互结合、相互限制的"否定的统一性"。质言之，在这些还没有建立起"伦理共同体"的抽象个人之间，不可能存在任何"内在必然性"（有机的联系），它们只是作为没

---

① 参见〔法〕乔治·勒菲弗尔：《法国革命史》，顾良、孟湄译，北京：商务印书馆2010年版，第467页。
② 参见〔德〕黑格尔：《论自然法的科学探讨方法》，程志民译，载《哲学译丛》1997年第3期。
③ 参见〔德〕黑格尔：《论自然法的科学探讨方法》，程志民译，载《哲学译丛》1997年第4期。
④ 参见《黑格尔政治著作选》，薛华译，北京：中国法制出版社2008年版，第77页。

有"统一性"的"多"而相互对立——所谓的"自然状态"因此只能被思考为一场彼此毁灭的战争。事实上,黑格尔认为"自然"本身恰恰"最不能表现伦理的东西的本源性",真正的自由和权利也并不来自自然,而是来自一种整体性的伦理生活。①

总而言之,在经历了法兰克福时期以后,黑格尔认识到大革命和康德哲学都只是表达了一种不断陷入抽象个人主义的狭隘观念。它们虽然对自由和权利已有所察觉,但是却没有从社会整体的角度现实地理解它们。因此真正说来,它们只是古代自由衰落后,孤立分散的"自我意识"的极端爆发。真正的自由只有冲破它们,就像冲破黎明前的黑暗,才能在现代重新复苏。在黑格尔看来,随着整个欧洲被卷入一场争取自由的恐怖斗争,自由的概念已经逐渐"清洗掉了先前的空洞性和不确定性","无政府状态已和自由区别开来",从而一个稳定的政府的存在和民众对于国家立法和重要事务的参与都被看作是对于自由必不可少的。②自由的社会性、整体性维度由此凸显。

四、面向现代政治的宗教研究

现在我们再来看黑格尔这一时期的宗教研究,就会发现其中所包含的深邃的历史感和政治关怀。因为在他看来,"一切重大的历史转变,如从古代自由到中古和近代的专制制度,以及希望中的从现在的专制再到新的自由的过度,都是与宗教的转变密切结合着的"③,所以考察历代宗教与政治的联系,对于解决自由这一时代难题,实现民族的政治解放,就具有特别重要的意义。

按照青年黑格尔的看法,宗教是政治自由的风向标。当一个民族在现实生活中实现了自由,宗教就会充满生气,与他们的生活密不可分;

---

① 参见〔德〕黑格尔:《论自然法的科学探讨方法》,程志民译,载《哲学译丛》1999年第1期。
② 参见《黑格尔政治著作选》,薛华译,北京:中国法制出版社2008年版,第104—105页。
③ 〔匈〕卢卡奇:《青年黑格尔》,王玖兴译,北京:商务印书馆1963年版,第47页。

反之宗教则会逃避现实，耽于幻想。为此黑格尔援引了古代希腊和罗马的例子。在他看来，古希腊人和罗马人（罗马共和国）尚未形成个体意识，对于他们来说，祖国的目的就是每个公民自己的最后目的，自由就是为国家效劳，而国家也确实需要公民的这种效劳。所以在古代希腊人和罗马人那里，自由是真实地实现在他们对政治的参与中的。反观他们的宗教，也与这种政治自由紧密相连。具体而言，他们的神灵是民族自身统一的象征和守护者，人民的意志由此被引向更高的理想，即"祖国观念"；他们的传说为整个民族保留了对于国家的创立者、解放者以及献身国家的英雄的记忆，这种记忆能够始终鼓舞他的人民，使人们在政治行动中具有坚强的爱国心。①

但是随着古代共和制度的没落，自由也随之终止了。原先那种以"伦理有机体的整体的存在和保存"为目的，以"死亡"（为国捐躯）为使命的自由民（贵族），被毫无政治价值的私人所取代，而后者就其本性而言，与古代奴隶是一致的，它"存在于不同的需要和劳作中，存在于所有物和财产的法律和公正中，它工作的目的是个人"②。受此影响，"国家作为自己活动产物这一形象从公民的灵魂中消失了"，政治自由开始被只关心私利的个人出卖给权贵，并最终在罗马皇帝的专制之下被"从地上驱逐到了天上"。这无疑正是基督教的兴起根源。在黑格尔看来，基督教正与希腊、罗马世界的私人化所开启的奴役时代相适应。因为一个民族的自由的灵魂无法在现实中找到安息之处，他们就会"害怕与世界接触"，把自己从家庭和国家中排斥出来，逃避一切生活，在空虚里寻找自由，以至于他们所拥有的自由也只能是像耶稣一样殉难的自由。③

由此可见，基督徒仍然是不理解现实的伦理生活的私人，在基督教和私人的世界里都是没有自由可言的。不过这并不意味着黑格尔认为要恢复自由就一定要回到古代制度，在他看来，个体自我意识的出现反倒

---

① 参见《黑格尔早期著作集》上卷，贺麟译，北京：商务印书馆1997年版，第323、314—315页。
② 〔德〕黑格尔：《论自然法的科学探讨方法》，程志民译，载《哲学译丛》1997年第3期。
③ 参见《黑格尔早期著作集》上卷，贺麟译，北京：商务印书馆1997年版，第449、452—453页。

具有历史必然性。质言之，古代国家的和谐不得不分裂，为一种更高的发展让路。①这种发展的首先就是现代市民社会和人权观念的崛起。黑格尔注意到，随着伦常和生活方式的改变，个人更多地从事自己私人的事情，应付自己的"急需和所得"，于是满足需要和劳动的体系得到了精巧的、多方面的发展，市民等级由此产生，并因其"勤劳精神和历尽艰辛获得的知识和熟练技能"而取得日益重要的社会地位。特别是在现代，对于知识和熟练技能的需求已经为个人超脱其特性和身份洞开了道路，纯粹个人的东西已成为原则，人权和个人自由正是由此被提上日程的。②但是正如法国大革命和康德哲学所表明的那样，这种抽象的个人的社会仍然是世界史上最后的奴役、没落的现象，伦理的最高理想亦即历史的真正目的，是在市民社会的基础上重建国家。

按照黑格尔在《基督教的精神及其命运》中的看法，基督教已经（带有几分无知的）预见到了这一理想。这体现在两个方面，第一，通过分析彼得能够认出耶稣的原因，黑格尔提出"只有精神能够认识精神"，因此基督教所表达的正是人的本性与"神"合一，人与神和解，亦即人在自身中拥有真理和自由的观念；第二，根据耶稣本人创立社团的行动和他在《马太福音》中的教诲："无论在什么地方有两个或三个人根据'根据我的精神'联合起来……我就在他们中间，我的精神也同样如此"，黑格尔认为，基督教已经将"共同体"视为神圣性的所在，视为摆脱旧世界的奴役，斩获新自由的方式。基督教的不足之处，只是在于它的"社团"与世隔绝、逃避客观性，因此不能真正与它的命运和解。③正因如此，黑格尔将基督教视为"黑暗与自己整个神圣生活、自己信赖自己之间的中间状态"，通过吸收关于世界的识见，对其加以重新阐释，将为现代自由寻获新的出路。基督教的"社团理想"由此被改造为一种世俗的

---

① 参见〔美〕沃尔特·考夫曼：《黑格尔——一种新解说》，张翼星译，北京：北京大学出版社1989年版，第43页。
② 参见《黑格尔政治著作选》，薛华译，北京：中国法制出版社2008年版，第74、77页。
③ 参见《黑格尔早期著作集》上卷，贺麟译，北京：商务印书馆1997年版，第433—434、439、461—463页。

"国家理念"。

在黑格尔看来,基督教理想所要吸收的第一种知识就是关于现代市民社会的知识(政治经济学),这意味着基督教"社团"的世俗化,亦即关心现实的、功利的目的,在不涉及更高伦理的事情上,应听任成员的自由献身、自我感和个人努力去发挥最大的威力。①只不过在这样做时,基督教社团对于财产体系的否定态度仍需在一定意义上给予保留,因为这种态度本身是古代自由宪法的遗迹,它将确保劳作和占有的领域始终服务而不是危害民族的自由。由此也引出了基督教理想需要吸收的第二种知识,这就是关于绝对伦理整体即国家的知识。欧洲千百年的历史已经表明个人主义及其财产只是一种"假冒的、否定的"独立性。所以在黑格尔看来,为实现现代人的解放,必须借鉴古代政治的伟大之处,即通过世俗的国家对个人和市民社会加以限制。在《德国宪法》中黑格尔盛赞马基雅维利的《君主论》是真正政治天才的伟大而纯正的思想,就因为它表达了这样一个原则:"自由只有在通过法律把一个民族结合成一个国家时才是可能的。"②最后,在黑格尔看来,这种吸收了市民社会和国家观念,从而已经"世俗化"了的新理想仍然保持了一种基督教意义上的和解。当然这种和解已经是现实对立的扬弃和统一,它包括两个方面:第一,现代社会分工赋予个人的无法被"绝对的无差别所同化"的特殊性获得了普遍性(国家)的承认,作为绝对伦理的国家不拒斥矛盾和对立,而是把它看作自身的环节;第二,个人的伦理原则必定与国家的绝对伦理是统一的,因为国家是自由唯一真实的基础,是功利和民法的最后保障,现代社会的特殊性环节都存在于它的普遍概念之中。③于是这样一种和解就表现为:"(国家)赢得人们的效忠和献身并能够通过把他们同文明本身的命运联系在一起的方式而使个人微小的目的变得崇高。"④

---

① 参见《黑格尔政治著作选》,薛华译,北京:中国法制出版社2008年版,第35—37页。
② 参见《黑格尔政治著作选》,薛华译,北京:中国法制出版社2008年版,第92—93页。
③ 参见〔德〕黑格尔:《论自然法的科学探讨方法》,程志民译,载《哲学译丛》1997年第3期。
④ 〔美〕萨拜因:《政治学说史》下卷,邓正来译,上海:上海人民出版社2010年版,第324页。

通过上述对于基督教的改造,黑格尔最终把个人的自我实现和民族的自我实现结合起来,由此指引出一条现代化、国家化的自由之路。理想和现实、宗教和国家、普遍性和特殊性在经历了漫长的分裂的历史之后获得了重新的统一。黑格尔后来的哲学工作都是围绕这种青年时代的理想进行的。

第六章
黑格尔论基督教与现代人的命运

在黑格尔看来，现代自由兴起的标志固然是宗教改革和霍布斯、洛克首倡的市民理性，但是这个世界在精神原则和现实方面的开端却可以一直追溯到早期基督教的出现和凯撒治下的罗马私人。①黑格尔由此将现代社会置于整个基督教文明的历史传统中来考察。这种考察的直接后果之一，就是在现代社会与基督教（天主教）中世纪的对抗关系之外，更深刻地揭示出了现代社会与基督教的共同理想，这就是扬弃私人社会的不幸和奴役状态，重建伦理实体，使人在一种普遍性的生活和意识中上升到"神"的地位。黑格尔相信"基督新教国家"的出现，特别是他本人对于这种国家的哲学认识已经使这一理想取得了最确实的存在。

一、现代世界的开端：罗马私人与基督教

黑格尔在很多地方提到过"罗马诸凯撒"时期即基督教产生初期与现代的相似性，这就是西方人用了1800年的时间，仍然没有克服古代伦理生活（希腊城邦和罗马共和国）的衰落对人性造成的分裂。这种分裂的主要表现就是古代的伦理实体让位于毫无政治价值的私人，以及由此引发的精神生活（基督教）与尘世生活的对立。

---

① 参见〔德〕黑格尔：《历史哲学》，王造时译，上海：上海世纪出版集团2006年版，第297页。

首先，按照黑格尔的看法，"现代世界"在现实方面的创始人是凯撒。伴随着罗马对西方世界的征服，古代共同体与公民之间自由、统一的关系解体了，作为一种政治动物或者说自治城邦的一分子的自由人终结了，即便是作为征服者的罗马也没能逃脱这个命运，它所能为自己保留的只是"作为最后一个失掉其自由的国家的荣誉"①。

罗马带给现代世界的原则是表现为"私人"的抽象主观性和有限性。因为在这个新型的、比城邦大得多的社会联合体中普遍的政治参与的价值已经变得微乎其微，公民和国家之间已经有了隔膜，人们不得不学会过单独的生活，私人的兴趣和事务日益受到重视；反之，政治自由则被轻易地出卖给少数权贵。凯撒的伟大之处，就在于他比任何人都更深刻的理解和实现了这个新的"抽象主观性"原则。凯撒认识到，私人主观性的兴趣必须获得一种政治上的保障，这就是法人地位，而在一个不关心政治参与和自由的私人社会，专制是唯一能够提供这种保障的政治形式。于是凯撒把"罗马威震四海的主权变成了一个人的私产"。自由的罗马人变成了皇帝的臣民，而这种政治上的牺牲所换来的就是个人的私权发达起来（罗马私法），"个人以个人身份在现实中受到重视"，亦即在财产方面受到重视。②

但是这样一来，古代自由也就彻底终结了。因为私权状态只不过是一种腐化了的政治机体中的"悲惨的蛆虫的"生活，它无法在元首和臣民之间建立起"公平的和道德的中心点"，国家所造成的道德的统一消失了，个人人格最终沦为权力的附属物，于是"最无耻的堕落形式和暴政"也就不可避免了。③在黑格尔看来，抽象的私人社会的出现是中古至今一切社会灾难和奴役最深刻的源头，克服这一社会形式正是西方历史最为重要的使命。

---

① 〔德〕《黑格尔早期著作集》上卷，贺麟译，北京：商务印书馆1997年版，第323页。
② 〔德〕黑格尔：《历史哲学》，王造时译，上海：上海世纪出版集团2006年版，第290—291页、262—263页。
③ 〔德〕黑格尔：《历史哲学》，王造时译，上海：上海世纪出版集团2006年版，第295—296页、17页。

其次，在黑格尔看来，"现代世界"在精神或内在方面的开端是基督教的兴起。这种宗教本身也是私人意识的产物。《圣经》上说："等到时机成熟，上帝便差遣他的圣子。"这在黑格尔看来，就是指个人的自我意识、主观性在罗马世界的绝望处境和为"上帝"所摒弃的痛楚中经历了最深刻的训练，从而真正返回自身，看出自己的不幸是"本性上的不幸——看出自己是一个被分散的、不调和的存在"，最终为基督教的出现做出了准备。①

但是另一方面，基督教又在私人的自我意识中建立起了自己的对立面，一个超越私人的普遍性的维度，一种以自我意识为基础的自由。按照黑格尔的理解，通过使"上帝"成为一个有自我意识的人（基督），并最终成为驻入社团的"圣灵"（黑格尔称之为爱的概念），基督教证明了人能够在其有限的生存中认识绝对的真理，从而使人的精神从一切特殊性权力的统治中被拯救出来，只以唯一的、完满的"上帝"为其自我意识的本质。这样一来，人就在对神的"崇拜和牺牲"中，在信徒团体的友爱中被提升到了一种超出自然生命的联合、一种与存在意义之整体的统一。精神自由的原则和克服私人社会的普遍伦理维度就这样在基督教中最先出现了。根据黑格尔的看法，这个原则对于现代世界来说具有无可比拟的重要性。它构成了现代世界自我扬弃的一个源头。

只不过这一原则最初还没有遇到合适的基地，它的罗马私人"出身"使其不可避免地延续了罗马世界在伦理和人性上的"分裂"局面。早期的基督教团体都抱着出世的态度，对世界无所要求，更不想统治世界，②用黑格尔的话说，它们"只不过取消了有限的'自由'，来达到无限的'自由'——无限'自由'的光辉还没有透过世俗的存在"③。

最后，黑格尔认为基督教（精神生活）与现实世界的这种分裂实际

---

① 参见〔德〕黑格尔：《历史哲学》，王造时译，上海：上海世纪出版集团2006年版，第297—299页。
② 〔德〕黑格尔：《哲学史讲演录》第三卷，贺麟、王太庆译，北京：商务印书馆1959年版，第268页。
③ 〔德〕黑格尔：《历史哲学》，王造时译，上海：上海世纪出版集团2006年版，第311页。

上表明了伦理精神在一切私人社会中最深刻的处境，这就是"人的意志只在抽象的方面——不在它的具体的现实方面——获得了解放"①。因为当伦理的普遍自由原则与抽象的私人结合时，它只能停留在贫乏的内心当中。私人不关心现实政治的普遍性，不想也不能把他的超验理想付诸实践，即便是付诸实践，也只不过是采取一种殉道的方式。正因为如此，在私人社会中没有真正的自由可言，私人不可避免地沦为历代"凯撒"们专制权力的牺牲品。

在黑格尔看来，西方历史为此付出了几近于停滞的代价，以致对于中世纪的日耳曼人来说，伦理还只是逃避和遁世，"一切属于现实界的东西都没有为精神的真理（即自由）所贯彻和影响——既然真理只存在于天上、彼岸"，尘世的生活就是被神所遗弃的，从而也就为武断的意志所支配，于是"最粗糙的自私自利、争权夺利和最狂热的情欲生活"大行其道，自由的精神蜷缩进少数隐修者的心灵——它还不是这个世界的现实原则，只有等待后来的历史才能使它摆脱掉自身的抽象性。②按照黑格尔的看法，在很大程度上，直至18世纪、19世纪西方人在思想和实践领域的遭遇，仍然没有摆脱上述分裂状况。康德和浪漫派不过是表达了不谙实务的空洞理想——真正说来它只能停留在个人的抽象理智和怀旧情绪之中；启蒙并没有消除"天国"与尘世的对立，世界仍然是私人利益和冲动的竞技场，雅各宾专政和热月政变就是它最好的注脚。当然，黑格尔并没有因此认为这种分散、对立的"罗马—基督教"处境就是人类最终的命运。

二、现代人道理想的"基督教形态"

现代启蒙的出发点就在于克服上述精神和现实的对立状态，把人从

---

① 〔德〕黑格尔：《历史哲学》，王造时译，上海：上海世纪出版集团2006年版，第311页。
② 〔德〕黑格尔：《哲学史讲演录》第三卷，贺麟、王太庆译，北京：商务印书馆1959年版，第325页。

一切宗教和政治的枷锁中解放出来，为此启蒙提出了它最高的要求，即"人取代神"，成为终极价值本身。黑格尔认为这是完全正确的理想，因为"人既然是精神，则他必须而且应该自视为配得上最高尚的东西"①。但是在黑格尔看来，启蒙却没有能力实现这一理想，因为它只知道抽象的主观性环节，这种抽象的主观性不是耽于幻想，就是陷入粗俗自利的个人主义，这表明启蒙并没有吸取罗马私人社会的教训，它还不理解人的存在的普遍性维度。为了克服启蒙的这一缺陷，黑格尔认为必须回到私人社会最初的对立面，回到那个在私人社会中一直处于"精神分裂"状态的基督教。

按照黑格尔看法，"人取代神作为终极价值"的理想并非启蒙的首创，而是基督教文明自身固有的内容。因为基督教的精神内涵就在于人性与神性的统一，人向神的擢升，用黑格尔的话说："只要人类是'精神'，他也具有属于'神'的概念的那种本质性和实体性。"②基督教至少三次启示了这一点，第一次是上帝按照自己的形象创造亚当·卡德孟，他作为第一个人，已经潜在地饱含着"神与人同一"的规定，彼得正是由于这种同一性能够认出作为"神"的耶稣。③第二次是上帝降世为人，就是基督，在基督身上人性与神性获得了可感的、直接的统一。④第三次也是最为重要的一次是基督的死和圣灵的降临。基督说："当我离开了你们之后……圣灵将引导你们进入所有的真理。"黑格尔认为通过这一事件，基督教已经意识到神是具体的，它必须使自己特殊化为个人，质言之，上帝（基督）必须死，必须扬弃自己的感性的直接的存在，"圣灵

---

① 〔德〕黑格尔：《哲学史讲演录》第一卷，贺麟、王太庆译，北京：商务印书馆1959年版，第3页。
② 参见〔德〕黑格尔：《哲学史讲演录》第三卷，贺麟、王太庆译，北京：商务印书馆1959年版，第233页；〔德〕黑格尔：《宗教哲学》，魏庆征译，北京：中国社会科学出版社2005年版，第412页；〔德〕黑格尔：《历史哲学》，王造时译，上海：上海世纪出版集团2006年版，第354页。
③ 参见〔德〕黑格尔：《哲学史讲演录》第三卷，贺麟、王太庆译，北京：商务印书馆1959年版，第235页。
④ 参见〔德〕黑格尔：《哲学史讲演录》第三卷，贺麟、王太庆译，北京：商务印书馆1959年版，第263页。

才能进入门徒身上",神圣精神才在尘世获得了永生。基督教以此肯定了世界,特别是作为认识主体的个人对于神圣精神的绝对必要性,因为神的现实化就在于"精神诞生于人的心中",为主观性所意识。① 而这也就意味着,"每个人对于自己都有无限的价值",并且"知己为绝对自由"。②

黑格尔认为,对"人"作为"神"的主观性环节的强调,特别见于路德宗的"圣餐观"。在他看来,路德改革以前的天主教已经背离了真正的基督精神,它所强调的是"圣餐"中外在于人的、以经验物(圣饼)为形象的上帝和"祝圣",人和上帝在此过程中表现为依从的关系。天主教借此把真理表象为稳固者、外在者,并宣称自身真理在握,"犹如它把握一切拯救和恩赐的手段",结果在天主教会之外,一般平信徒只能"呈现为消极的、承受的,呈现为不知何为真、义、善"的庸众。然而路德宗的"圣餐观"却认为上帝并无外在的感性的降临,"祝圣"毫无作用,领受圣餐的真实意义在于每个人自身的宗教感,上帝只是在于个人的精神和信仰中,以进入并寄寓人体的方式呈现与人。③ 在黑格尔看来,这无疑意味着"主观性和个人确信这两者对于真理的客观方面是不可缺少的"④。

不仅如此,在黑格尔看来,基督教还包含了启蒙所未能理解的人的普遍性(整体性)维度,这一点对于确立人的价值来说具有不可替代的意义。这个普遍性的维度就是表现为"社团"(圣灵王国)的上帝。从早期的《基督教的精神及其命运》到后来的《哲学史讲演录》和《宗教哲学讲演录》,黑格尔反复引用《马太福音》第18章第20节:"无论在什

---

① 〔德〕黑格尔:《哲学史讲演录》第三卷,贺麟、王太庆译,北京:商务印书馆1959年版,第243、234、246页。
② 参见〔德〕黑格尔:《宗教哲学》,魏庆征译,北京:中国社会科学出版社2005年版,第436页。
③ 〔德〕黑格尔:《宗教哲学》,魏庆征译,北京:中国社会科学出版社2005年版,第493—494页。
④ 参见〔德〕黑格尔:《历史哲学》,王造时译,上海:上海世纪出版集团2006年版,第390页。

第二论题 黑格尔与"精神"观点的现代复兴

么地方有两个或三个人根据'根据我的精神'联合起来……我就在他们中间。"①在他看来,这一说法无疑意味着:"上帝之灵,即作为降临者和现实者的上帝,就是生存于其社团中的上帝。"②它表明了"社团"自身的绝对确定性——在这里"人的、有限的存在"被意识为上帝的本质的环节,人的社团成了"直接的、现存的上帝"。③对于这样一个社团来说,它内部的关系必然是一种友爱的、统一的关系,因为对上帝的爱必然转化为对现实的上帝即社团的爱,转化为社团成员间的同胞之情。在这个问题上,特洛尔奇的看法与黑格尔完全一致,在他看来:"基督教信仰的目的在于创造一个大规模的人类共同体,同时,这一通过信仰得到巩固和提高的共同体在对神意的普遍认同之中统一起来,它因神意而存在,借神意而走向相互扶持的善功"。④人的伦理的维度或者说普遍性的维度就是以这种方式在古代城邦衰落之后保存下来的。

　　在这里还有一点值得注意,这就是黑格尔所说的社团并非通常意义上的教会,而是基督教的社会整体。在天主教中,灵只存在于作为"教阶体制"的教会,⑤对于普通信众来说,它还是外在性的,一切奴性服从都从这种外在性产生。但是路德的宗教改革却使这一垄断局面发生了根本的改变,因为"每个人都享有从《圣经》取得教训的权利,能够使他的良心遵照《圣经》行事",于是教会和凡人的差别被取消了,任何一个阶级都不能再独占真理的内容,⑥灵的范围从而扩大到了整个信众的社会。在此意义上,黑格尔盛赞路德的《圣经》译文对于日耳曼民族具有无限的价值,因为"民众获得大众版本——在其中,灵魂、精神可以最高的无限的方式获得内在的体制",而在那以前"《圣经》尚不成其为

---

① 《黑格尔早期著作集》,贺麟译,北京:商务印书馆1997年版,第439页。
② 〔德〕黑格尔:《宗教哲学》,魏庆征译,北京:中国社会科学出版社2005年版,第479、474—475页。
③ 〔德〕黑格尔:《哲学史讲演录》第三卷,贺麟、王太庆译,北京:商务印书馆1959年版,第247页。
④ 〔德〕特洛尔奇:《基督教理论与现代》,朱雁冰译,北京:华夏出版社2004年版,第233页。
⑤ 〔德〕黑格尔:《宗教哲学》,魏庆征译,北京:中国社会科学出版社2005年版,第477页。
⑥ 〔德〕黑格尔:《历史哲学》,王造时译,上海:上海世纪出版集团2006年版,第392、390页。

拯救众人于任何精神奴役下的手段。①

黑格尔的这些论述具有无可比拟的重要性，因为他从基督教的精神原则中发现了现代人道理想所必需的主观性维度和普遍性维度——希腊城邦那种自然的、未分化的民族之灵，在自我意识的基础上重新聚合起来，以社团之灵的方式重新出现了。但是这样一来，又引出了另一个问题：既然基督教的社团观念表明了"真理在于其体（社团本身）"，在其中有限的主体成为了普遍的、无限的"灵"之参与者，那么历史上和现实中宗教理想与现实状况的对立又该作何解释呢？

这个问题关系到西方文明最根本的命运，黑格尔对这个问题的回答出现在《精神现象学》第七章的结尾。按照他的看法，社团观念作为基督教最深邃的思想成就，本身包含了一个重大的缺陷，这就是它对自身真理性的理解仍然处于"表象"的形态。这种表象本身是没有完全摆脱自然的思维方式，它只能在"父、子、生、死"等"感性的、实为外在的"形象中认识社团自身的"神性"，因此"宗教社团在它的这种自我意识里还没有得到完成"。②一旦这种社团的现实的精神性从表象（抽象理想）回归自身，"它就受到了自身的二元化的侵袭"，从而表现为自身的自然存在与神圣者的对立。③在历史上，天主教会利用了这种对立，取得了对教义和救赎道路的垄断，将一般民众驱赶到无精神的地位，结果使整个中世纪社会大体上只呈现为"圣子王国"，即人与灵的和解仍然发生在他者（基督本人和教会）身上，"人生的最高福利在他者手中"，社会的精神因此不是自由而是服从。④在现代，宗教改革虽然通过"因信称义"使"圣灵王国"（社团）降临到整个基督教社会，但是因为宗教的"表象"思维仍然无法从人的自然存在和行动中理解"灵"、理解"神圣实体"，"圣灵王国"就只不过是一种"外在的附加上的同本质的同一性"，

---

① 〔德〕黑格尔：《宗教哲学》，魏庆征译，北京：中国社会科学出版社2005年版，第465页。
② 参见〔德〕黑格尔：《宗教哲学》，魏庆征译，北京：中国社会科学出版社2005年版，第86—87、94页。
③ 参见〔德〕黑格尔：《精神现象学》下卷，贺麟、王玖兴译，北京：商务印书馆1979年版，第256页。
④ 参见〔德〕黑格尔：《历史哲学》，王造时译，上海：上海世纪出版集团2006年版，第355页。

是一种"远在彼岸与它对立的满足"。黑格尔由此断言:"(圣灵王国的)和解只是在它的内心里……但是那出现在它的意识中作为当前现在、作为直接性和特定存在的一面,却是那还有待于神圣化的世界。"①

黑格尔向我们揭示出了"表象思维"这一横亘在宗教与人道现实之间的最大障碍。解决这个问题无疑是通向自在自为的"绝对精神"的最后一步。那么在黑格尔看来,这种宗教精神的表象性要如何克服呢?答案实际上已经通过《精神现象学》第六章的"启蒙"和"绝对自由与恐怖"这两节给出。黑格尔在那里叙述了启蒙反叛信仰,肯定自身的现实利益,并最终通过法国大革命和拿破仑帝国,重建现实的伦理世界(绝对国家)的历史。他相信,这个最后出现的现实伦理世界已经使精神获得了认识自己的普遍的自然存在的领域。于是问题就只在于把宗教的理想和现实出现的伦理—国家结合起来,认识到这个国家—宗教的联合体就是"上帝"(成为了上帝的人)的所在,认识到这个国家实体的内部环节就是宗教理想的具体现实。通过这种方式宗教精神就扬弃了他的表象性,成为概念思维,成为在他的绝对实体(国家)中存在并直观自身的绝对精神—绝对知识(《精神现象学》第八章)。

我们还记得在年轻的黑格尔还是一个启蒙主义者时,他给谢林写的信:"理性和自由是我们的口号,无形的教会是把我们联系在一起的共同目标。"②无疑,黑格尔终生耕作在这条道路上。

三、基督教与现代国家的统一

在前面的分析中可以看出,黑格尔相信基督教具有重要的社会理论价值,但是这种价值在宗教自身的范围内却无法实现;为此,基督教的社会理想必须变成"世界的原理",才能克服私人社会的分裂局面,使精

---

① 〔德〕黑格尔:《精神现象学》下卷,贺麟、王玖兴译,北京:商务印书馆1979年版,第256—257页。
② 苗力田编译:《黑格尔通信百封》,上海:上海人民出版社1981年版,第38页。

神达到"自在自为的伦理实体"。黑格尔正是由此提出了宗教和国家的结合问题。根据黑格尔在《哲学史》中的看法，宗教的真理性只能通过现世的国家获得实现，用他自己的话说："现实性的观念应该是深深灌注的、内在的，应该不只是一大群信仰的心，而毋宁必须向自然律一样，有一种世界的生命……即神与自己的调和在世界上实现，不是像一个天国，一个彼岸，而是观念必须在现实中实现……在一个实在的意识的王国中把自己完成。"①至于历史上曾经出现的宗教（教会）与国家的分裂，则只不过是人类精神不成熟的表现。

显然，黑格尔并不是第一个提议结合宗教与国家政治的现代哲人。在他之前，霍布斯、卢梭都已经看出，欧洲人的不幸来自宗教和政治权力的对立与分疏，并且试图把"鹰的两个头结合起来"，使宗教从属于主权或"公意"；②而斯宾诺莎的泛神论，更是为理解世俗意识与普遍理性精神的统一铺平了道路。但是所有这些思想家都没有真正理解宗教与政治和解的基础。在他们那里，一般的"实证宗教"主要还是被理解为需要受理性限制的宗教情绪，而不是理性自身的表现，不是对于伦理精神的认知，他们结合宗教与国家的做法因此在根本上是外在的、机械的。与此相反，黑格尔则要求一种对于宗教更深入的理解，他提出宗教在其自身的最后阶段，即在基督新教中已经具有了与现代国家相同的"人道理想"，宗教与政治的和解因此是一种人类精神自身的和解，它使启蒙所宣扬的理性现实主义与基督教所守护的道德理想主义达成了一致，从而使现代政治走出了狭隘的"私人社会"，最终重新获得了普遍的伦理生命。也正是在这个意义上，黑格尔的哲学实际上是一种"后启蒙"哲学，一种在启蒙基础上重新"回望"基督教文明传统，进而自觉对现代政治思想做出修正的哲学。为了说明这一点，我们还须进入到黑格尔对于宗教和国家关系的具体思考。

---

① 〔德〕黑格尔：《哲学史讲演录》第三卷，贺麟、王太庆译，北京：商务印书馆1959年版，第239—240页。
② 〔法〕皮埃尔·莫内：《自由主义思想文化史》，曹海军译，长春：吉林人民出版社2004年版，第90页。

首先，黑格尔恢复了一种传统"神学"观点即"国家建筑在宗教之上"的正面价值。只不过在这里"神"已经不再被视为外在于人者，而是被看作人（社会）"关于其自身的、关于其自由的表象"。黑格尔相信，神是怎样被知道的，"主体本身就是怎样借此知道自己的"。宗教因此构成了一个社会的自我意识，它必然表现为关于"国家及其整个生活的道德"，并且决定"国家的形式和宪法"。①换言之，宗教是伦理和国家的意向基础和认知中心，一切世间的权力与正义、义务与法都被包摄在这一知识的限度内。②黑格尔由此断言，一个社会在宗教方面的认识水平，决定了这个社会在伦理—法律方面实现自由的程度，而这也就意味着，对神有怎样的概念的社会，亦有怎样的国家、怎样的政府、怎样的法律。③

不过我们在这里必须注意，黑格尔的上述说法并不意味着宗教（教会）现实地支配国家。黑格尔反对这种观点，即认为国家只是有限的形态，只有通过屈从于宗教才能使它附属于无限的东西，在他看来，一个合乎理性的国家自身是无限的，它能够通过对差别和矛盾的扬弃"具体地掌握神的本性"。不仅如此，黑格尔还认定，那些将宗教情绪置于国家权力之上的做法，只能导致赤裸裸的任性和法律的败坏，因为作为普遍理念的"上帝"，在它的这种私人感情中还只是不确定的东西，"这种不确定的东西没有成熟到可以规定在发展了的国家中存在的东西"。④

其次，在上述基础上，黑格尔认为，历史上出现的宗教与国家—伦理生活的隔绝及其所造成的不幸，实际上都与宗教认知方面的偏差有关。这一点特别见于天主教国家之中，在那里，宗教把精神"束缚在一种已外存在之下"，人的生活世界从而被置于为神所摒弃的状态，以至于

---

① 〔德〕黑格尔：《宗教哲学讲座·导论》，长河译，济南：山东大学出版社1988年版，第70、61—62页，另见黑格尔：《历史哲学》，王造时译，上海：上海世纪出版集团2006年版，第45、47页。
② 〔德〕黑格尔：《精神哲学》，杨祖陶译，北京：人民出版社2006年版，第362页。
③ 参见〔德〕黑格尔：《宗教哲学》，魏庆征译，北京：中国社会科学出版社2005年版，第148页。
④ 〔德〕黑格尔：《法哲学原理》，张企泰、范扬译，北京：商务印书馆1961年版，第280—282页。

不婚、贫困和恭顺被视为虔敬的表现，而关于爱、财富、自由和公正的现实伦理要求则完全为宗教所漠视。①受此影响，在天主教国家中，市民生活和政治本身都不具有真正的价值。因为神的自由还没有降临到现实的人身上，所以这种国家只能以一种不自由的状态为根据，于是它不可避免地陷入制度的不公和伦理的败坏。

现代法国人正是因此把宗教丢在一旁，走上了单方面争取世俗自由的道路，但也正是这一点造成了他们的悲剧命运。黑格尔在《精神哲学》中对此做出了解释。按照他的看法，法国人（拿破仑）虽然能够按照世俗的合理性建立起法律和国家的组织，但是因为他们不能在宗教里扬弃不自由的原则，他们的"法的自由的诸原理只能是抽象的和肤浅的，而从中引申出来的国家制度则必定是自身站不住脚的"。黑格尔认为，理性和现实的诸原理，只有在社会的宗教良心中才有最后和最高的证实，即使法律得到认可并从外界强加于人，它也不能持久地抵抗不自由的宗教精神（社会意识）对他的矛盾和攻击。也正是在这个意义上，黑格尔断言："改变败坏了的伦理制度、国家宪法及其立法制度而不改变宗教，即是完成了一种没有改革的革命。"②

最后，也是最为重要的，黑格尔认为，宗教和国家的最后和谐和统一是可能的，这种统一就存在于"基督新教国家"之中。③按照黑格尔的理解，新教国家是最后的，也是绝对的国家。它使精神自由的原则取得了坚固的法律和制度现实，与此同时，宗教的良心原则（宗教认识）也与世俗伦理的良心原则达到了完全的统一。④这种国家因此能够消除私人社会的分裂，实现客观自由与主观自由、社会存在与社会意识（宗教）的最终和解。在黑格尔看来，新教国家的出现代表了"基督精神"的最终胜利，而日耳曼各民族的使命正是被分派去实现这一精神。⑤

---

① 〔德〕黑格尔：《精神哲学》，杨祖陶译，北京：人民出版社2006年版，第364页；〔德〕黑格尔：《宗教哲学》，魏庆征译，北京：中国社会科学出版社2005年版，第150—151页。
② 〔德〕黑格尔：《精神哲学》，杨祖陶译，北京：人民出版社2006年版，第365—366页。
③ 参见〔德〕黑格尔：《宗教哲学》，魏庆征译，北京：中国社会科学出版社2005年版，第151页。
④ 参见〔德〕黑格尔：《精神哲学》，杨祖陶译，北京：人民出版社2006年版，第370页。
⑤ 参见〔德〕黑格尔：《历史哲学》，王造时译，上海：上海世纪出版集团2006年版，第321页。

第二论题 黑格尔与"精神"观点的现代复兴

黑格尔在《历史哲学》的结尾阐述了"新教国家"出现的三个源头。其中的第一个源头就是英国的工商业革命和它在世界的传播。它使现代市民社会发展出了"形式普遍性"的原则：每一个特殊的人都是通过他人的中介，同时也无条件的通过全部需要和劳动的社会体系的中介，而肯定自己并得到满足。①"私人"由此获得了普遍性的初步陶冶，原先的野蛮民族放弃了不法横行的生涯，开始知道私产和法律的重要性，个人的世俗自由被重新唤醒，并且在商业精神的驱动下学会了待人友善。在这方面，德国人和法国人都处在英国的影响之下。②

新教国家的第二个源头是法国革命和拿破仑建立的现代国家。法国人理解了现代市民社会的普遍形式，并把它提高到宪法的高度，建立起了普遍性的政治组织和国家主权，个人生命和财产的自由从而获得了最后的保障。与此同时，私人权利的狭隘性也在普遍的国家主权中被扬弃了，个人被提升到公民，他与国家的结合被看作是真理的内容。现代人因此获得了超越"私人社会"的目的和权威，从而能够使社会的生产、司法和行政体系按照合理的方式运行，以服务于共同体的整体利益。黑格尔由此认为，法兰西人的国家生活取消了"一切以往的片面性"③，从而为最终实现基督教的普遍理想奠定了坚实的基础。

新教国家的第三个源头是德国的宗教改革。新教强调上帝定居在人心之中，从而揭示了一条有关人之本性的真理，即人是自由的，它是神灵。④新教以此解放了人类，隐含在基督教启示中的尘世自由和社团的普遍精神重新为人所意识。用黑格尔的话说：新教使"人从'彼岸'被召回到精神面前；大地和它的物体，人的美德和伦常，他自己的心灵和自己的良知，开始成为对他有价值的东西"。正因如此，在新教的良心中，工商实业和政治、法律制度都成了被"祝圣"而"称义"的对象，建立

---

① 参见〔德〕黑格尔：《法哲学原理》，张企泰、范扬译，北京：商务印书馆1961年版，第197页。
② 参见〔德〕黑格尔：《历史哲学》，王造时译，上海：上海世纪出版集团2006年版，第425页。
③ 〔德〕黑格尔：《精神哲学》，杨祖陶译，北京：人民出版社2006年版，第67页。
④ 参见〔美〕马克·里拉：《夭折的上帝：宗教、政治与现代西方》，萧易译，北京：新星出版社2010年版，第143页。

在普遍理性基础上的现代国家从而有可能获得与其相匹配的宗教认知。

黑格尔认为在耶拿战争中，历史曾经实现了一个决定性的时刻（终点），新教国家的三个源头在这场战争中汇聚在了一起，而且正是他在《精神现象学》中指认了这一时刻，从而完成了历史。黑格尔后来在法哲学、历史哲学、宗教哲学里反复申述的无非是这一观点。根据黑格尔的理由：英国工商业革命带来的社会改造早已随着商业精神的传播，在德、法两国成为现实，因此历史完成的最后步骤就在于使法国的政治制度与德国的宗教良心达成和解，而这正是耶拿战争和他本人的历史（哲学）贡献。具体而言，虽然在法国世俗政治达到了普遍性的国家制度，实现了民法典和主权意志的统一，从而在政治上扬弃了私人社会，最终完成了"客观精神"，但是只要这种"制度精神"还没有被带到新教的土地上（耶拿），它就还是外在的，①因为只有通过宗教改革恢复基督教的理性的内涵，才能使私人的、世俗的心灵在信仰中与普遍的伦理意志实现和解，从而使现代国家制度取得与其相适应的社会意识。黑格尔认为，法国人完成了世俗国家，德国人完成了宗教，而耶拿战争则把这两者带到了一起，并由他本人通过对拿破仑这位"骑在马背上的世界精神"的匆忙一瞥，直观（本质直观）到了"新教国家"的完满概念，从而完成了这两者。

黑格尔宣称他在对现代国家和新教的认识里发现了一致的理性精神，这种发现最终使精神到达了绝对的自我意识和概念化的知识，历史于是就在它的尽头处，在黑格尔的哲学中达到了绝对的顶点。②因为黑格尔的"哲学"知道，新教国家已经在其伦理实践中扬弃了私人社会的分裂局面，并使自身具有了宗教的神圣性和无限性，而宗教则在国家有机发展的有限性环节中充实了自身的普遍理想，成为了具体的伦理概念。如此一来，国家的外在性就被哲学的思辨性所消解，宗教的表象思

---

① 〔德〕黑格尔：《哲学史讲演录》第三卷，贺麟、王太庆译，北京：商务印书馆1959年版，第332页。
② 参见张盾：《马克思的六个经典问题》，北京：中国社会科学出版社2009年版，第148—149页，〔德〕黑格尔：《法哲学原理》，张企泰、范扬译，北京：商务印书馆1961年版，第360页。

维就被哲学的具体（概念）思维所扬弃。至于那个"新教国家"，即便它在历史上只是黑格尔和拿破仑相遇的短暂一瞬，但是仅凭这样一种绝对的哲学认识，它已经取得了最确实的存在。在这个意义上，拿破仑只是黑格尔哲学的施洗约翰，而黑格尔则是那个完成了全部历史和人道理想的大写的基督。

第七章
黑格尔思辨哲学的伦理本性

关于黑格尔哲学，有一个历来聚讼不已的问题。这就是黑格尔何以会在康德对"超越者"形而上学、实体形而上学以及种种传统的上帝和无限性观点的形而上学的"认识论"批判之后，又迅速地恢复了一个思辨的形而上学体系。人们似乎有理由认为，黑格尔此举无异于将刚刚从中世纪独断论之下解放出来的主体性和自由，重新束缚在一条逻辑的锁链之下。但是我们却不能同意这种看法，断言黑格尔的哲学具有独断论色彩并不是一件难事，关键的问题是在西方历史和文明的背景中理解黑格尔思辨哲学的真实意图，如果我们做到了这一点，那么我们也许就可以像黑格尔所希望的那样，在他的逻辑体系里发现关于现代西方自由（伦理）的第一个全面表述。

一、"认识你自己"与阿里斯托芬的《云》

黑格尔关于自由有一个绝对重要的表述："自由就是绝对知识"。在我看来，这个表述道出了西方文明最深刻的根据，我们的考查也将从这里开始。

黑格尔认为西方精神的第一人是苏格拉底。因为他实践了德尔菲神谕中的最高诫命："人类，认识你自己。"[①]对此，黑格尔强调说，所谓

---

① 〔德〕黑格尔：《哲学史讲演录》第二卷，贺麟、王太庆译，北京：商务印书馆1960年版，第95—96页。

的"认识你自己",无论从它本身来看,还是从它在历史上被宣告出来的情况来看,都不是一种关于个人特性和弱点的"自我知识",而是对于人的伦理本性(自由)的认识,亦即对于"一般人类"的终极存在方式的认识。这种认识能够引导人们实现自身的真实利益和价值,因此,"认识自己"本身就是美德,就是"精神自由"的完满形态。①黑格尔认为,苏格拉底的伟大之处就在于,他使"人类认识自己"的"神谕"最终成为了取代"神"的新原则:"人自己知道什么是真理,它应当向自身中观看"②;西方人正是从此走上了一条在自我意识的基础上建立伦理自由的道路,虽然这条道路直到现代才被人们明白地把握到。

在苏格拉底以前的雅典人,是伦理的人。对于他们来说,伦理和善还是直接的存在,或者说共同体本身就是伦理,它无需取得个别意识中的个人确信这一形式。人们直接信赖共同体,通行有效的、现存的法律并没有经过检验和考究,这种伦理也因此得以保持为至高无上的和自我满足的东西。③但是到了苏格拉底的时代,"罗马世界"中那种私人的雏形已经出现了,伦理的实体性在人民精神中发生了动摇,人们已经有了一种看法,认为人自己创造出自己的特殊准则,个人应当关心自己。苏格拉底认清了这个事实,"但是他又站得更高"。他试图在城邦的腐败氛围中重新唤起人们伦理意识。当他这样做时,他将伦理导向了人的自我意识和主观性,使人意识到它在自己的思维中便拥有真和善,"亦即拥有产生道德行为和认识真理的潜在力"。于是,主观自由的原则就这样第一次在世界上出现了。④

黑格尔完全赞同苏格拉底对主观性和思维的"发现"。在他看来,当

---

① 〔德〕黑格尔:《精神哲学》,杨祖陶译,北京:人民出版社2006年版,第1页;〔德〕黑格尔:《历史哲学》,王造时译,上海:上海世纪出版集团2006年版,第203页。
② 〔德〕黑格尔:《哲学史讲演录》第二卷,贺麟、王太庆译,北京:商务印书馆1960年版,第95—96页。
③ 〔德〕黑格尔:《哲学史讲演录》第二卷,贺麟、王太庆译,北京:商务印书馆1960年版,第43、64页。
④ 〔德〕黑格尔:《哲学史讲演录》第二卷,贺麟、王太庆译,北京:商务印书馆1960年版,第70、65、41、63页。

苏格拉底说出："美德即知识，未经反省的人生是不值得去过的"，西方精神就达到了它真正的策源地。但是，另一方面，黑格尔也在这里看到了西方精神最深刻的危机。黑格尔指出，在苏格拉底那里，善、思维还停留在无规定性的"普遍形式"，它能够指出特殊者的局限性，但自身却是空洞的、缺乏内容的。这种"反思"很容易看出，希腊人把特殊的礼法当作绝对的东西，会使他们陷入形式上的矛盾(例如"不要杀人"和"勇敢杀敌"这两条诫命的矛盾)。但是它却不知道，这些礼法的绝对性在城邦生活的整体中，已经被"伦理人无意识地改善了"。一旦反思在形式上指责这些特殊的礼法，它就使普遍的伦理（善良风俗）遭到了动摇。并且因为这种反思只是"纯粹的意识运动"，在它充实自己的内容时不得不依赖特殊者（礼法），反思本身就势必再次陷入它自己指责的那种矛盾，并表现为一种道德上的彷徨不定。[1]

比这更为严重的是，因为善不应该只是思维、思想，而应当作为特定的、现实的东西出现，所以善就必须与个人的能动性和主观性结合在一起，如此一来，另一个隐患也就出现了：个人在这里将被提升到主人，成为善的选择者，[2]反思成了依附于主体的东西，于是苏格拉底的思维形式和主观自由就不可避免地要被转化为特殊的私人利益实现出来，成为与普遍伦理相反对的东西。黑格尔注意到，苏格拉底的这种危险性在当时已为阿里斯托芬的喜剧《云》所洞见。阿里斯托芬把苏格拉底描述成了偷走神的祭肉的人，因为他使人的"内在确定性"成为了一个新的神。在《云》的故事中，人的这种"内在确定性"获得了一个特殊的角色，这就是从伦理的败坏中涌现出来的私人（斯特瑞谱西阿德斯和他的儿子），这种人向苏格拉底求学的目的只是为了诈骗债主的钱财，他们对科学没有真正的兴趣，但是当他们听说"宙斯不存在"、雷电只是自然现象的时候，却感到异常惊喜，因为"空气动力赶跑了宙斯"，他就不必再

---

[1] 参见〔德〕黑格尔：《哲学史讲演录》第二卷，贺麟、王太庆译，北京：商务印书馆1960年版，第71页。
[2] 参见〔德〕黑格尔：《哲学史讲演录》第二卷，贺麟、王太庆译，北京：商务印书馆1960年版，第68页。

对起誓和礼法负有责任。《云》中最精彩的情节，是苏格拉底让"云神"主持正直的逻辑与歪曲的逻辑的辩论。在这场辩论中，正直的逻辑认为自己与诸神同在，代表了城邦的伦理（礼法）和正义，他只宣告正确的事情，对大众（私人）的掌声漠不关心，而歪曲的逻辑却一味地迎合大众说话，赞美大众的智慧，呼吁礼法回归到人（私人）的本性，并最终通过追问法和正义的基础，颠倒了法和正义，树立起了私人意志的最高全能。在这场辩论的高潮部分，歪曲的逻辑示意正直的逻辑注意观众席，并告诫它"看看在场的兔崽子们"，歪曲的逻辑以此取得了完胜。因为它使正直的逻辑理解了自身处境的变化——私人时代的到来已不可挽回。①在黑格尔看来，阿里斯托芬对苏格拉底的指控尽管有些夸张，但是他完全没有什么不公正的地方，他看到了苏格拉底"反思"的消极方面。②

黑格尔毫不怀疑，苏格拉底是"时运不济"的，它不可能真正完成在伦理上认识自己，认识"善"的任务，因为人已经成了私人，它只能达到一些"形式上的识见"，亦即以有限的规定为"共相"。换言之，苏格拉底的"反思"，只是开启了抽象理智和知性的思维形态，由它所把握到的行动"根据"并没有被表述为"普遍实在"（伦理实体）的环节；它们作为一大群相互矛盾的"根据"出现，而无法实现一种真正的统一。③在这样一种思维方式之下，私人的决断无疑成了最后的环节，而所谓的"普遍性的形式"则不过是私人的自我同一性。然而在黑格尔看来，真正的"共相"、"根据"却是与上述抽象思维不同的。正如真正的人不是私人，真正的认识也不是抽象的理智和知性，而是民族的精神，亦即浸透在一个民族的法制中的识见，和洞见到个人与现实的普遍精神相联系的

---

① 参见〔美〕施特劳斯：《苏格拉底与阿里斯多芬》，李小均译，北京：华夏出版社2011年版，第31—32页；《阿里斯多芬喜剧六种》，罗念生译，上海：上海人民出版社2007年版，第196—197页。
② 〔德〕黑格尔：《哲学史讲演录》第二卷，贺麟、王太庆译，北京：商务印书馆1960年版，第79页。
③ 〔德〕黑格尔：《哲学史讲演录》第二卷，贺麟、王太庆译，北京：商务印书馆1960年版，第82页。

识见。黑格尔认为这种真实的民族精神，一般来说作为共同体的生活状况，能够限制特殊的内容，使他的矛盾得以纠正，只不过共同体的这种普遍联系还没有为"反思"的思维所把握。因此黑格尔强调，思维、认识必须向"现实体系的整个联系"（民族精神、国家）中寻求"共相"，才能真正认识自己，并安居在自己的普遍（伦理）意识中。①但是这个任务在希腊已经不可能完成了。希腊的伦理共同体已然瓦解，人类还需经过漫长的历史，才能扬弃掉他身上的私人性和抽象理智，重新恢复到普遍的生活，到达精神的真正家园。

二、基督教对人的认识及其缺陷

根据黑格尔的《哲学史》，苏格拉底对于"人类认识自己"的追求，经过柏拉图和新柏拉图学派的传递，最终为基督教所继承。基督教虽然发源于犹太教，但却摆脱了犹太律法的束缚，把认知真理作为人的最高使命。基督说："我是来到世间为真理作见证的。"（《约翰福音》第十八章三十七节）②理解这一点对于我们认识基督教文明具有极其重要的意义。

在基督教的所有教义中，黑格尔最为重视的是"原罪"观念和"圣灵"观念，这两个观念都与人的"认识"有关，而基督教文明正是在这里达到了对人类自身苦难和救赎道路最深刻地揭示。依据《圣经》，人之所以有原罪，是因为人吃了"知善恶"树的果实，人有了思维，有了自我意识。"罪恶生于自觉，这是一个深刻的道理。"因为认识、自觉意味着"分离、否定者、始初区分"，它取消了人与"自然"的统一，使人失去了"伊甸园"中那种绝对知足的状态。黑格尔认为，基督教的"原罪"观念洞见到了苏格拉底"反思"（主观自由）必然伴随的悲剧命运，亦即

---

① 参见〔德〕黑格尔：《哲学史讲演录》第二卷，贺麟、王太庆译，北京：商务印书馆1960年版，第82—83页。
② 〔德〕黑格尔：《哲学史讲演录》第一卷，贺麟、王太庆译，北京：商务印书馆1959年版，第19页。

第二论题 黑格尔与"精神"观点的现代复兴

人在"反思"中意识到了"具有无限自由的自我",从而离开了希腊城邦那种自然的(非反思的)伦理生活,"离开了'善'的纯粹内容",最终造成了私人的不幸和奴役状态,比如罗马帝国时代的堕落和暴政。(见本书第6章,第1节)①

不过,这只是问题的一个方面,在基督教看来,自我意识、思维(分辨善恶)既然是恶之源,也就注定是善之根;它们能带来"疾病",就能医治"疾病"。②基督教的"圣灵"观念就是要通过一种普遍性(上帝、基督)的认识,把人类的心灵重新带入伦理的园地。苏格拉底曾经在自我意识中呼唤"伦理",结果却是助长了利己营私、任性妄为的私人意志,现在"基督"出现了,它要在苏格拉底的起点上,完成他未能完成的任务。

基督说:"只等真理的圣灵来了,他要引导你们进入(明白)一切的真理。"③在黑格尔看来,这句话蕴涵的深意就是:对于真理的认识,将使发生在基督身上的"人神和解"(拯救),发生在每一个人身上。具体而言,所谓的真理、圣灵,实际上就是指对于基督特别是"基督之死"的认识。通过作为人的基督之死,基督教社团看出了个人自我擢升的要求,即放弃自身的私人性,将他们特殊的自为存在提高到普遍的自我意识(实为伦理意识);通过作为"上帝"的基督之死,"神圣本质的抽象方面"亦即人与神的"和解"作为一个特殊者(基督)外在于人的方面就被扬弃了,思维中的抽象实体(上帝),现在成了社团这一现实的主体。④如此一来,个人及其社团就在对"上帝"(基督)的知中进展到了在"上帝"中的自知。⑤黑格尔相信,通过这样一种"知识",人就在信仰方面恢复

---

① 参见〔德〕黑格尔:《宗教哲学》,魏庆征译,北京:中国社会出版社2005年版,第448页;
〔德〕黑格尔:《历史哲学》,王造时译,上海:上海世纪出版集团2006年版,第300页。
② 参见〔德〕黑格尔:《宗教哲学》,魏庆征译,北京:中国社会出版社2005年版,第449页;
〔德〕黑格尔:《哲学史讲演录》第二卷,贺麟、王太庆译,北京:商务印书馆1960年版,第238页。
③ 〔德〕黑格尔:《宗教哲学》,魏庆征译,北京:中国社会出版社2005年版,第474页。
④ 参见〔德〕黑格尔:《精神现象学》下卷,贺麟、王玖兴译,北京:商务印书馆1979年版,第254—255页。
⑤ 参见〔德〕黑格尔:《精神哲学》,杨祖陶译,北京:人民出版社2006年版,第379页。

了一种普遍性的表象:"精神就是它自己的宗教社团",其中的每个信徒都是无限的"灵"(真理、神)的参与者。单单是私人的主体在这一"表象"中已不复存在,因为个别主体与"神"的统一就是与"社团"的统一,基督教以此恢复了人的普遍性维度①——希腊城邦那种自然的、未分化的伦理精神,在自我意识的基础上重新聚合起来,以社团之灵的方式出现了。黑格尔正是因此称赞基督"较之苏格拉底的内在者无限深邃"。②

黑格尔十分确定地相信,基督教在这里已经达到了对西方人命运最深刻的自觉。但是基督教并没有真正把西方人从不幸和奴役中解放出来,非但如此,漫长的基督教中世纪反而是以黑暗的、不自由的状况闻名后世的,这一点又该作何解释呢?按照黑格尔的看法,原因就出在基督教自身的思维方式上。

首先,基督教虽然达到了对人的普遍性维度即"伦理精神"(自由)的认识,但是这种认识仍然停留在一种"表象"的思维方式当中。这种"表象"思维,摇摆于直接的感性直观与真正的思之间,它只是一种没有摆脱感性形象的思想。在它那里,理念(精神)的内在规定和关系是以"感性的、自然的、实则某种外在的方式呈现的"。基督教的伦理内涵正是因此停留在"创世"、"圣子"、"灵"等偶然性的、独立性的形象上,这些形象只与自身相关联,它们相互之间的关系只是外在的同一、外在的必然性。③如此一来,由这些形象化的规定所表达的"伦理精神",也就感染上了相对于人的独立的、彼岸的、异化的色彩。

受此影响,当基督教世界为日耳曼蛮族继承时,精神就被完全抛回了文化的开端。基督教的精神内容在此被以一种完全感性的、外在的方式接受,这就是天主教。这种宗教把精神分裂为一个"灵明世界"的感

---

① 参见〔德〕黑格尔:《精神现象学》下卷,贺麟、王玖兴译,北京:商务印书馆1979年版,第251页。
② 〔德〕黑格尔:《宗教哲学》,魏庆征译,北京:中国社会出版社2005年版,第468页。
③ 〔德〕黑格尔:《宗教哲学》,魏庆征译,北京:中国社会出版社2005年版,第86、88、93—94页。

性的直接性（教会）和一个现实世界的感性的直接性（俗世）。其中的后者被认为完全没有精神价值："必须把真理作为他自己的彼岸看待，并且这彼岸对于它的启示，乃是作为一种不可理解、完全从外面进来的现成的东西而被给予的。"①在这种心情的影响之下，世俗世界便放弃了它的自律性，为非作歹，贪图享乐的欲望由此更加强烈，因为在他们看来，救赎是外在的、感性的；压迫、横暴、奸恶的行为都可以通过直接收买教会而得以免罪。②天主教的这种感性化、外在化还有一个著名的例子，这就是十字军东征。这些军队为"圣洁"的目的所吸引，但这个目的却只是一个在自身之外的东西（基督的圣寝）。他们允许自身堕落于暴行，"在血液中洗澡，穷凶极恶"，只要他们能向一个外在的神作忏悔，他们就会平静地回到自私、猜忌等最卑鄙的情欲。

同样，灵明世界本身也未能幸免，因为"内心一成为定在"（教会），就属于世俗范围，"跟随着就会有内心的嗜好和欲望"，中世纪的教会因此在事实上成为情欲的统治，"一切情欲、权利欲、贪婪、欺诈、使用暴力、掠夺、残杀、嫉诟、仇恨，所有一切粗糙的罪恶，教会都莫不应有尽有"。③按照黑格尔的看法，中世纪的这种腐朽、黑暗的局面，正是表象思维的必然结果，因为"表象"的感性、外在性取消了精神和世界的必然联系，最终使人们遗忘了"在每个人自己的生命的精神之中去寻求价值"这一最高的基督精神。

其次，基督教思维方式的另一个特征是形式主义，这一点特别反映在中世纪经院哲学当中。因为"表象"的外在性使基督教的精神异化为一个外在的权威，思维由此就被一个绝对的前提、一个被给予的内容所束缚。它因此失去了自由，陷入了与"自我"相隔绝的状态，人的真实的生存在这种思维形式中没有享受到充分的权利。由此导致的后果就

---

① 参见〔德〕黑格尔：《哲学史讲演录》第三卷，贺麟、王太庆译，北京：商务印书馆1959年版，第248—250页。
② 参见〔德〕黑格尔：《历史哲学》，王造时译，上海：上海世纪出版集团2006年版，第360页。
③ 〔德〕黑格尔：《哲学史讲演录》第三卷，贺麟、王太庆译，北京：商务印书馆1959年版，第272—274页。

是，哲学在根本上架空了自己，只能停留在有关教义的"自问自答"的知性同一性当中，以空虚无聊的理智规定和形式化的推论为满足。① 至于现实的有效内容和生动形式，对于它来说，都成了既无关紧要也无所适从的东西。

按照黑格尔的看法，形式主义在认识真理方面的这种无所作为，恰恰助长了现实世界的腐化、堕落，因为形式主义本身实际上拉平了一切具体事物的价值，它使所有高尚的情操和卑下的欲望都受到相同的指责和辩护。在这种野蛮的思维方式之下，基督教文明发生了与自身最严重的背离——"神圣者"在中世纪被以最坏的方式等同于它的世俗存在——它成了一个在尘世争权夺利的王国，本身毫无精神性可言。② 在很大程度上，黑格尔后来对康德哲学的指责，也与这种形式思维有关。因为康德同样是把知识和道德的标准建立在主观思维当中，真正的现实生活仍然没有被考虑到。所以在黑格尔看来，康德哲学无异于是重复了经院哲学的错误。由此造成的结果就是，"道德义务"只能停留于是"知性的同语反复"，由于它完全缺乏内容，私人窃取道德之名营私舞弊就成了最常见的情况，雅各宾专政和热月政变就是最好的例子。

总的来说，基督教中世纪失败的地方还是苏格拉底失败的地方。因为基督教所达到的伦理精神在此还没有克服表象的外在性，它还滞留在抽象的理智规定和外在权威的形式之下；私人生活与伦理精神尚未形成真正统一的关系，腐败和堕落从而是不可避免的。在黑格尔看来，只有当人们认识到他们自身所寻求的宗教、伦理精神就在他们自身之内，并且自觉地把他们的世俗目的、利益提高到与这种精神要求相适合的程度，他们才能摆脱掉伦理精神的外在抽象性，使"神圣的东西"在他们的意识和生活中亲临，而这也是基督教留给后世的任务。

---

① 〔德〕黑格尔：《哲学史讲演录》第三卷，贺麟、王太庆译，北京：商务印书馆1959年版，第283、287页。
② 〔德〕黑格尔：《哲学史讲演录》第三卷，贺麟、王太庆译，北京：商务印书馆1959年版，第329—330页。

三、作为现代伦理意识的思辨哲学

从黑格尔对苏格拉底和基督教的批评中，我们看到了西方"认识论"哲学最深刻的根据，这就是人类能否以正确的方式认识真理，最终决定了伦理生活（其完成形态为国家）的成败。黑格尔建立思辨哲学体系的最重要动机正在于此。按照他的看法，伦理作为精神必须在现实的自我意识中才能完成自身。①在这个意义上，拿破仑建立的现代国家仍然没有达到真实的伦理精神，它与法兰西人的宗教和民族意见不合，仅此一点就注定会击溃这位巨人的事业。②现代国家需要有一个新的认识基础，这样的基础在古代希腊（自然伦理）曾经由宗教（自然宗教）充当，但是随着社会的高度分化和综合，宗教意识的自然性、外在性方面已经使它无法再深入到社会生活的具体内容，为此，哲学必须取代宗教，或者说在自身中完成宗教，把自身实现为一种具体的概念化的伦理意识。③

1. 哲学—伦理学从基督教出发

黑格尔在《哲学史》和《宗教哲学讲演录》中都表达过这样一个观点，"哲学必须从基督教出发得到复兴"④，哲学与基督教有着同样的任务，就是认识"神"。我们必须从这个角度理解"思辨哲学"，才能在它抽象的概念外观之下捕捉到它真实的伦理意蕴。不过我们在这里切不可落入那种后来广为流传的观点，那种费尔巴哈式的观点，就是认为哲学只是从抽象的东西出发，从神学出发，回到神学的结论。黑格尔走的恰恰是一条相反的道路，在它那里认识"神"本身就是认识"神"的有限

---

① 参见〔德〕黑格尔:《法哲学原理》，张企泰、范扬译，北京:商务印书馆1961年版，第253页。
② 参见〔德〕黑格尔:《历史哲学》，王造时译，上海:上海世纪出版集团2006年版，第421页。
③ 在黑格尔看来，这并不意味着每个社会成员都需要从事哲学研究，对于普通民众，宗教可以代替哲学的作用，只要宗教以哲学的理性精神为基础。参见〔德〕黑格尔:《哲学史讲演录》第一卷，贺麟、王太庆译，北京:商务印书馆1959年版，第80页。
④ 〔德〕黑格尔:《哲学史讲演录》第三卷，贺麟、王太庆译，北京:商务印书馆1959年版，第284页。

性的环节,认识人类世界的具体性和丰富性,这样一种认识毋宁是在扬弃费尔巴哈所批评的那种思辨神学,并完成费尔巴哈一再声称的那项任务,认识到人是上帝的本质。在某种意义上,黑格尔的观点较之费尔巴哈要更深邃,因为在他那里,不仅仅是人,而且是人类的社会性存在(国家、伦理)才是上帝的本质。①

按照黑格尔的理解,基督教所说的"神"真正说来只是一种由表象所启示的伦理精神。在这个意义上,宗教与人道实际并不分裂。首先,在"上帝创世"的寓言中,基督教已经表达了神圣生活与尘世生活实为一体的观点:世界本身就是上帝的显示。其次,通过"上帝把地上的物赐给人",基督教又表达了精神高于自然这一康德式的人道原则,并且表明人道的秩序潜在地就是神的秩序。最后,基督教最重要的伦理洞见,存在于"圣灵社团"这一教义当中。耶稣说过,"圣灵"将引导社团认识真理,并永与社团同在,同时他又告诫人们:"要爱你们的仇敌……你们要完全,像你们的天父完全一样。"(《马太福音》第五章四十八节)②黑格尔认为,这实际上已经是在宣称,有限者通过绝对的"伦理认识"复返于无限,人最终在社团的伦理之爱中被擢升到上帝(圣灵),而这同时也表明了:"神也无非是作为这样的复返而存在,没有世界(社团),神也就不成其为神。"③黑格尔由此断言,基督教在其合理性的方面,已经确认了世界即尘世伦理的绝对价值;只不过这种伦理价值在表象思维的外在化作用下,被遮蔽在了一个异在的神灵和教会之下,由此造成了尘世生活的非精神性和神圣生活的虚幻不实。黑格尔认为,现代哲学必须扭转这一状况,以解放宗教的真理作为自己的使命。为此,真正的哲学将会与那反对宗教、宣称上帝不可认识的启蒙运动分道扬镳,因为后者,这一"知性的徒劳",固执在有限的、形式的观点上,无法认识"神秘"表

---

① 参见〔意〕洛苏尔多:《黑格尔与现代人的自由》,丁三东等译,长春:吉林出版集团2008年版,第256页。
② 〔德〕黑格尔:《宗教哲学讲座·导论》,长河译,济南:山东大学出版社1988年版,第32页。
③ 〔德〕黑格尔:《宗教哲学》,魏庆征译,北京:中国社会科学出版社2005年版,第120页。

象背后思辨的、整全的真理（伦理），这无异于是放弃了人的伦理生命，自甘沉沦于虚无主义的深渊。①

2.哲学—伦理学的现象学之路

黑格尔认为既然基督教将"圣灵王国"（社团）的理想视为"神"的本质，它便不应停留于彼岸，为此哲学必须从认识尘世、认识特殊者开始，恢复基督教的真理。②这就是通向"思辨哲学"的"现象学"之路——认识向"绝对"迈进的道路。在这条道路上，启蒙哲学曾经发挥过重要作用。它鼓舞了知性精神，推动了科学对自然的认识。这一点极大地弥补了宗教思维的缺陷：因为宗教表象只能把事物呈现为独立的、偶然的东西，缺乏对"事物前后一致"（必然性）的认识；反之，现实领域才是事物真正相互关联、规定的"老家"，知性在此大展拳脚，哲学思想就在它的有限规定方面极大地丰富了起来。③

与此同时，知性也把宗教的大部分教义架空了，人们普遍地对"奇迹和救恩垄断"的表象失去了信任，世俗生活由此被进一步从外在权威下解放出来。工商实业得到了更广泛的尊重和发展，科学知识在这一领域的运用，又进一步证实了人类知性的力量，培根就是在这样的情况下说出了那句时代的格言："知识就是力量"。知性的进步磨炼了人，它使人们感到自己"就是自己的证实者和创造者"。于是，对自然法则的认识带来了自由——当人们把观察世界的目光转回到自身时，他们发现自己才是那个绝对的必然性，事物的第一因，自然必然性的无穷回溯结束了，人自己决定自己的目的、"自己欲求自己"，人就是自由。文艺复兴只是在艺术中创造出了人的主观性的美，现在艺术和商业结合了，知性启蒙已经带给人们充分的力量去"为了自己的利益和目的而活动"。④但是启

---

① 参见〔德〕黑格尔：《宗教哲学》，魏庆征译，北京：中国社会科学出版社2005年版，第502页。
② 参见〔德〕黑格尔：《宗教哲学》，魏庆征译，北京：中国社会科学出版社2005年版，第437页。
③ 参见〔德〕黑格尔：《宗教哲学讲座·导论》，长河译，济南：山东大学出版社1988年版，第13页。
④ 〔德〕黑格尔：《哲学史讲演录》第三卷，贺麟、王太庆译，北京：商务印书馆1959年版，第334页。

蒙运动在这里也就停步不前了。

在启蒙运动中，我们看到了一种观察的知性向实践的知性的复归，现代市民社会就建立在这一基础上。知性的自由实践本身将会带给事物（社会）深刻的变化，亦即精神性（伦理性）的、超出自然知性范围的变化，只不过对于这一点，故步自封的知性是不自知的。具体而言，知性的进展和实践带来了社会需要和分工的细化，社会成员间的相互联系因此变得更为系统、更为紧密。于是，有限的知性就在实践中被它所不能理解的"思辨性"扬弃了。黑格尔在《法哲学》中提到了现代社会的这一思辨方面即"普遍性的形式"与个人特殊目的的结合，①其具体表现可以概括为：个体独立的经营日益为社会化的生产所取代，个人的独立性和自由必须在社会化的活动中才能得到保持。在这里，社会的"普遍形式"尽管相对于其成员的目的还具有外在性，但是它已经为新的伦理精神的出现奠定了基础。遗憾的是，知性只能认识抽象的范畴，而不能理解这些范畴运作的真正（社会的）机制。知性为此付出了惨痛的代价。这就是法国革命，知性固执于"绝对自由"的范畴，它要打倒一切"限制"，结果它就只能在自己的空洞性中完成毁灭和死亡，革命没有任何事业。②虚骄自负的知性在经历了这场血的洗礼以后终于收敛了它狂放的心情，重新理解到社会性的联系和限制对于自身的价值——工商实业需要恢复，与此同时，"普遍性的形式"也被提高到宪法和主权的地位，普遍生活（伦理）开始被确立为社会和国家的目的，每个人也都寻求在这个目的之下的满足，这就是后革命"国家"——拿破仑帝国和那些经历了政治改革的德意志国家。

黑格尔认为在后革命国家中，思想自由和科学（哲学）将会真正繁荣起来。③因为作为现象学的哲学只有在后革命国家这一精神的"全面显

---

① 参见〔德〕黑格尔：《法哲学原理》，张企泰、范扬译，北京：商务印书馆1961年版，第197页。
② 参见〔德〕黑格尔：《精神现象学》下卷，贺麟、王玖兴译，北京：商务印书馆1979年版，第116—118页。
③ 参见〔德〕黑格尔：《小逻辑》，贺麟译，北京：商务印书馆1980年版，第31页，〔德〕黑格尔：《法哲学原理》，张企泰、范扬译，北京：商务印书馆1961年版，第277页。

现"中才能认出自己的"全部概念"。黑格尔在讲到苏格拉底的时候曾经说过：要想认识"共相"的真实范畴（具体内容），就要认识对范畴的限制，这"只有在一个现实体系的整个联系中才有可能"，在一个民族的精神中才有可能。①在此意义上，苏格拉底时代的希腊人已经无法再认识真理，因为对于他们来说现实的伦理联系消失了。同样，启蒙时代的人也无法认识真理，因为单纯的知性不是满足于有限的自然，就是满足于孤立的人，他们不肯向普遍性迈进，正因如此他们摧毁了自己的社会生活。但是现在，后革命国家出现了，它使所有的知性范畴获得了有机的联系：个人（个体性）、个人的职业、需要（特殊性）、国家（普遍性）能够在相互中介的结合中真正保全自身，同时它们作为一个精神性的整体又能够使全部自然范畴从属于它，服务于它的自由意志。黑格尔由此断定：对于后革命国家的认识将使哲学获得全部的思想范畴和这些范畴的真实联系，从而抽象的知性就被提升为思辨的理性（概念）。哲学由此掌握了全部自然和伦理的真相，于是，哲学就达到了"神"——哲学在国家的帮助下解放了基督教，完成了基督教；"神"从此在人的思想中获得了自己最适宜的居所。而这也必然意味着，世俗的国家在哲学的帮助下重新取回了自己的神圣性和至上性，法律和政治成为了真正的"圣事"，希腊人宗教与城邦的统一在自我意识的基础上复活了（哲学与国家的统一）。

这就是哲学的现象学之路，是人追求"认识自己"，向自己的认识显现自己的道路，我们看到在这条道路的最后阶段，基督教、启蒙哲学、现代国家汇合为一种真正思辨的哲学——伦理学，亦即一种作为"社会理性"的逻辑学。②

---

① 〔德〕黑格尔：《哲学史讲演录》第二卷，贺麟、王太庆译，北京：商务印书馆1960年版，第82页。
② 在这个意义上，黑格尔《精神现象学》、《法哲学》、《历史哲学》、《宗教哲学》具有共同的逻辑顶点。在它们完成自己的时刻，它们都达到了《逻辑学》的结论，并且恰恰是逻辑学达到了对现代伦理的全面认识，逻辑学与国家的绝对理念是"同一物"。参见〔德〕黑格尔：《法哲学原理》，张企泰、范扬译，北京：商务印书馆1961年版，第360页。

3. 哲学—伦理学的逻辑学之路

在哲学的现象学之路上，人类已经完成了"认识你自己"的任务，哲学已经把自己实现为现代的伦理意识。于是，哲学的问题就在于保存这最后的、完成了的认识（绝对知识）。在这个阶段哲学将取得独立于它所由之形成的有限形态的完满形式。在现象学中哲学已经达到了全体的（伦理性的）概念，达到了全部的思想规定，它知道有限的自然和人类的伦理生活无非是理念（思想规定、逻辑）呈现自身的一面镜子。①但是，在黑格尔看来，现象学仍然不是真理本身，因为意识"作为具体的而又被束缚于外在的知的精神"必然受制于自然和历史的偶然性——自然只是概念不完全的呈现，历史国家虽然完整地呈现了概念，但是它还受到有限形态的困扰，受到外在性和偶然性的威胁——只有真正的哲学—逻辑学才摆脱了内容"顽固的直接性和资料性"，它固然还是具体内容的真理，但却只在概念的整体中直观自身，只以概念的纯粹自我规定为满足，全体的自由性与环节的必然性在它的自我区分和规定中达到了真正的统一。②黑格尔在《逻辑学》中，这样写道："意识，作为显现着的精神，它自己在途程中解脱了它的直接性和外在性之后，就变成了纯知，这种纯知即以那些自在自为的纯粹本质自身为对象。它们就是纯思维，即思维其本质的精神。"③这就是现象学进展到逻辑学的道路，现在我们不禁要问，这样一种纯思、逻辑究竟何为？

黑格尔自己的回答是：逻辑学作为纯粹的思维规定，"乃是认识的绝对方法，同时也是客体本身内在的灵魂……只有沿着这条自己构成自己的道路，哲学才能构成客观的、论证的科学"④，从而"掌握理念的普遍性和真形象"。——"举凡一切维系人类生活的，有价值的，行得通的，都是精神性的，而精神世界只有通过对真理和正义的意识，通过

---

① 参见〔德〕黑格尔：《宗教哲学》，魏庆征译，北京：中国社会科学出版社2005年版，第412、483页。
② 参见〔德〕黑格尔：《小逻辑》，贺麟译，北京：商务印书馆1980年版，第54—56页。
③ 〔德〕黑格尔：《逻辑学》上卷，杨之一译，北京：商务印书馆1977年版，第5页。
④ 〔德〕黑格尔：《逻辑学》上卷，杨之一译，北京：商务印书馆1977年版，第5页。

对理念的掌握，才能取得实际存在。"①从这里我们看到，逻辑知识最终构成了人类自由的绝对基础。只有通过一种逻辑学的思维方式，人类才能在自我意识的基础上复兴古代城邦的伦理生活。黑格尔认为，"逻辑学"实现了存在论、伦理学和认识论的统一，提供了认识全部存在和价值的方法，同时又构成了人生的最高价值和人生的最高存在形态（智慧）。逻辑学自身就是伦理的绝对本性——国家的绝对理念，这种纯粹的精神拥有最高的权力，它是世界历史的法庭，以其普遍性、完满性审判特殊的人类社会。②在逻辑学之中，人（思维）坐拥"上帝之国"，"生于真理之中"。既然一切有限的事物和生活都是逻辑的规定，那么它们也将在逻辑的光照下，融入真理，并以融入真理为荣。

现在，让我们来考察逻辑学"返观"（光照、把握）现实道路。黑格尔认为，逻辑学的这种"返观"具有绝对的重要性，因为只有按照逻辑学提供的方法，人类才能在现实的生活世界中认识并最终实现其自身的利益和价值——利用自然、满足个人的需要、建立普遍性的政治制度和法律、实现真正的伦理自由。在黑格尔的著作中，逻辑学"返观"现实道路是《哲学全书》的第二部分《应用逻辑》即《自然哲学》和《精神哲学》，以及《历史哲学》、《法哲学》、《宗教哲学》等一系列讲演。我们在这里只依《逻辑学》本身来展开他对伦理现实（人类社会）的把握。黑格尔认为一切现实事物都是概念的推论，都包含普遍性、特殊性和个体性这三个环节。③人类社会亦为这样一个推论，它包括法律、社会、政府这样一个普遍性的方面，又包括作为个体性的个人和作为特殊性的个人需要（职业活动），人类社会正是由于这三个环节的相互中介和结合（即三一式推论）才成为现实的东西。④在黑格尔那里，概念推论可以实现为自然的形态，即作为"机械性"、"化学性"、"目的性"的客体和作

---

① 〔德〕黑格尔：《小逻辑》，贺麟译，北京：商务印书馆1980年版，第35页。
② 参见〔德〕黑格尔：《法哲学原理》，张企泰、范扬译，北京：商务印书馆1961年版，第351页。
③ 参见〔德〕黑格尔：《小逻辑》，贺麟译，北京：商务印书馆1980年版，第356页。
④ 参见〔德〕黑格尔：《小逻辑》，贺麟译，北京：商务印书馆1980年版，第383—384页。

为直接性的理念的生命,也可以实现为更高的精神阶段即"认识"和"绝对理念"。在逻辑学中,较前的阶段从属于较后的阶段,较后的阶段超越、同时又在自身保全了较前阶段。我们对于人类社会的考察亦应遵许这一逻辑的序列。

在人类社会的"机械性"的层面,个人、个人的特殊需要、普遍体(社会)本身已经发生结合,但是因为它们仍然是机械性的"聚集体",它们的相互关系是外在的,因此它们实际上可以相互抵抗,由此造成的局面就是社会的无政府状态(自然状态)。①但是人类社会的"聚集"本身将使个体发展出差别和本性的规定性,这就是"化学倾向"。个体由此被结合到一个全体性的概念中,不过在这种"化学过程"中个体的自在自为性丧失了,客体因此表现为全体性与个体性的绝对矛盾,②与这种客体形态相对应的社会,无疑就是一种专制状态(东方国家)。按照黑格尔的看法,机械性和化学性本身又都是潜在的概念,在它们那里结合是外在的,使他们结合或分裂的诱因才是"自由实存的自为存在着的概念",这就是"目的性"。不过在客体阶段,"目的性"本身也是片面的、外在的,目的受内容的限制,它是偶然性的东西,当目的被达到时,它将重新成为其他目的的手段和材料,目的于是就陷入了一种"恶无限"。③在此意义上,当目的性被置于机械性和化学性的社会之上时,就会带来为特殊利益所鼓动的暴乱和暴政以及这二者之间永无休止的转化(东方社会的治乱循环)。黑格尔由此认为外在目的性只是站在"理念"(合理性)的门前,目的必须指向概念各环节的结合本身,这就是具有自成目的性的生命(自在的合理性),④人类社会亦有与之对应的形态,这就是希腊人的"自然伦理"。不过在生命层面人还不是"自由的族类",它必须扬

---

① 参见〔德〕黑格尔:《逻辑学》下卷,杨之一译,北京:商务印书馆1976年版,第408—410页;〔德〕黑格尔:《小逻辑》,贺麟译,北京:商务印书馆1980年版,第383页。
② 参见〔德〕黑格尔:《小逻辑》,贺麟译,北京:商务印书馆1980年版,第384、386—387页。
③ 参见〔德〕黑格尔:《小逻辑》,贺麟译,北京:商务印书馆1980年版,第387、393—395页。
④ 参见〔德〕黑格尔:《小逻辑》,贺麟译,北京:商务印书馆1980年版,第404页。

弃自身直接的自然性才能向真正的精神迈进。（从自然进展到精神，必然是一种逻辑上的跳跃，这个跳跃本身恰恰说明黑格尔的《逻辑学》是一种描述而非抽象推演人类文明的逻辑。）

《逻辑学》在此沿用了基督教的看法："认识"制造出了人与自然（生命）的差别，精神（自由）的王国从"认识"中诞生。最初这个精神的王国只是一个"反思的社会"（私人社会、市民社会），局限于有限的认识（理论认识）和"自然伦理"解体后的私人意志（实践认识）。但是按照认识的本性，它将不断以客观世界的必然性作为真实的内容来充实自己；与此同时，作为与自然对立的"意志"，认识又把客观世界仅当作一假象，"并且凭借主观的内在本性"规定并改造这个客观世界。① 在黑格尔看来，认识的这种本性终将使它上升到"绝对理念"（自在自为的合理性）。因为认识终将发现"绝对必然性"就是"自我规定"的自由，而"意志"也将由此意识到自由本身才是它真正要实现的客观性。"意志"在自我规定和限制中使它的自由客观化，此种自我规定和限制的客观性（法律、国家制度）又被带回到"认识"，关于自由的"绝对理念"就在"认识"中被达到了。② 这种绝对理念是在自我意识的基础上建立的主客统一性，是真正自由的生命。与之相对的人类社会，就是现代国家（伦理）。根据黑格尔的《法哲学原理》：（合理性的）国家是按照"概念"的本性在本身中有意识的区分和规定自己的活动，国家的每一个环节都完整地意识到并包含了其余的环节，并且这些环节完整地包含在国家的理想性中并只构成一个单个的整体。国家因此是真正的自我认识、自我规定的客观性，是具体自由的现实。在国家中，个体的自由意识与伦理的自由实存真正得到了统一。③

由此我们看到，逻辑学自身包含了一切人类社会形态和文明发展的轨迹，他已经最深邃地理解了社会人心，于是精神就将迎来它在开端上

---

① 参见〔德〕黑格尔：《小逻辑》，贺麟译，北京：商务印书馆1980年版，第410页。
② 参见〔德〕黑格尔：《小逻辑》，贺麟译，北京：商务印书馆1980年版，第411、419页。
③ 参见〔德〕黑格尔：《法哲学原理》，张企泰、范扬译，北京：商务印书馆1961年版，第283—284、260页。

的凯旋。我们还记得在阿里斯托芬的《云》中那场著名的"苏格拉底式"辩论。现在失败的一方,"正直的逻辑"经历了教训,它更深邃地洞穿了人性,它重建了伦理和人心的统一,它能够教导人们真正的利益所在,最重要的是它占有了(把握了)"伦理",占有了现代国家这一实体性的精神。按照黑格尔的看法,正直的逻辑将以此挽回他在私人的歪曲的逻辑面前的败局;正直的逻辑——黑格尔的"逻辑学"现在是最后的胜利者。基督教在扬弃苏格拉底的地方只是回到了苏格拉底的不确定性,在基督教中,正直的逻辑—伦理精神还是虚幻的,它是私人社会的俘虏。但是,黑格尔却在扬弃基督教的地方解放了基督教的伦理本性,从而完成了苏格拉底对于伦理的追问,"认识你自己"的问题现在被完满的解答为思维自我规定、自我认识的"绝对理念"。在黑格尔的逻辑学—伦理学中"精神"从此可以"安于天命"了。

第八章
黑格尔的"精神创世论"

我们在此试图重启精神与物质世界的关系这样一个久已无人问津的问题。这个问题曾经属于那些最富有雄心的历史时刻,人作为爱智者(希腊哲人),作为信神的人(耶稣和使徒),作为革命的哲学家和哲学的革命家(启蒙到马克思的现代哲人)总是试图通过对于这一问题的追问,去赢得人在宇宙中的尊严、价值和自由。仅仅两代人之隔,这个问题还作为唯物主义与唯心主义的争论吸引着时代的注意力,但是思想怠惰所造成的教条主义和时代对于现实兴趣的强烈关注终于埋葬了这场争论。历史的选择无疑是正确的,但是哲学却不能放任这一问题的永久沉沦。因为人作为精神,不会甘于成为现实欲望和物质必然性的单纯映像,人总要追求更高的自由,追求在世界中建立它所属意的规律和必然性。总的来说,精神统治物质世界,对世界享有创造的自由,是柏拉图—基督教思想传统的一个固有观念,但是只有到了黑格尔,精神才被完全坐实为人的精神,精神对于世界的创造关系才被理解为人的认识、劳动和联合。黑格尔以此确立起了关于人类自由的一个宏伟论域,并在这一论域下对西方精神的逻辑跃迁作出了说明。或许透过黑格尔的工作(当然不局限于黑格尔),现代人仍能感受到自由的召唤,并重拾对于精神和世界的信心。

一、柏拉图与基督教的精神"创世论"

一般而言，人的生活，无论是否被自觉到，都已经是一种体现了精神创造性的活动。人类凭借语言和社会的创制，发展出了超越本能的丰富生活内容、实践力量和价值观念，这本身已经是精神创造性的证明。只不过这种精神创造性最初被其漫长的历史所遮蔽。精神创制归入了存在的平凡，化为礼俗和日常经验，只有到了礼崩乐坏，人类被迫思考一种超越现成经验的更高的"善"的时候，人类才有可能开始自觉其精神创造的自由禀赋。根据黑格尔，西方人对更高的"善"、对自身精神本性的追求始于苏格拉底、特别是柏拉图的"理念论"。柏拉图提出，"善的理念"是造物的神，是现实世界的原型，人因其理性、精神能够通过严肃的科学研究认识"善的理念"，并依"理念"重建人的生活，使世界（城邦）成为与神相似的有福祉的存在。[1]柏拉图以此为人类生活引入了一个超越性的维度，凭借这一维度，带来丰富物质利益和文化价值的社会共同生活的原因首次进入人的视野，它被意识到是一种精神的、观念的力量，能够帮助洞察每个人独立的禀赋和造成社会的相互需要关系，从而使个人的才具与普遍的社会福祉相得益彰。

可见，精神（理念）对于世界的创制和提升作用正是柏拉图的主要观点。但是在黑格尔看来，柏拉图虽然感受到了精神的崇高价值，却不知道怎样在世界（社会）中实现它。[2]黑格尔认为，"善的理念"在柏拉图那里只是对于未分化的、依靠社会习俗产生行动、情感和目标的希腊伦理生活的理论抽象，它虽然包含了一些普遍性的美德，比如智慧、勇敢、节制、正义，但是却缺乏将美德落到实处的手段。具体而论，与苏格拉底相比，柏拉图的"理念论"没有给个人的特殊意见保留任何地位。苏格拉底清楚地知道，人首先是在特殊意见的基础上相互沟通、建立社

---

[1] 〔德〕黑格尔：《哲学史讲演录》第二卷，贺麟、王太庆译，北京：商务印书馆1960年版，第224页。
[2] 〔德〕黑格尔：《哲学史讲演录》第二卷，贺麟、王太庆译，北京：商务印书馆1960年版，第240页。

会关系，完成社会行动的。希腊伦理的真理性，正是通过特殊意见的相互制约、和解才呈现为一种整体性的精神。因此苏格拉底总是通过与普通人对话，从人们对于好东西、美德的特殊意见出发，启发人们认识伦理整体的善。相反，柏拉图对于特殊意见却怀有极大的敌意。在他看来，意见本身只是感性的意识和欲望，①它源自构成世界的非理性的"质料"，是阻碍灵魂认识和实现善的因素。柏拉图的看法有着深刻的时代根据，这就是希腊伦理的解体。随着城邦规模的扩大，特殊知识和利益的增长，希腊人与共同体的联系逐渐削弱，只关心特殊性即一己私利的个人最终取代了与城邦共命运的公民。在这种情况下，人们的特殊意见已经不再反映有关于伦理整体和善的理解，而是表达了个体粗俗的情欲。柏拉图拒绝这种人性向感官自然屈服的堕落现象。为此他极力以"理念"压制"意见世界"。但也正因如此，柏拉图的"理念论"暴露出了它的最大缺陷。这就是它将体现在特殊意见中的人类现实看作是完全非理性的、不可认识的东西，精神因此无法把握人的现实自由和行动，只能徒劳地在反思中确立自己的权威。柏拉图没有意识到，只有现实意见才是人们实际生活中使用的语言，才是人们相互结合并共同认识、改造世界的出发点。现实意见因此是真正体现理念力量的东西，只有通过意见的耕作，世界才能分有"理念"。希腊伦理观念的败坏、个体自我意识的兴起本身只能说明人类将按照新的"精神"结合在一起。这种结合以个人的主观自由以及特殊兴趣、倾向的发展为前提，因此能够取得更丰富的人类认识和实践成就。柏拉图不理解这种意见、观念变化所包含的更高精神原则，他的"理想国"因此只能放弃对现实的要求。

　　黑格尔认为，继承柏拉图的"理念论"，在新的高度上阐释"精神创造世界"这一思想的是基督教。后者认识到了"意见世界"——个人的自我意识、主观自由本身是精神性的东西，"创世的神"只有通过个人自我意识的普遍提升，才能最终在世界中获得完全地呈现。黑格尔相信，基

---

① 〔德〕黑格尔：《哲学史讲演录》第二卷，贺麟、王太庆译，北京：商务印书馆1960年版，第198页。

督教正是以此揭示了人类精神创造世界的自由，只不过是以隐喻、表象的形式。首先，基督教包含了世界从属于人的精神秩序的观点。《圣经·创世记》中说："神"创造世界，并按照自身的形象创造人，让人为事物命名（亚当命名）并管理世界。黑格尔认为，这已经是在暗示：世界遵守精神创造的秩序，而人自身同样是精神，能够通过自身的观念、语言，为世界建立秩序。①其次，通过将劳动作为对于人类"原罪"的惩罚，基督教又启示了人使世界统一于其精神的真正方法。黑格尔认为，基督教通过人偷吃"知善恶"树的果实，获得"原罪"的故事，表达了一个深刻的思想："罪恶生于自觉。"正是个人自我意识的出现，取消了人与"自然"的统一，使人失去了"伊甸园"中那种绝对知足的状态，开始产生非自然的意志和欲求（否定性），人才开始遭受与世界对立的苦难。②但是同时，基督教又在这里指出了人与世界和解的道路，这就是劳动，"你必终身劳苦，才能从地里得吃的"。劳动虽然艰辛，却能从世界中创造出人的意志，改变世界的自然性使之满足人的精神。黑格尔因此评价说："汗流满面的劳动，既是体魄的，又是精神的劳动。"③基督教的劳动概念对黑格尔产生了深远影响。黑格尔将其视为陶冶和提升精神的必经道路，甚至马克思的"劳动创造人"的思想也必须以此为起点。最后，在《新约》中，基督教最终提出，只有在个人自我意识的基础上重建社会共同体，精神才能在世界中实现其自由。基督教是对个人的"主观自由"有着深切领会的宗教，它称个人的自我意识为"能辨善恶"，这就表明，个人的自我意识既是人与世界统一关系的破坏者，是恶之源；又是人与世界统一关系的建设者，是善之根。④而"善"，在黑格尔看来，无非是上升到社会伦理精神的自我意识。黑格尔将耶稣的主要教导概括为："人从圣灵得拯救"；"圣灵"引导自我意识认识其自身的神性；人内在的神性

---

① 参见〔德〕黑格尔：《哲学史讲演录》第三卷，贺麟、王太庆译，北京：商务印书馆1959年版，第235页。
② 参见〔德〕黑格尔：《历史哲学》，王造时译，上海：上海世纪出版集团2006年版，第300页。
③ 〔德〕黑格尔：《宗教哲学》，魏庆征译，北京：中国社会科学出版社2005年版，第450页。
④ 〔德〕黑格尔：《宗教哲学》，魏庆征译，北京：中国社会科学出版社2005年版，第449页。

与"神的整全"是一致的。他相信,基督教正是以此宣扬了一种普遍的人类之"爱"和作为"爱"的共同体的"社团"观念。因为神性是整全、是和解,人自身中的神性将使他爱一切人(追求整全),而这种爱的"社团"也就必定是"作为降临者和现实者的上帝,是生存于其社团中的上帝。"①黑格尔相信,基督教正是在这里达到了它的最高真理,它启示,人类在共同体中具有最高的精神力量,人只有通过相互结合才能行使精神的权能,扬弃它与世界的对立。

由此可见,基督教在其最深邃的教义中已经暗示了,人因为其精神自由而与世界发生对立,进而又通过劳动和建立社会生活,改造的人与自然的关系以及人与人的关系,最终使世界从属于人的精神自由的历史。人类生活的丰富内涵和崇高尊严,人道的伟大创造力和它为世界确立的精神秩序都在基督教中获得了某种程度的揭示。黑格尔正是在这个意义上,认为基督教是对于"真理"具有整全性把握的思想——这种整全性使它高于只关注个别现实和个体精神的近代哲学。也正是在这个意义上,黑格尔断言:"哲学必须从基督教出发得到复兴"。②不过,黑格尔也认识到基督教思想存在严重缺陷,这就是基督教与柏拉图的"理念论"一样,不能理解精神作用于现实的具体环节,从而无法将精神理想带入现实。具体来说,黑格尔认为,基督教仍然停留在"表象思维"的阶段,这种思维只能以某种外在的、感性的方式表现精神与世界关系,比如通过"人吃智慧果"、"圣灵感孕"、"耶稣复活"的感性形象表现人的认识、意志从与世界对立走向与世界和解的过程。③人们在认识和改造世界时所依据的具体方法和目的——科学、生产、政治等人类活动中的特殊概念规定——却没有在这种思维方式中被把握到。因此对于从事现实活动的人来说,宗教表象中的和解只能是外在的、彼岸的,既不能提

---

① 〔德〕黑格尔:《宗教哲学》,魏庆征译,北京:中国社会科学出版社2005年版,第479页。
② 〔德〕黑格尔:《哲学史讲演录》第三卷,贺麟、王太庆译,北京:商务印书馆1959年版,第284页。
③ 参见〔德〕黑格尔:《宗教哲学》,魏庆征译,北京:中国社会科学出版社2005年版,第86—87、94页。

供有效的知识原则供人征服自然，也不能提出明确、具体的权利、义务来促进社会团结。宗教真理尚不能真正规范、提升现实生活，整个基督教中世纪正是因此陷入了最粗俗的情欲与最野蛮的暴力的统治。也正是在这个意义上，黑格尔在《精神现象学》中对基督教做出了如下评价：当人的精神从宗教表象回归自身的现实，它就"感受到二分化的侵袭"——对宗教社团来说，"它的和解只是在它的内心里……但是那出现在它的意识中作为当前现在、作为直接性和特定存在的一面，却是那还有待于神圣化的世界"。①

二、近代哲学的理性主义世界观

柏拉图与基督教哲学属于哲学史上通常所说"本体论"的研究范式，其思想的根本旨趣在于通过建立与超验本体的某种联系，使人类经验中的社会、政治生活获得普遍的提升。不过因为在"本体论"的视阈下，超验世界与现实经验世界之间始终存在着一条不可逾越的界限，古代和中世纪哲学的理想最终落空了。黑格尔认为，近代哲学产生于一种与上述超验追求截然相反的人类倾向，这就是对尘世生活的眷恋。在后者中，人的有限目的和现实欲望被承认是精神的真实内容。而这种目的和欲望又必然会引导人们广泛地探索经验世界（包括自然与社会），追求知识和技艺，以使经验世界能够被人的认识、理性所驾驭。近代哲学由此以一种新的方式提出了精神对世界的创造和提升问题，这就是关于思维与存在的关系的"认识论"问题。因为只有通过思维对存在的认识，人才能把握和利用存在的规律，使自身的意志变成现实存在，所以对于理性认识能力的反思在近代哲学中，就成了确立人在世界中的尊严和自由的首要任务。

根据黑格尔的《哲学史》，培根是第一个从人的认识能力出发，表达

---

① 〔德〕黑格尔：《宗教哲学》，魏庆征译，北京：中国社会科学出版社2005年版，第256—257页。

第二论题 黑格尔与"精神"观点的现代复兴

出了理性(思维)主宰世界(存在)这一观念的近代哲人。他认为,观察和实验获得的认识经验能够真实地反映自然,理性因此可以在经验的基础上归纳出自然的规律、知识。后者对于人类的自由具有重要意义。人类能够通过服从自然规律,征服自然世界。培根的思想暗含了一种对于自然界和人类认识的信任,黑格尔认为近代精神正是以此为起点,走上了复兴的道路。

培根的思想经由霍布斯得到了极大地推进。后者提出了一种主动的、建构主义的经验论观点,取代了培根所预设的认识与自然的和谐,以一种更高的反思精神阐明了建筑在经验、语言和理性的联合基础上的人类自由。首先,霍布斯认为,宇宙是一个漫无目的的机械之流,只有感官从事物获得的经验对人才有意义,但是经验本身是模糊、流变的东西,人为了持续获取或规避某种经验,就必须掌握关于经验的规律性知识,而这就需要依靠人类理性和语言的力量。霍布斯提出,语词对经验的指代作用是知识的前提,它能使经验特性被抽象出来,为知识提供素材。与此同时,理性又能够通过创造语词的序列模拟、建构经验特性之间的关系——一旦这种"语言建构"被经验证实,人们就能获得有效的科学规律,从而控制产生特定经验的条件,重组世界的经验内容。可见,理性和语言赋予了人一种主动性的生活方式。举个简单的例子,如果没有"1、2、3……"的"数"的语言,人就不可能准确地认识到时钟敲了3下,而最多只能对连续的敲击有某种模糊、易逝的感受,人们对于时间的计算和控制因此也是不可能的。①霍布斯相信,通过语言和理性的运用,人最终在宇宙漫无目的的机械之流中,为自己创造了一个"经验世界"的"安全岛",②人是这个世界秩序的唯一原因,他知道如何建构和利用经验规律实现其自由。其次,霍布斯进一步将他的经验论原则和"安全岛"概念运用到了社会领域。霍布斯相信,人类经验、语言和理性的联合能

---

① 参见〔英〕霍布斯:《利维坦》,黎思复、黎廷弼译,北京:商务印书馆1985年版,第21—22页。
② 参见〔美〕施特劳斯:《自然权利与历史》,彭刚译,北京:生活·读书·新知三联书店2006年版,第176页。

够像在自然中那样，在社会中建立持久的规律和秩序，维护人的自由。霍布斯认为，个人在社会中最基本的生存经验是对"自保"的渴望和对每个人"自保"激情的交战状态的体验，因为"自保"的最大化是消灭竞争。而理性的语言的则能够对这种经验意识进行整理、重构，揭示出作为公共安全规律的"社会契约"观念。这就是使每个人的自保意识结合为一个保护每个人的全体意志，避免个体激情的滥用，并以全体的力量抵御对个人的侵犯。霍布斯以此断定，自由而安全的社会是能够被人类认识和创造的，就像人能创造其他"机械结构"一样。①

在此我们看到，霍布斯已经从人类理性建构知识的能力出发，对人类在"自然"和社会中的自由进行了深入的论证。与此同时，虽然霍布斯属于经验主义传统，但是他对理性和"语言"的强调，却已经暗示出了认识的另外一个重要根据，这就是将经验整理为知识的思维范畴。我们说，康德哲学正是从这一方面出发，在更明晰、深刻的意义上揭示了人为经验世界和自我立法的原理，从而将近代人道主义的自由观点带向了它的最高愿景。

康德哲学的完整理想是"至善"的概念，这一概念包含了人类经验世界中的幸福和先验道德世界中的自由的统一。就幸福方面而言，康德追随培根、霍布斯的传统，认为人的认识能够揭示经验世界的规律，使之服务于人所设定的经验目的。与此同时，康德又比培根、霍布斯更明确地表达了人类理性在建构知识方面的能动作用，从而实现了对近代唯理论与经验论的伟大综合。康德认为，人类理性先验地具有进行思维判断的概念范畴，比如因果性、必然性等，并能够主动地将这些先验范畴置入自然经验之中，寻找出与其相匹配的经验对象，从而获得结合了概念与具体经验的知识（如经验 A 是经验 B 的原因）。"当伽利略把由他自己选定重量的球从斜面上滚下时，或者，当托里拆利让空气去托住一个他预先设想为与他所知道的水柱的重量相等的重量时……在所有这些

---

① 参见〔英〕霍布斯：《利维坦》，黎思复、黎廷弼译，北京：商务印书馆1985年版，第1—2页。

科学家面前就升起了一道光明,他们理解到,理性只会看出他自己根据自己的策划所产生的东西,他必须带着自己按照不变的法则进行判断的原理走在前面,强迫自然回答它的问题。"①康德以此完成了对近代科学方法的总结,从而表明人类理性是经验世界的真正立法者。与此同时,这也就表明了人类理性不会仅仅满足于认识的权能,它既然先验地包含了经验世界的全部概念规定(比如因果性),就能根据这些概念规定建立任意的目的(如使经验B作为结果出现),进而依靠已取得的知识设置经验条件,实现自身的幸福。②也正是在这个意义上,康德自信他对理性认识原理的揭示能够奠定人类一般福利的基础。③

不过,康德的意图却不止于此。因为他认为,人类的幸福目的尚受制于自然的经验条件,不能真正体现人的尊严,他甚至采纳了霍布斯的立场,认为不受理性限制的幸福欲望将造成个人的相互交战状态。④为此,康德提出了一种纯粹基于理性自身的"道德范畴",后者作为真正的"精神自由"不依赖于任何经验条件,能够直接被理性认识和实行。考诸思想史,康德的"理性道德"起源于卢梭的"公意"思想,后者认为在文明状态下,社会结合本身是每个人的自由和利益的真正根源,而"公意"则是每个人凭借理性创制的社会结合的纯粹形式,在其中,每个人都交出了可能损害他人的自由,同时作为全体的一分子参与针对全体的立法,"公意的法律"因此体现了一种相互性:每个人都服从他所加之于别人的条件并享有同等的自由和权利。⑤康德从卢梭的思想中受到了极大的启发。他发现:"公意"的对象只是"社会结合"本身,后者超越了特殊的经验动机,个体理性在结成"公意"的过程中只是以普遍的"相互约定的法"作为目标。这在康德看来,也就意味着,理性能够产生出

---

① 〔德〕康德:《纯粹理性批判》,邓晓芒译,北京:人民出版社2004年版,第13—16页。
② 参见〔德〕康德:《判断力批判》,邓晓芒译,北京:人民出版社2002年版,第286—287页。
③ 参见〔德〕康德:《纯粹理性批判》,邓晓芒译,北京:人民出版社2004年版,BII。
④ 参见《康德著作全集》第6卷,李秋零译,北京:中国人民大学出版社2007年版,第96—97页。
⑤ 参见〔法〕卢梭:《社会契约论》,何兆武译,北京:商务印书馆2003年版,第19—20页,第39—40页。

独立于经验（自然）必然性的"自由立法"，能够通过颁布"使自身行为的准则同时成为普遍立法的原则"这样一条纯形式的"道德律"表明：人道高于自然；人类理性先验地包含着为社会和自身立法的全部精神秩序；人的一切尊严、价值和自由都源自于它的理性。①康德以此将启蒙哲学的人道主义立场推向了极致。除此之外，非常重要的是，康德虽然认为理性道德是纯粹形式的，但是它却能对经验世界施加影响。②因为理性道德的无条件的自我立法，证明它能够克制、约束人的经验目的和欲望，亦即能够将内在的"道德律"转化为约束、协调人们的外在经验目的的"先验法权公式"："凡是关系到别人权利的行为而其准则与公共性不能一致的，都是不正义的"。③康德认为，通过在社会中建立这样一种理性法权的规训和强制，个人任性的幸福（经验目的）就能与所有人的幸福共存，整个世界也将因此可以被设想为一个在"人道目的"统领下追求人类自由和福祉的"目的论体系"。至此，康德断定，通过理性在道德、法权和经验自然领域的立法，经验世界中的幸福与先验道德世界中的自由就被置于一个统一的理性秩序之下，一个完整的"至善"概念已经被摆在人类面前。这个概念在柏拉图和基督教那里曾经只是属于"神"的光荣，但是现在，它却成了人的使命和希望。

不过，在黑格尔看来，近代哲学包括康德哲学在内都无法真正完成将人及其世界提升到精神自由的任务。就培根、霍布斯而言，他们虽然论证了精神在认识和利用世界方面的主体地位，但是使认识为之服务的自由观念在他们那里却没有超出个体经验欲望的范畴；同样霍布斯所倡导的国家观念也只是某种秩序化了的欲望体系，它们只能表明人们还没有独立于自然激情的控制，世界和他们自身实际上都没有上升到精神自由的高度。同样，康德虽然将近代哲学的精神理想推进到了经验幸福与理性道德的统一的高度，但是这种精神理想同样面临着无法在世界中实

---

① 参见〔德〕康德：《实践理性批判》，邓晓芒译，北京：人民出版社2003年版，第39页。
② 参见〔德〕康德：《纯粹理性批判》，邓晓芒译，北京：人民出版社2004年版，第614页。
③ 〔德〕康德：《历史理性批判文集》，何兆武译，北京：商务印书馆1990年版，第148页。

现的尴尬境地。因为康德的理性道德归根结底是某种消极的、限制性的道德,与基督教的伦理观念一样,它不能提出任何整合个体幸福目标、促进社会互助的积极方案,个人的幸福仍然是纷繁各异、孤立无援的,以致康德本人也不得不承认:道德律不能从自身中产生经验世界的"自然律",不能成为使全部自然满足人类幸福的原因。①康德的"至善理念",仍然是某种徒劳的希望。由此,黑格尔提出,近代哲学的最大缺陷在于,它们只是从抽象个人的立场去理解人的自由,结果只看到个体欲望或理性的自我约束。它们投向自然的目光是深邃的,但它们投向自身和社会的目光却过于短浅。近代社会的真实运行机制,人们满足欲望的普遍合作方式,以及指导人们相互合作的真实规律都还没有进入近代哲学的视野。近代哲学因此始终无法提出高于个人主义的理想,而人的精神自由也因此无法通过人们的社会选择、行动和整体力量获得实现。

三、黑格尔与自我创造的人

古代哲学将精神理解为超验本体,近代哲学将精神理解为个人的理性,黑格尔认为这些观点都没有握到精神自由的真正存在方式。而他对于精神的认识则有一个完全不同出发点,他认为,精神就是社会共同生活所反映出的人性。黑格尔在《历史哲学》中声明:"在世界历史上,'精神的观念'在它的现实性里出现,是一连串外部的形态,每一个形态自称为一个实际生存的民族。"②黑格尔相信,对于社会共同生活的考察,能够真正揭示出人类精神的创造性,并最终证明:人是世界的真理,人类能够通过他的认识、劳动和社会联合创造出一个作为他们的现实自由的世界。

黑格尔认为,"精神"最初的呈现方式就是由美德和习俗(往往以神话、传说为载体)维系的共同体。所谓共同体不是个人在相同位置上的

---

① 参见〔德〕康德:《纯粹理性批判》,邓晓芒译,北京:人民出版社2004年版,第613页。
② 〔德〕黑格尔:《历史哲学》,王造时译,上海:上海世纪出版集团2006年版,第74页。

重复累积，而是如柏拉图所说的体现人们的"交互性需要"的共同生活和实践。共同体的最直接目的，是应付物质自然需要，而"物质本质上是复合的，它的各个组成部分是互相排斥的"①，因此共同体成员也必然被规定在不同的事物关系上，以便应对分化的自然，同时由于美德和习俗之故，分化的个人又相互的配合、支持，从而具有了超越自然的精神力量和自由。黑格尔认为雅典城邦是古代精神的典范。雅典人的行业、爱好都是围绕着城邦的公益展开的，他们发展出了伯利克里所说的那种"美好的多才多艺"②，又依据美德服务于城邦，甚至不惜慷慨赴死。雅典人因此赢得了真正的精神自由，亦即个体自由（才艺、兴趣）与共同体的独立、繁重的统一。汉密尔顿曾经写道：当萨拉米斯海战中的希腊人看到波斯舰队的溃逃时，他们感到"赢得胜利的不是我们"，而是精神的力量战胜了一切强大的物质力量。③不过，在黑格尔看来，精神在这种最初的共同体中仍然没有达到充分的展开和自觉。精神作为习俗和美德，毋宁说是人的第二天性或社会本能。人们依靠它取得对于自然物质的胜利，但是却没有对它加以反思，他们因此不能完全理解精神超越自然的能动性，亦即自身的主观自由。黑格尔同意席勒在《美育书简》中的观点：希腊人虽然展现了精神的丰富性和整全性，但精神却不会长期停留在这一阶段，精神为了追求更高的自由，必然要经历自身的瓦解，这就是与共同体对立的个人"自我意识"的出现。④在黑格尔看来，个人的"自我意识"是精神自觉的环节，只有通过个人的"自我意识"精神才能自觉其创造世界的"主观自由"，进而通过主动地对自身和世界做出决定，去建立并认出它的自由。

个人的"自我意识"的出现首先应当被看作是"自然"对"精神"的报复。因为精神为了征服自然，就必须使自身投入到自然的"无概念的

---

① 〔德〕黑格尔：《历史哲学》，王造时译，上海：上海世纪出版集团2006年版，第16页。
② 〔美〕萨拜因：《政治学说史》，邓正来译，上海：上海世纪出版集团2008年版，第40页。
③ 参见〔美〕汉密尔顿：《希腊的回声》，曹博译，北京：华夏出版社2008年版，第3—4页。
④ 参见〔美〕考夫曼：《黑格尔——一种新解说》，张翼星译，北京：北京大学出版社1989年版，第22—23页。

盲目的多样性"中去，精神因此被自然所耗散。① "道术将为天下裂。"②精神的力量越大，它与自然的交往越深入，共同体中的各项事业和个体的差异性以及个体的特殊知识、兴趣、利益就越发展，由此造成的结果就是只关心自然和一己私利的"自我意识"的出现。从这个意义上说，个人主义是杂乱无章的"自然"的残余。但是，个人的"自我意识"毕竟是精神，它注定也要报复自然。黑格尔强调，个人的"自我意识"虽然导致了古代共同体的"溃散、零落"，但是共同体的精神、概念仍然构成了个人的本性。③个人吸收了文化观念（技艺）和社会交往的力量，能够通过它的"劳动"，否定自然，使自身的目的、意志达到肯定的作品存在。个人由此就在它的劳作中再现了精神自由，并且意识到自身就是这个自由。④但也正因如此，黑格尔注意到，个人的"自我意识"最初表现为一种矛盾、分裂的存在，这就是基督教时代的写照：一方面个人知道自己就是精神自由，另外一方面它的个人（自然）主义倾向又使它反对它必须依靠的社会，以至于它所理解的自由只能具有非社会的形态，个人对精神自由的觉解因此被纳入内在信仰领域，而它处于现实社会中的生命则不免于听任自然和暴力的驱使。虽然如此，黑格尔认为个体"自我意识"作为内化了"社会精神"的存在，不会停止对自然的报复，它终会在它的认识、目的和劳动中重新建立起稳固的社会秩序和精神自由。黑格尔在《逻辑学》中将这种有目的的、劳动的"自我意识"称为"意志"和"善的理念"，并视其为通向"绝对理念"的最后和最重要的概念环节。他相信，正是"意志"不断地创造自身，将自身设立为世界的目的，才使世界不断地回归精神，最终达到"客观世界自在自为地就是理念"。⑤

---

① 参见〔美〕黑格尔：《逻辑学》下卷，杨之一译，北京：商务印书馆1976年版，第275页。
② 《庄子·天下》。
③ 参见〔德〕黑格尔：《逻辑学》下卷，杨之一译，北京：商务印书馆1976年版，第450—451页。
④ 参见〔德〕黑格尔：《精神现象学》上卷，贺麟译，北京：商务印书馆1979年版，第130—131页。
⑤ 〔德〕黑格尔：《小逻辑》，贺麟译，北京：商务印书馆1980年版，第421页。

黑格尔认为，个人"自我意识"作为精神自由的真正复兴出现在近代社会。这就是通过近代科学、工商业活动和近代国家制度（黑格尔指的是法国大革命以后的国家）的创造所实现的自我意识与社会共同体的重新统一，以及社会精神对于物质世界的绝对占有。黑格尔接受了近代哲学的主流观念，认为"理性"沉入自然的科学探索活动，揭开了众多物质力量的秘密，确立了人在认识世界方面的主观自由。不过，他认为真正理解了这一自由的真谛，把人的认识自由转变为实践自由的是近代社会的工商业活动。这一点显示出了黑格尔与康德哲学的重大分歧。康德将经济领域视为没有理性价值的"熟巧规则的领域"①，而黑格尔却意识到，这正是康德哲学乃至整个近代哲学的最大缺陷，它们不理解经济活动的精神意义，因此不能将人们在生产实践中所依据的观念和社会关系理解为人类自由和秩序的基础。虽然霍布斯、卢梭、康德都注意到了社会结合对于个人自由的重要性，但他们只是把空洞的共同意志或理性规律当作社会结合的原则。社会原则在他们那里就像在基督教那里一样，只是消极的、限制性的东西。他们还不理解社会的具体内涵和结合方式，不理解人们的实际意识、目的和行动在建构社会制度和精神自由方面的积极价值。因此对于黑格尔来说，对近代经济生活（"市民社会的需要的体系"）的概念反思就构成了超越近代哲学的决定性环节。一直以来，哲学都不信任个人的意见，但是黑格尔却试图在个人意见的聚集地发掘"精神"的真理。

卢卡奇、普兰特等西方学者的研究表明，黑格尔对于近代市民社会的理解受到了古典政治经济学的深刻影响。后者使黑格尔认识到，近代社会以工商业经济为基础，在其中个人追求自利目的的意识和劳动，造成了普遍的社会分工、合作体系，确证了人类的实践自由，并使一种新的社会团结（共同体）形式在经济领域内首先出现。"需要和劳动就是这样地上升为一种普遍性，在一个大国中就创造了一个共同生活和相互依

---

① 〔德〕康德：《判断力批判》，邓晓芒译，北京：人民出版社2002年版，第7页。

赖的庞大系统。"①政治经济学为黑格尔提供了一个理解社会的全新视野，个人意见、行动及其相互关系被证明是社会共同体和人类普遍力量的实现方式。黑格尔相信，人类的"精神自由"正是由此才摆脱了空洞、抽象的境地，重新成为了人们的现实存在。但是，黑格尔并没有停留于政治经济学的观点。值得注意的是，在《哲学史讲演录》中，黑格尔只把政治经济学归在苏格兰常识哲学的名下，并断言后者的原则只是一些常识、经验的倾向，比如自利、社交本能和同情心，因此政治经济学所揭示的社会规律仍然没有摆脱自然的、经验的形态。②黑格尔指出，政治经济学的这种缺陷将会造成严重的后果，这就是虽然它看到了个人自由的社会价值，但是社会整体的运行机制对于个人的意识来说却仍然是不透明的，毋宁说是一种与自由毫不相干的自然的、机械的必然性奠定了人类社会的基础。政治经济学虽然表面上鼓吹"自由放任"，但这种自由只是假象，只是预设了个人自由与普遍利益的统一，社会的力量其实并不在个人自由的掌握之下。亚当·斯密的"看不见的手"印证了黑格尔的看法："在这种场合，像在其他许多场合一样，他受着一只看不见的手的指导，去尽力达到一个并非他本意想要达到的目的。也并不因为事情并非出于本意，就对社会有害。他追求自己的利益，往往使他能比在真正出于本意的情况下更有效地促进社会的利益。"③斯密将这种社会现象解释为，个人的自利倾向以及互通有无、以物易物的倾向所造成的机械规律，类似于自然界中的斥力和引力造成的物质关系。④然而，黑格尔却认为这恰恰表明在经济学中，人类还没有充分认识到自身的自由，没有能力从自然界接管它的全部现实生活。黑格尔提醒我们，近代

---
① 〔德〕黑格尔：《耶拿实在哲学》第1卷，第239—240页，转引自中国社会科学院哲学研究所西方哲学教研室编：《国外黑格尔哲学新论》，北京：中国社会科学出版社1982年版，第285页。
② 参见〔德〕黑格尔：《哲学史讲演录》第四卷，贺麟、王太庆译，北京：商务印书馆1978年版，第213—214页。
③ 〔英〕斯密：《国民财富的性质和原因的研究》下卷，郭大力、王亚南译，北京：商务印书馆1974年版，第27页。
④ 参见〔英〕斯密：《国民财富的性质和原因的研究》上卷，郭大力、王亚南译，北京：商务印书馆1974年版，第13页。

经济虽然创造了强大的社会力量，但它仍然受制于自然的必然性和盲目性，从而表现出财富的单一侧面增长，劳动阶层的依赖性和精神匮乏、贫困，生产相对于社会需求的过剩等一系列问题。[①]然而，按照政治经济学的立场，人类对此将是无能为力的，因为产生这些问题的正是人类最自然的倾向，而所谓的人的自由并不超出它的自然。黑格尔由此指出，必须超越政治经济学的自然主义立场，从人的意识和精神安排的角度理解经济与社会，人类才有可能通过调整自身的意识和活动控制他们所创造的社会经济力量，使之服务于人类在世界中的自由。

进一步来说，黑格尔虽然借鉴了斯密等经济学家对于社会的见解，认为市民社会的普遍利益和联系是由某种"理性的狡计"在超出个人意识的范围以外实现的，但是在他看来，"理性的狡计"并不是"看不见的手"。尽管社会机制形成于个人意识与行动的历史具有不可追溯性，但是社会对于人的精神来说，仍然在本质上是透明的，社会作为人类精神的创制物，总能被人所理解和控制。质言之，社会的特定部门及其相互的联系作为依靠人们的观念和行动维持的系统，总能被相关的社会成员所理解，人类的理性、精神能够通过一定的制度设计获取关于社会的完整认识，最终使社会的力量掌握在因自觉而自由的人类共同体（精神）手中。黑格尔对于近代市民社会的解读就是以此为出发点的。

在《法哲学》中，黑格尔分析了市民社会最基础的三个环节，即需要、劳动和财富的精神性，以此表明社会在根本上是人的意志和活动的创造物，能够被人完全理解和掌控。首先，"需要"是每个意识直接的对象，每个人都清楚自身需要的全部内容和性质，需要对于人的精神来说是一个最具透明性的环节。黑格尔正是由此出发，去证明社会的可理解性和可控性的。黑格尔指出，人类的"需要"，已经是不同于自然存在的精神的创制物，具有殊多化和精致化的特点。这种"需要"已经包含了与他人和社会的联系，因为只有在社会的相互支持中，需要才能摆脱自

---

① 参见〔德〕黑格尔：《法哲学原理》，张企泰、范扬译，北京：商务印书馆1961年版，第244—245页。

然形态,被精神无限细分、精炼而不至于自我毁灭。①需要体系的丰富性和相互依赖性是社会的直观内容,因此当个人追求特殊的需要时,它已经对自身与社会的关系心中有数了。与此同时,黑格尔还提到,需要作为精神、意识的创制物,能够被置于人的控制之下,人类需要的丰富性和创造性能够起到抑制、转移情欲的作用,这一点对于人类掌控社会和自身的自由具有重要意义。②其次,黑格尔认为,实现特殊需要的"劳动"是由人的精神、意识主导的活动。人的精致化、多样化的"需要"之所以能够得到满足,正是因为人有意识的创造了劳动的分工、合作以及相应的人际关系。在劳动的过程中人不仅需要与自然打交道,而且需要"适应别人的任性",人为了实现特定的需要即人与自然的关系,就必须为自身立法,建立特定的人与人的关系,彼此配合,才能适应必要的生产程序和技术手段,掌握超出体能范围的社会力量。③市民社会的特殊职业部门(公司或同业公会)正是以此为基础建立的。黑格尔由此认为,劳动的分工和组织方式对于精神来说,同样是透明的,是处于人的控制之下的,它们都基于个人共同设定的意志,并且在大多数情况下这种意志已经体现为人所共知的习俗观念。④最后,黑格尔从"财富"即"货币"的观念出发,揭示了社会经济生活在整体上的可理解性和可控性。市民社会是建立在交换基础上的普遍分工、合作体系。市民社会中的特殊需要,使个人被限制在满足单一需要的劳动上,个人的全部需要必须通过"交换"才能实现。人们因此必须学会衡量特殊需要之间的对比关系。黑格尔采纳了政治经济学的观点,认为"货币观念"正是人们衡量特殊需要之间的关系的尺度。"货币"代表了"普遍的需要",特殊需要的货币价值反映了它与"普遍需要"的关系,各种特殊需要由此能够在其货

---

① 参见〔德〕黑格尔:《法哲学原理》,张企泰、范扬译,北京:商务印书馆1961年版,第206页。
② 参见〔德〕黑格尔:《法哲学原理》,张企泰、范扬译,北京:商务印书馆1961年版,第206—207页。
③ 参见〔德〕黑格尔:《法哲学原理》,张企泰、范扬译,北京:商务印书馆1961年版,第209—210页。
④ 参见〔德〕黑格尔:《法哲学原理》,张企泰、范扬译,北京:商务印书馆1961年版,第207页。

币价值上进行对比，而这也就意味着人们的相互关系能够通过货币数量得到反映。①在《精神现象学》中，黑格尔将"货币"称为"事情自身"，并且指出：货币实现了人们对于社会物质生活的统一性的理解，"自我意识于是在事情自身中意识到了它对它自身的真正概念，或者说，它在事情自身中，即在已经对象化了的个体性与对象性（产品）的渗透统一中，意识到了它的实体（社会共同体）……事情自身……作为一种普遍的东西，包含着它的一切环节（特殊需要）于其自身"。②可见"货币"观念已经构成了个人对于社会整体关系的一种认知。个人由此才可能把自身的特殊需要、劳动与社会的普遍需要结合在一起。当然，这也就意味着，社会的普遍联系对于精神来说具有透明性，它反映在需要（产品）的价值上，人们能够据此调整自身，去适应和创造社会的共同生活。

通过对于作为近代市民社会的基础的需要、劳动和财富（货币）环节的分析，黑格尔成功地证明了市民社会是一个由人类意识创造和维系的自由领域，人们在其中有着自觉的目的和行动，并依照自身创造的观念实现了社会成员的相互配合和成果共享。与古希腊的共同体相比，黑格尔认为，市民社会在个人主观自由的基础上，实现了对于自然的多方面的探索和利用，创造出了丰富的知识和生活内容（需要），体现了人类精神的巨大创造力。同样，与基督教时代相比，个人的精神自由的理想，在市民社会中，也走出了人的内在信仰领域，被大规模的社会分工、合作以及在此基础上科学技术的广泛运用初步实现了，因为自由的直接内容无非是追求自身的目的，并有足够的力量和手段实现自身的目的。不仅如此，在市民社会中，个人行动虽然是为了自身的利益，但是它已经在根本上区别于希腊城邦解体以来、直到整个基督教时代的那种个人（中世纪农奴），后者虽然也利用文化和社会交往的力量，但是他们生活

---

① 参见〔德〕黑格尔：《法哲学原理》，张企泰、范扬译，北京：商务印书馆1961年版，第70—71页。
② 〔德〕黑格尔：《精神现象学》上卷，贺麟译，北京：商务印书馆1979年版，第272—273页。

的主要内容仍然是依靠自然而非社会,因此具有更顽固的私人性。在市民社会中,个人的每一个需要的满足,每一个行动,都指向他者和社会整体,追求一己私利的个人同时具备了最丰富的社会性。他们因此不仅在生产中发展出了确立劳动者之间关系的社会职业部门,而且也在货币和交换体系的基础上,发展出了协调所有者之间的关系以及不同社会职能部门之间关系的道德、司法体系和行政制度。可见,在市民社会中,个人虽然具有独立的自我意识,但是共同体生活已经得到了真实的复兴,个人终将认识到"社会的普遍联系"——共同体本身才是自身利益和自由的根源,从而将他们的精神和自由作为一个整体来对待。

当然,在黑格尔看来,市民社会还需要经历一次决定性的自我提升,才能完成实现人类精神自由的崇高使命,这就是将分散的个体自我意识,结合为有机的社会整体精神,亦即近代国家的建立。黑格尔在《法哲学》中指出,个人的自我意识虽然"只有在普遍性(共同生活)中才达到它的真理以及它的肯定现实性所应有的权利"①,但是自我意识起初并没有把市民社会的普遍联系视为自身的自由,而是把他当作一种与自身对立的外在必然性看待,自我意识因此经历了深刻的教训,这就是法国大革命。个人追求超越一切具体的和普遍的社会限制、规则的"绝对自由",结果收获的只是毁灭一切现实利益、自由的虚无主义和暴乱。②黑格尔意识到,革命的洗礼最终使个人收敛了狂放的心情,重新回复到具体的事业上,归属于有限的社会集团(职业团体),并且意识到个人事业的"相互依赖、全面交织",亦即社会的"普遍联系",对于自由的重要性。③自由的社会整体维度由此进入了个人的意识领域,共同体精神、伦理价值得到了自觉的复兴。黑格尔认为,近代国家的任务就是适应这种社会意识的变化,创造可靠的政治制度实现市民社会各部门及其成员之间的相互理解、配合,使社会能够作为一个有机整体致力于

---

① 〔德〕黑格尔:《法哲学原理》,张企泰、范扬译,北京:商务印书馆1961年版,第201页
② 参见〔德〕黑格尔:《精神现象学》下卷,贺麟译,北京:商务印书馆1979年版,第118—119页。
③ 参见〔德〕黑格尔:《精神现象学》下卷,贺麟译,北京:商务印书馆1979年版,第121页。

共同福利和精神自由的创造，同时也使它的各个组成部分获得充分的滋养，并分享到普遍伦理价值的光荣。黑格尔相信，国家之所以能够做到这一点，正是因为市民社会本身的各个环节，具有可理解性和可控制性。黑格尔说："国家是伦理理念的现实——是作为显示出来的、自知的实体性意志的伦理精神。这种伦理精神思考自身和知道自身，并完成一切他所知道的，而且只完成它所知道的。"①这正是因为市民社会的全部需要及其相互关系，都能通过交换体系中的价值因素获得反映，并能被特定的职业部门所掌握，国家通过使特殊职业部门参与立法事务，就能获取关于社会具体领域的知识，进而对它们及其相互联系做出思辨的、全面的考察，制定出调节、控制全部社会需要的法律和政策，并最终通过国家的行政力量，教育并引导社会成员认识自身即共同体的普遍利益，保障他们自觉而自由地参与共同体的各项具体事业，贡献个人的才智，赢得社会的尊重，最终实现个体需要与国家力量的统一，个人自由、价值与伦理精神的统一。

　　黑格尔相信，通过近代国家的建立，人类的精神创造的自由最终被实现为近代政治、经济制度和它们所拥有的科技与道德力量。人类现在清楚地知道自己创造并享有自身生活的全部内容和精神价值。对于世界，他再次有了家园般的感受，这个"伊甸园"是他的自由意识的作品，他不只是这里的看守者，而且是这里的主人。在黑格尔之后，只有马克思怀有同样的雄心，他们都相信，物质世界能够从属于人的自由安排，为人类精神的丰富性提供现实的基础，并且因为现实是人按照自己的计划创造的现实，现实生活本身就成了最高的艺术。人类将会生活着，并且感受着生活的美。

---

① 〔德〕黑格尔：《法哲学原理》，张企泰、范扬译，北京：商务印书馆1961年版，第253页。

第九章
康德、黑格尔对现代社会理论的升华

在近代思想史上,亚当·斯密开辟了社会理论的传统,以一种对市民社会的经验性分析取代了政治观念论的方法,确立了现代政治的核心是市民社会。与此同时,康德在更高的理性界面上恢复了观念论的超越性,通过把现代市民社会置于历史哲学的先验反思中,克服市民社会的自然主义维度。最后,黑格尔立足于整个现代性的成就之上,把市民社会重新纳入到了政治观念论的反思系统中,努力促成市民社会和政治国家的伦理统一。黑格尔政治哲学中对经济与政治关系的这一深度阐释,敞开了通向马克思政治哲学革命的道路,为最终唯物史观的创立铺垫了思想史的背景。

一、古今的政治观念论

所谓政治观念论,即观念论的政治哲学,它包括古代的政治观念论和近代的政治观念论,其共同特征在于坚持以一套理性体系理解政治的本质,把政治精神化和观念化为超越于感性自然的创制物。区分之点在于,古代的政治观念论依托的理性是客观的理性秩序,是理性和自然的同一性,绝对超验于每一个个体性和经验性;近代的政治观念论则把理性抽象化为主体理性和形式理性,坚持从心灵的内在需要和理想出发建构政治,而心灵则不依赖一切偶然的原因,并把经验、历史与习俗排除在政治哲学的视野之外。欧克肖特认为，近代理性主义政治在本质上是技术霸权和工程主义思维，相信理性的确定性能够建立绝对完美、放之四海而皆准的"一式的政治"，其伟大导师就是培根和笛卡尔，以及他们在《新工具》、《方法谈》等著作中对知识确定性的探求和技术崇拜。① 这个见识具有相当强的批判力，但他把近代政治哲学全部划归为单一的理性主义政治则显草率，而没有对近代的社会理论传统和德国古典哲学的思想史意义进行充分的解释，这导致他对近代思想本身的复杂性估计不足，从而极为保守地全面否定近代政治哲学所取得的重大成就。对此，本文试图从思想史出发揭示近代政治观念论（理性主义）向社会理论的范式变迁，以及它们最终在德国古典哲学中所经受的更高综合。

政治哲学是一门古老的学问，一旦人们把有关获得好的生活、好的社会的知识作为理论的目标，政治哲学就出现了。与一般的政治思想不同，"政治哲学是用关于政治事物本性的知识取代关于政治事物本性的意见的尝试"②，对知识和意见的区分使政治哲学中预设了有关人类生活的本质善的存在。在柏拉图和亚里士多德那里，对最佳政体的探讨第一次把政治哲学作为超越的伦理体系提升到了城邦的现实经验之上，他们认为正义的城邦及其法律是实现人的理念的手段，它引导公民趋向正义与道德，个人在城邦生活中通过道德生活而得到幸福。随着希腊城邦的衰落，斯多葛学派兴起并开创了个人主义的自然法理论，他们认为，个人通过内在的理智的沉思就能获得精神的自足，"将美德的生活及通过真善美而获得精神幸福的理念，置于粗鄙的感官享受、对财富的追求及生命的傲慢之上"③。同样，斯多葛派的自然法完美地体现了古代政治哲学的观念论特质，通过将自然与理性同质化，希腊的逻各斯精神被保

---

① 参见〔英〕迈克尔·欧克肖特：《政治中的理性主义》，张汝伦译，上海：上海译文出版社2004年版，第2、6、16页。
② 〔美〕列奥·施特劳斯：《什么是政治哲学》，李世祥等译，北京：华夏出版社2011年版，第3页。
③ 〔德〕海因里希·A·罗门：《自然法的观念和哲学史》，姚中秋译，上海：上海三联书店2007年版，第19页。

留在了自然法理论中，由此使得自然法超越于各种地方性法律之上并作为衡量其正当性的永恒法而存在。这种自然法作为对经验事实的超越，开创了西方政治哲学以"应当存在的正义"为尺度的理想主义传统，即以应然尺度而非事实尺度对政治的评价原则。①

古代自然法的先验理性主义特质一定程度上在近代哲学中得到了延续。近代政治观念论的表现形式是契约论，第一个为契约论提供严格的论证形式的是霍布斯，并随后在洛克、卢梭和康德的政治哲学中发展到更为多样的形态。霍布斯构建的是一种"原始契约"，他关注的是政治秩序的起源问题。这个起源必须追溯到自然状态，它是一种前政治状态，假定了人类的自然条件与社会条件的区分。在自然状态中，所有的人具有自然的自由和平等、相似的欲望和激情，生活就是不断追求欲望的满足，像斯多葛主义追求的心灵的内在宁静是不存在的。受欲望和激情的驱动，自然权利天然具有暴力性，由此引来了人们之间相互的威胁，导致自然状态下的生活难以为继，于是人们愿意转让出自我统治的权力，并将其授予一个共同承认的人格，即主权者。霍布斯之后，洛克对契约论进行了一次重要的修正，他一方面立足于霍布斯的个人主义前提，同时又通过对自然权利的绝对强调来限制政治权威。洛克笔下的政治权威只是一种有限的权力，其目的在于摆脱个人在自然状态下获取的不便，"简而言之，洛克的契约论是以个人生命、自由和财产权利的名义，为抵制政治权威进行辩护的理论"②。经过霍布斯和洛克，政治哲学从强调德性和不朽的古典伦理学变成了注重舒适和财富的现代权利体系。然而，近代契约论固然放弃了古代政治的道德超验性，但仍具有很强的观念论品质。古代自然法具有理性—神学的本体论基础，它相信自然是一套客观的理性秩序，政治世界的正当性奠立于此。随着近代实验科学的兴起，机械论的自然概念取代了古代目的论的自然概念，客观的理性秩

---

① 参见张盾：《马克思政治哲学中的个人原则与社会原则》，载《中国社会科学》2013年第8期。
② 〔英〕迈克尔·莱斯诺夫：《社会契约论》，刘训练、李丽红等译，南京：江苏人民出版社2006年版，第74页。

序蜕变为主体的形式理性，从而破坏了古代自然法传统。当霍布斯、洛克把自然法置于人的自然理性时，结果使政治哲学从超验的伦理体系转向人类学中心主义，契约论的深层含义是：政治社会从来不是天然存在的，而是理性选择的结果，但理性本身却并不构成政治社会的目的，而是争取个人利益最大化的计算工具。政治社会作为个人选择的结果，表达了自身为一种理性的构造之物。

到了洛克，财产权、有限政府等自由主义的政治概念已经确定下来，但由于契约论必须预设"自然状态"，他们并不能理解现代社会的"社会性"本身，其社会概念具有根本性的困难。按照契约论的功利主义逻辑，其他人的效劳是我们达到目的的必然手段，最直接、最有效的手段就是暴力和欺诈，结果必然造成互相的毁灭和征服。帕森斯认为，霍布斯的社会概念"几乎没有规范性的思考"，当他以社会契约来解决规范性时，"实际上是在要紧处把合理性的概念从它本身的范围里扩展到了这个理论的其他方面去，直到行动者认识到处境是一个整体，而不再从自己最切身的处境考虑去寻求各自的目的，从而采取必要行动来清除武力和欺诈，牺牲进一步使用暴力和欺诈会得到的好处，以换取安全"。①也就是说，霍布斯对社会规范性的思考其实是"政治的"，虽然显示了观念论的建构力量，但恰恰表明纯粹的观念论原则对社会自身的构成问题并不具有内在的理解性。针对这一难题，卢梭在政治观念论内部通过把理性主义推向极致寻求新的解决方案。在《社会契约论》中，卢梭不再对契约论进行历史勾画，把关注的问题核心转向理想中的政治秩序"应当"如何建成。"应当"的政治来源于人性中具有普遍维度的理性原则，理性不是工具性的，而是共同的目的本身。在真正的政治社会中，每个人都放弃对一己私利的关心、并欲求全体欲求的普遍对象，由此建成一个关注公共利益、具有共同意志的道德共同体。这是一种理想的契约，它虽然奠基于政治个人主义，把政治社会理解为理性个人的自主选择的结果，

---

① 〔美〕塔尔科特·帕森斯：《社会行动的结构》，张明德等译，南京：译林出版社2003年版，第104—105页。

但同时超出了个人主义的形式理性,就其表达政治社会的普遍理念而言,直接超拔于每一个特殊意志,并作为引导共同行动的根据。因此,理想契约的观念其实正是柏拉图理念论的现代表达,它们所共同昭示的内涵是,政治哲学作为一种观念和理性的创制,不是对任何一种经验事实的描述,而是作为一种理想的(ideal)正义引导现实。在这个意义上,卢梭把政治观念论发展到了极致,在霍布斯和洛克开创的政治现代性之上,重新恢复了政治观念论的道德内涵和对自然事实的超越。

二、斯密与社会理论的兴起

事实上,真正揭示了现代社会之"社会性"的并非这些观念论者,而是当时的苏格兰启蒙哲学家。受孟德斯鸠的政治思想和牛顿的自然科学的影响,苏格兰学者更注重对社会—经济层面的分析,其中最伟大的思想家是亚当·斯密。孟德斯鸠是现代社会理论的源头式人物,他在《罗马盛衰原因论》中写道:"世界不是由命运主宰的。这一点可以问罗马人,他们在某个方面有过持续的繁荣,但在另一方面却屡遭失败。这中间有精神和物质的普遍原因。这些因素在各个朝代中起着作用,或者使其兴旺,或者使其维持原状,或者使其走向衰亡。"[①]对这些普遍原因的解释,必须到一定的地理、气候、风俗、贸易、人口等自然和社会要素中去寻求,在此,孟德斯鸠超出了对政治本质的纯粹观念论的理解,接近到一种唯物主义的分析思路。同样,受牛顿自然科学的实证方法的影响,苏格兰学者们认为,那些大谈自然状态的人枉顾事实,并没有像自然史学家那样遵循严格的经验论方法,社会契约论主要依据的是"假设"、"推测"与"想象",[②]人类在社会状态之前并不存在一个自然状态,所谓的自然状态其实就是社会状态,从没有一个签订契约的历史时刻,

---

① 转引自〔法〕雷蒙·阿隆:《社会学的主要思潮》,葛智强、胡秉诚译,上海:上海译文出版社1988年版,第21页。
② 〔英〕亚历山大·布罗迪编:《苏格兰启蒙运动》,贾宁译,杭州:浙江大学出版社2010年版,第231页。

人类社会是自然史的演进结果。在这其中,斯密对现代社会的"社会性"提供了最深刻的解释,并成为现代社会理论和古典政治经济学的奠基人。

斯密自诩为"社会科学的牛顿",他要在社会科学的研究中实现牛顿般的成就,这项工作不能从任何预设的观念出发,必须对社会自身进行经验的、实证的研究,以社会原因来解释社会现象。政治观念论者认为,社会的构成是由于当人们生活在一起时为了共同生活安排的成本和效益,根据一定的理性原则来选择的组织形式。这种先验理性主义的解释是斯密反对的,在思考现代社会时,斯密不再运用政治性的概念,在其著作中不再具有关于自然状态和政治状态的区分,而是把经济关系和社会的组织模式作为界定野蛮与文明的标准,划定了最高的、合理的经济生活形态与其他劣等的社会组织形式的区分。因此,社会体制直接出自某种生活物质条件,是特定历史时期的财产制度与风俗。通过历史勘察,斯密指出,封建势力的消亡是逐渐到来的,促成这一后果的并不是靠法律的颁布,而是商业和制造业那悄无声息的运转,是以财产和风俗的形式出现的社会变革。这个过程经历了四个历史阶段,分别是最早出现的野蛮而低级的狩猎民族社会、更高一级的游牧社会、定居式的农业社会以及最后出现的最为进步的文明社会。[①]文明社会的本质是商业社会,这时农业、制造业、商业全面兴起,大范围的普遍交往逐渐形成,社会阶层趋于同质化,传统共同体的生产和生活关系被以财富获取为目的的市民生活所取代。这种社会类型是斯密政治哲学的研究对象。

斯密的"历史四阶段论"先于历史唯物主义思想就社会和政治的关系进行了正确认识:"在经济决定政治这一点上,斯密的工作在自由政治思想史上标志着一个重要的分水岭,它代表着这样一个决定性时刻,即无论是好是坏,自身规范的社会与经济领域的'科学'概念,被认为是统治着伦理和政治领域的,而伦理和政治以前则被认为是独立的领域。"[②]

---

① 〔英〕亚当·斯密:《国富论》,谢宗林、李华夏译,北京:中央编译出版社2011年版,第五卷第一章。
② 〔英〕唐纳德·温奇:《亚当·斯密的政治学》,褚平译,南京:译林出版社2010年版,第6页。

在政治和社会之间，斯密认为政治发乎人为，（文明）社会出于自然。文明社会脱胎于大自然的历史计划，它作为自然的工具努力促成人的自我保存和生命延续。斯密指出，过去的那些大封建领主和僧侣由于聚敛了大量自身无法用尽的财富和粮食，通常赠与仆从和家奴，由此形成了封建的人身依附关系。但随着商业交换逐渐发达，他们不愿再将其散于众人，而宁愿换来一些奢侈品进行享受，由此不得不放弃建立在财富统治上的政治权力，最终带来了封建社会人身依附关系的解体。商业社会就根基于这种人的趋利避害、自我保存、追求舒适的自然本性。当现实的财富出现剩余、个人只能消耗极为有限的部分时，开始把消费不了的剩余物交换自己所需要的别人的劳动剩余，"于是每个人都得靠交易生活，或者说，都在一定程度内变成了商人"①。因此，商业交换和社会分工就是这种自然本性自由发展的结果："分工的形成，是因为人性当中有某种以物易物的倾向；这种倾向的作用虽然是缓慢的，也完全不问分工是否会产生广泛的效用；然而分工却是这种倾向必然产生的结果。"②斯密所说的文明社会就是商业社会，社会的繁荣和衰落直接源自个人的成功与荣辱，它的产生不是来自理性的选择，而是个人出于生存需要导致的不同激情相互碰撞的结果，这种结果构成了不同的历史阶段和社会制度。商业社会之所以是最佳的社会模式，就在于它发乎人性、最为自然，它容许个人自由地凭一己之力去改善自己的条件。

斯密的社会概念是对政治个人主义的商业化和历史化，但自利的个人和激情的碰撞却未必导致"一切人对人的战争"。自然本身是一种自发的原理，个人受内在需要的推动而活动，这种自发性行为的结果却产生了一个超出任何个人意志的社会组织，它自身具有一定的规范性和整合性。就此，沃林把斯密的社会概念描述为一种"非政治性模型"，"是一个由各种相互作用的力量所组成的封闭体系，无需一股'外部的'政治

---

① 〔英〕亚当·斯密：《国富论》，谢宗林、李华夏译，北京：中央编译出版社2011年版，第22页。
② 〔英〕亚当·斯密：《国富论》，谢宗林、李华夏译，北京：中央编译出版社2011年版，第12页。

力量的帮助而能够维持它自己的存在。"①契约论纯粹的政治建构表明，它还不能够理解现代社会的本质，更不可能就社会关系提供合理的认识。同样，经济学在古代和中世纪之所以没有成为一门社会科学，就在于经济活动本身还没有成为社会的普遍活动，商业被看成非正常行为，政治权威为了社会利益而压制了个人。文明社会的整合性在于，虽然每个人都从自己的利益出发，但在分工发达的市场社会中，个人之间因为利益纽带而形成普遍的交往和合作，从前狭隘的地方性生产被社会化的工业生产方式所取代，由此必然促成了劳动生产力的进步。在《国富论》中，斯密有一段非常重要的话：

"我们每天有吃有喝，并非由于肉商、酒商或面包商的仁心善行，而是由于他们关心自己的利益。我们诉诸他们自利的心态而非人道精神，我们不会向他们诉说我们多么可怜，物质又是如何匮乏，而只说他们会活得什么好处。"②

这个例子说明，自利是促使人的经济活动的原初动机，虽然与仁慈和善行相比，每个人在经济行为中对于他人的利益并不关心，但这并不意味着自利就等于自私，它只是人的不偏不倚的自然情感，结果导致的合作与协助却是自然的。经济关系的客观性就在于它是物质的、无偏见的，仁慈和美德在这种关系中没有地位。因此，霍布斯的自私贪婪的个人是反社会的，斯密的个人则从自利中生发出了社会性。商业社会中的个人利益和社会福祉并不冲突，而是通过合作、分工和贸易而相互一致，这种一致性就是那个广为人知的比喻——"看不见的手"："他通常确实无意于增进公众利益，也不知道自己增进了多少公众利益。他偏好维持国内勤劳甚于维持国外勤劳，只因他想确保自己的资本安全；他努力引导这个国内勤劳，使它的产出尽可能有最大价值，为的只是想尽可能增加他自己的利益；结果，在这种场合，和其他许多场合一样，他宛如被

---

① 〔美〕谢尔登·S·沃林：《政治与构想：西方政治思想的延续和创新》，辛亨复译，上海：上海世纪出版集团2009年版，第310页。
② 〔英〕亚当·斯密：《国富论》，谢宗林、李华夏译，北京：中央编译出版社2011年版，第13页。

一只看不见的手引导,增进了一个在其意图之外的目的。而且,社会也不会因为这个目的不在他意图之内而一定更糟。经由追求他自己的利益,他往往会比他真想增进社会利益时更有效地增进社会利益。我从来没听说过,有哪些装模作样要为公众利益而经营贸易的人完成多少好事。"①

对此,政治经济学家凡勃仑认为,"看不见的手"是对传统自然法思想的隐喻。②这个见识略显表面,它忽视了斯密的社会概念对政治观念论的超越意义。无论是在古代还是近代,自然法本质上都是超出现实社会关系的先验理性秩序,但斯密这里只是一个解释性话语,是以对市场的事后性态度表述受利益驱动的行为如何产生超出预料之外的社会的普遍福利。"无形手的形象让大家看到,人即使是在自然的局限中,他的私欲与多数人的好处也可以调和起来……在维护生存的事上,惹人讨厌的利己主义色彩,就像机械运作般,给改换成对社会、对人类有利的行为。"③这种自然和谐的实现必须依赖一定的制度前提来保证市场的自由竞争和公平交换原则,斯密对政府干预经济的行为极为反感:

"他(政府——引者注)似乎以为,他能够像下棋的手安排棋盘上的每颗旗子那样,轻而易举地安排一个大社会里的各个成员……但是,在人类社会这个巨大的棋盘上,每一颗旗子都有它自己的移动原则,完全不同于立法机关或许会选择强迫它接受的那个原则。"④

因此,"看不见的手"并非在描述一个先验的事物规律,它只是表达了自由市场在自然正义条件下取得的和谐的效果。在这个意义上,斯密认为个人利益和社会秩序真实地具有一致性,社会具有内在的规范性,而不需要任何政治权威的外部干预。

---

① 〔英〕亚当·斯密:《国富论》,谢宗林、李华夏译,北京:中央编译出版社2011年版,第511页。
② 〔美〕托尔斯坦·凡勃伦:《科学在现代文明中的地位》,张林、张天龙译,北京:商务印书馆2012年版,第101页。
③ 〔美〕约瑟夫·克罗普西:《国体与经体:对亚当·斯密原理的进一步思考》,邓文正译,上海:上海人民出版社2005年版,第165页。
④ 〔英〕亚当·斯密:《道德情操论》,谢宗林、李华夏译,北京:中央编译出版社2011年版,第295页。

三、康德、黑格尔与政治的回归

随着斯密经济学的完成,近代政治哲学形成了一条超越政治观念论的社会理论的道路。在方法论上,政治观念论以静态的、先验的理性主义方法寻求具有精确性和终极性的制度规范,社会实在论的研究则诉诸历史的、经验的方法强调经济与制度的相对性和历史性。斯密超出了纯粹的政治性思维,发现市民社会是一个自身具有内在规范性的系统,是有别于一切政治设置的一个实体。在价值立场上,这种经验的、历史的、社会观点的政治哲学成功地反对了古代政治的道德主义观点,相信成功的社会不再需要依赖某种独特的政治德性,借助真实的人性(自利),道德和公正能在暗地里进行运作,实现一个不为个人所预见的社会全体和谐的结果。相反,一种人为的社会制度,当其竭力将理性和道德抬高到自然之上以刻意促进共同善的时候,却只会产生对社会的伤害作用。①

尽管如此,斯密并非对市民社会造成的现代难题视而不见,他充分注意到了商业文明的根本缺陷:个人在劳动分工中"变成一个极端愚蠢与无知的人……他那种生活模式甚至会腐蚀他的身体活力,使他无法精神饱满且不屈不挠地在任何工作上运用他的力气,除非是他习于从事的那种工作"②。在这一问题上,后来马克思的异化劳动论可谓斯密观点的延续,但斯密认为这是一个在文明社会兴起过程中的"必需阶段",或者说这是人类在追求文明社会中必须付出的代价。

在斯密所止步之处,进一步反思市民社会构成了德国古典哲学的历史语境,并且一度被否弃的观念论方法重新被德国哲人所复活,在更高层面上融合了政治观念论和社会理论传统。康德的伦理学和黑格尔的国

---

① 参见〔英〕R.N.伯尔基:《马克思主义的起源》,伍庆、王文扬译,上海:华东师范大学出版社2007年版,第72页。
② 〔英〕亚当·斯密:《国富论》,谢宗林、李华夏译,北京:中央编译出版社2011年版,第904页。

家哲学是这一思想史进程的两个节点。

通常认为，康德伦理学的根本特点在于通过划分自然与自由的界限，把感性、激情、欲望全部划入了人性的自然界面，并把纯粹意志的自我立法认定为自由，由此第一次超出了传统伦理学的自然主义倾向，开创了同近代功利主义不同的先验伦理学。但康德伦理学并非是无关现实、只求内省的纯粹意志自由，其先验方法的背后积淀着深沉的历史感。面对历史，康德不满足于经验论的方法，而是要从感性杂乱的历史事件中反思出一条具有目的的理性历史进程。这种从特殊性中见出普遍性、于杂乱中发现秩序的是反思判断力，从更深远的思想史来看，反思判断力延续了政治观念论的道德"应然"，是一种规范视角。这种具有敞开性的历史概念是一种"无目的的合目的性"，它把近代政治观念论的理性概念重新伸张为一条超验的精神原则，作为先验反思系统中的"范导性理念"超然于现实之上并构成评判现实世界的尺度。斯密的社会概念始于自利的个人，止于普遍和谐的社会。但这里似乎发生了从事实向价值的僭越，以康德哲学的视角看，社会的自发性不可能完成这个实际上超出了社会自身的理性目标，因为纯粹的自发性只是自然性，现代思想立足于机械性的自然概念之上，自然和自由之间的隔阂注定难以敉平。然而，在反思性判断力的目光中，自然可以被具有立法能力的存在者赋予具有丰富的、可敞开的秩序和意义。大自然的目的是可被期待、可被认识的，它在人的力量的对象性建构中展开为世界和历史。①因此，康德的历史概念不是僵硬的自然史，而是把自然容纳于观念论反思的道德史。

从长远来看，生产活动作为人与自然界的最根本的交涉活动，其意义就不仅仅在于满足感性需要，最终则是要有意识地使自然界服从于整个目的系统的最后目的，一个伦理的目的王国。在满足感性需要的层次上，人类在理解自然、创制自然中发挥"适应性"，追求"幸福"。然而，"幸福"即使单纯作为人性的自然主义层面的界定，实际也已经超越了坚

---

① 〔德〕康德：《历史理性批判文集》，何兆武译，北京：商务印书馆1990年版，第157页。

硬的自在自然，提升到了精神的反思维度，它"只是对某种状态的理念，他想要使该状态在单纯经验性的条件之下与这理念相符合（而这是不可能的）……以至于就算自然完全屈从于他的任意，自然却还是根本不能为了与这种动摇不定的概念及每个人以任意的方式给自己设置的目的协和一致，而表现出任何确定的、普遍的和固定的规律"①。

因此，"幸福"是人超越感性经验的对自然提出的更高要求，即使最粗陋的物质生产活动，也已经受到了精神的社会观念的浸润，根本不同于动物的自发性本能。市民社会和自由国家制度就是"地上的幸福"被现代人有意识反思的结果，"它被理解为人的一切通过在人外面和内面的自然而可能的目的的总和；这是人在地上的一切目的的质料"②。当历史行进至此，人类作为地球上唯一具有知性、能够给自己建立目的的存在者，必然要反思到"地上的幸福"只是一种过渡，最终目的应该是进一步扬弃质料存在而达到纯形式的"文化"阶段。文化是人作为理性存在者的区别于自然的标志，是人与自然之间"适应性"的生产过程，它"把意志从欲望的专制中解放出来"不再让本能充当我们的枷锁，从而为了更高的理性目的来驯化感性。③康德认为，社会分工固然难免导致劳动异化和社会不平等的出现，这却正是法制、道德、科学、艺术各种文化形式得以生长的契机，现代社会必然是一面生产大量的财富与文化，一面生产苦难和不公的社会。④但这并不表明必须任其随意发展，政治必须在此获得一种积极的理解：政治不是和社会相互对立的外在关系，相反，政治和法律是社会自身被得到有效反思并从中生长出来的内在需要，是对社会自然的"教化"，它作为自然实现最终和谐的"形式条件"，用来规训人们之间的冲突。康德重新恢复了建立在市场之上"公民社会"概念，只有在公民社会中人的自然素质的才可能得到最大发展，才可能"把服务于文化的一切才能发展到最高的程度"，从而为文化的"第二个

---

① 〔德〕康德：《判断力批判》，邓晓芒译，北京：人民出版社2002年版，第286页。
② 〔德〕康德：《判断力批判》，邓晓芒译，北京：人民出版社2002年版，第287页。
③ 〔德〕康德：《判断力批判》，邓晓芒译，北京：人民出版社2002年版，第287页。
④ 〔德〕康德：《判断力批判》，邓晓芒译，北京：人民出版社2002年版，第288页。

要求"科学和艺术的"教养"做好准备。①

同斯密的经验论的社会概念相对,法律和社会经由康德的先验反思被提升到了文化和道德的界面上,由此以哲学人本主义的形式促成了自由主义政治的回归,这一思路在黑格尔的政治哲学中最终得以完成。同康德一样,黑格尔哲学在富于思辨的表述中容纳了对社会经济和政治关系的反思,在描述经济问题时又致力于将其提升为一种人本学内容,这使他超越了德国浪漫主义学派对社会异化的审美救赎,从而能够立足于现代社会的内部结构去思考现代社会的团结问题。

黑格尔看到,随着现代商业文明的兴起,近代社会生活取得了高度分化的形式,这种社会领域的分化不是一个堕落的过程,相反却蕴含着某些价值的丰富性和文化的复杂性。在理解了古典政治经济学之后,他把注意力集中于近代社会结构内部,寻找建立新的社会团结形式的可能性。近代社会是个人主义得到全面伸张的时代,其直接基础是经济关系中的个人主义,黑格尔就是要把古典政治经济学的基于个人主义原则上的"自然和谐论"预设实现为一种真实的社会制度安排。古典政治经济学的见解是,私有财产和劳动分工的确立使市民社会从政治权威和宗教氛围中分化出来,创造了独立于国家和家庭的中间领域,其政治意义是使个人从封建的依附关系中解脱出来并依靠劳动而自己生活。正是在这一经济—历史事件中,孕育着实现个性的丰富性和社会性之统一的完整形式的可能性。黑格尔认为,个人劳动固然表面上为了满足一己需要,但劳动的本质却是社会的、普遍的内容:

"每个人的工作按其内容来说是普遍的劳动,既看到一切人的需要,也能够去满足一个个人的需要;换句话说,劳动是有价值的。单个的个人的劳动和财产,并不是它们对他个人来说所是的那种东西,而是它们对一切人来说所是的那种东西。需要的满足是一切特殊的个人在其相互关系中的一种普遍的依赖关系……每个人虽然是具有需要的个人,却变

---

① 参见〔德〕康德:《判断力批判》,邓晓芒译,北京:人民出版社2002年版,第289页。

成为一个普遍的东西。"①

所以,劳动的本质不是个人劳动,而是社会劳动,是满足社会需要的行动。社会劳动和社会需要是直接的自然需要同观念的精神需要之间的环节,市民社会作为"需要的体系"含有解放性的一面,自然状态下的自然满足只是自在的非反思阶段,自由存在于"精神对自然的反射中"②,即只能实现在社会关系中,使人超出直接的自然规定并朝向自由个性的发展和社会性的统一。市民社会就是这样予以特殊性(个人)以全面发展和伸张的权利,但它却必须以普遍性形式(社会)的中介来实现、并受到普遍性的限制,这是对特殊性的"教养",个人必须把自己提高到社会维度从而学会作为一个"人"去生活,"特殊的东西必然要把自己提高到普遍性的形式,并在这种形式中寻找而获得它的生存"。③所以,特殊性原则只是市民社会的非反思的假象阶段,普遍性和伦理才是本质。市民社会的兴起固然瓦解了直接性和自然性的家庭伦理,但却可以通过克服这种分化达到理念的现实性。

沿着康德的道路,黑格尔认为这个对市民社会进行"教化"的伦理毕竟是真实存在且能够达到的,这必须在更高的阶段上重新召回政治观念论的幽灵,以使伦理的理念实现为一种切实的制度安排。黑格尔意识到,如果靠市民社会的自发生长,"这种解放是形式的",社会需要的无限性必然导致奢侈和贫困的同步增长,必须超越市民社会的非反思环节进入到自由的更高规定,经由司法体系和警察、同业公会,最终复归国家。同斯密相区分的决定之点在于,黑格尔不仅重新认识到了市场的有限性,并且力图建构积极的政治力量来克服市民社会的内在危机。首先,基于自发性的市民社会固然生长着相互依赖和社会团结的伦理力量,但这种自发性模式具有一定的偶然性,社会体系的保持相当脆弱,"人数众

---

① 〔德〕黑格尔:《耶拿时期实在哲学》,转引自中国社会科学院哲学研究所西方哲学教研室编:《国外黑格尔哲学新论》,北京:中国社会科学出版社1982年版,第284页。
② 〔德〕黑格尔:《法哲学原理》,张企泰、范扬译,北京:商务印书馆1961年版,第208页。
③ 〔德〕黑格尔:《法哲学原理》,张企泰、范扬译,北京:商务印书馆1961年版,第201、217页。

第二论题 黑格尔与"精神"观点的现代复兴

多的阶级赖以维持生活的一些工业部门,由于时式的改变或由于别国的新发明而造成的产品跌价等等,而突然破产倒闭",结果,"(市民社会)这个体系以一种盲目的、可怕的方式向这个或那个方向运动,就象一头野兽那样要求加以管制和束缚"。①所以,必须建立一个公共权威和警察机制能够对需要的体系进行一定的调节,否则由于经济生活的内在紧张就可能导致内在的团结形式遭到破坏。

在这个意义上,黑格尔把斯密所定义的管理型政府扩大为积极的介入力量,但公共权威并不是要一手操控市场,而是要力求在放任主义和绝对管制之间保持必要的张力。因为个人事业的发展和市场的平衡是现代性取得的重要成就,绝对管制型的政府必然造成了个人和国家之间的异化,就此而言,绝对的威权政府和彻底的放任主义都是错误的:"现在流行着两种主要看法。一种看法主张警察应对一切事物实行监督;另一种看法以为警察在这里没有什么可规定的,因为每个人会按照别人的需要来指导自己的行动。"②

合理的观点应该是个人事业和社会利益的和谐一致,个人事业并不消失在公共权威中,却正是只有在现代国家中才能得到保持。最终,理念中的政治国家应该得到这样安排:"普遍物既不能没有特殊利益、知识和意志而发生效力并底于完成,人也不仅作为私人和为了本身目的而生活,因为人没有不同时对普遍物和为普遍物而希求,没有不自觉地为达成这一普遍物的目的而活动。现代国家的原则具有这样一种惊人的力量和深度,即它使主观性的原则完美起来,成为独立的个人特殊性的极端,而同时又使它回复到实体性的统一,于是在主观性的原则本身中保存着这个统一。"③

这种统一的实质是个人与社会、私利与公共善的统一,建立在个人所有权原则之上的现代市民社会,其实仍是一种"自然状态的残

---

① 〔德〕黑格尔:《耶拿时期实在哲学》,转引自中国社会科学院哲学研究所西方哲学教研室编:《国外黑格尔哲学新论》,北京:中国社会科学出版社1982年版,第289页。
② 〔德〕黑格尔:《法哲学原理》,张企泰、范扬译,北京:商务印书馆1961年版,第240页。
③ 〔德〕黑格尔:《法哲学原理》,张企泰、范扬译,北京:商务印书馆1961年版,第260页。

余"①，通过伦理国家的再政治化就是要重建一种能够超越市民社会的私人状态的团结生活的可能道路。黑格尔的国家概念已经超出古典政治经济学对政治作为行政手段的功能性解释，国家不是市民社会的附庸，市民社会只是"伦理性东西的现象界"②，政治才是伦理的本质，它通过客观的政治制度设计实现在我与他人积极的肯定性的关系中。古典政治经济学所希求的社会和谐，只能通过这一道德性政治的联合方式实现，在这一政治共同体的安置中，公共善将作为政治的最高目的，个人利益在这一公共性框架内被重新安排为合法的权利。同时，现代个人通过把自身提升为一个政治人格参与到国家当中，并成为真正社会关系的存在，从而扬弃市民状态的利己主义特征。在这个意义上，国家才是真正的社会原则和伦理，是近代政治经济学和市民社会理论的最终目的和最高愿景。

四、对历史唯物主义的启示

自斯密开始，政治哲学必须立足于市民社会之上重思人类生活的安排方式。在斯密描绘了乐观的市民社会图景的同时，德国哲人运用概念的思辨把近代政治经济学揭示的现代社会的结构图示重新纳入到哲学的反思中，通过这种方式把作为新科学的政治经济学同一般的人性发展理论联系了起来。同样，马克思受德国古典哲学影响最深刻的地方，就在于能够把政治经济学和哲学人本主义相互融合，即把真理诠释为整体。

在马克思那里，政治观念论和社会理论被置于更高的反思界面中，实现了对斯密至黑格尔政治哲学的更高综合，要点有二：一方面，通过批判"德意志意识形态"，马克思放弃了对市民社会进行"政治超越"的德国道路，退回到了英国政治经济学对市民社会问题的原初探索。在这

---

① 〔德〕黑格尔：《法哲学原理》，张企泰、范扬译，北京：商务印书馆1961年版，第211页。
② 〔德〕黑格尔：《法哲学原理》，张企泰、范扬译，北京：商务印书馆1961年版，第195页。

条道路上，马克思继承了古典政治经济学的经验论和实证性方法，坚持从特定时代的物质生产方式出发揭示此一社会的历史性结构以及奠立其上的法律和政治制度类型及其相关意识形态的本质，斯密的"历史四阶段论"构成了马克思历史唯物主义的重要理论来源。另一方面，由于黑格尔政治哲学对市民社会的批判及其把真正的社会概念提升为伦理，马克思进一步把观念论伸张为一条批判资本主义现实的规范性原则，以此揭示了资本主义社会关系陷入全面的物化逻辑。通过对资本主义的物化逻辑的批判和建立在消灭私有财产权的基础上自由生产者的联合，在共产主义"真正人的"世界图景中，将实现人的自由个性和社会性的统一。就这两个方面来说，没有规范性维度的政治经济学研究必将沦为非批判的实证主义，缺少事实性的政治哲学研究也难免沦为观念论的独白，作为马克思哲学本真精神的，将是政治经济学的事实性维度和政治哲学的规范性维度的最终融合。

第三论题

马克思对近代西方政治思想的综合与超越

第十章
马克思的政治存在论

毋庸置疑，无论是作为思想家，还是作为革命家，马克思终其一生的关怀都是人的自由和解放问题。就生存论意义上而言，政治即人的命运。这个政治不是指现实中的权力关系、党派政治，它是一个生存论和价值论的概念，是说人的任何存在方式作为一种选择和决断的结果，它表达特定生活世界中的某种价值诉求，是对自身存在觉解。在这个意义上，政治具有本体论意义。这使我们从政治哲学的视角解读马克思的思想具有了合理性。马克思的历史唯物主义首次以一种真正存在论的视角去理解人和世界的存在，而哲学存在论的变革直接地具有政治意义，必须把马克思的存在论理解为政治概念才会避免落入思辨形而上学的窠臼。同样，对马克思政治概念的理解也必须提升到存在论的高度，才能揭示出马克思在何种意义上超越了近代启蒙政治传统。本文对此试予澄清。

一、自然：现代政治自主性的逻辑起点

政治哲学在当代成为显学并非偶然，这说明困扰当代人的主要问题不再是传统的知识问题了，而是自由、权利、财产等社会政治生活中的实践问题。这些问题并非都是现代社会的新问题，而是有其内在的演变逻辑和历史秩序，历史地追问政治哲学的本性及其流变因此显得十分必

要。施特劳斯关于政治哲学本性的观点颇具洞见，按他的理解，"政治哲学是用关于政治事物本性的知识取代关于政治事物本性的意见的尝试"①。因此，政治哲学不同于一般的政治思想，一般的政治思想对关于事物"意见"和"知识"的区分漠不关心，政治思想的外延包括了政治哲学；同样，政治哲学不同于政治神学，政治神学论述的任何政治教诲必然以某种神启为基础，而政治哲学则限于人类理性所及的知识；最后，政治哲学也不同于现代政治科学，现代政治科学受近代实证主义意识形态的影响，被彻底经验化和碎片化，自觉放弃了对政治事物本性之"整全"的追问。②

按此理解，传统政治哲学本质上奠基于对政治事物本性（nature）的知识的信念，即以理性的方式把握事物的"自然"（nature），从而把政治哲学的最高目标定义为追寻"最佳政治秩序"的尝试。③从这一问题视角看，"自然"的概念构成了政治哲学的存在论基础，政治哲学的出现必须依赖于对世界之整体性的洞见。因此，对"自然"的揭示就并非仅仅作为一个"物理学"或"自然哲学"的问题而出现了，在深层上，古今政治哲学的源流分殊可以判定为哲人对"自然"进行逼问的不同后果，并由此催生出哲人们对人世进行秩序建构和制度安排的各不相同的理论方案。

在古典政治哲学中，自然万物内在于一个统一的宇宙秩序当中，宇宙、自然及其之内的一切生物都是一个个生命体，自然宇宙是最高的生命体，具有优越性和完美性。④这一宇宙论秩序预设了一个目的论的由低到高的价值系统，因此自然本身就是一套价值等级序列，万事万物在

---

① 〔美〕列奥·施特劳斯：《什么是政治哲学》，李世祥等译，北京：华夏出版社2011年版，第3页。
② 参见〔美〕列奥·施特劳斯：《什么是政治哲学》，李世祥等译，北京：华夏出版社2011年版，第3—9页。
③ 西文"nature"兼含"本性"、"本质"和"自然"之义，自然既意旨通常意义上的外在自然界，同时也指涉内在自然，即本性、本质，作为人的内在自然有时等同于感性，本文分不同情境而取不同含义和用法。
④ 参见〔希〕柏拉图：《蒂迈欧篇》，谢文郁译，上海：上海人民出版社2005年版，第66页。

这一宇宙论图景中分有了自身的位置。在柏拉图的政治哲学中，正义、智慧、勇敢和节制这四种德性就安排在这样一种价值等级系统当中，社会政制等级与其相对应，它们共同接受自然目的论的引导，从而构成了一幅天人统一的内在善的政制秩序。过符合自然本性的生活就是人的德性，符合自然秩序的制度就是道德政治。总之，古典政治哲学在本性上乃受制于一种和自然目的论相融通的超验伦理学规约。从这一超验维度出发，古典政治哲学最终旨在培养有德性的公民，追思"人应该如何生活"。对于这一点，卢梭在《论科学与艺术》中曾经激烈批判现代商业社会，怀念古典政治的道德情怀和爱国主义传统。而马克思则同样在《1857—1858年经济学手稿》中，以历史社会学的方式认识到，不同于现代以财富积累为目的的社会组织形式，古代所有制方式的最终目的在于"造就最好的国家公民"①。

然而，古典的道德政治必然否定自身。按照施特劳斯、莫内等思想史家的揭示，古典政治哲学衰落的必然原因正在于其过高的理想主义和人性预设，以及过强的道德期待和价值标榜。②因此，古典政治哲学的最高理想、"最佳秩序"不但难于实现——依赖于不可靠的"机运"——而且还成为各种政治群体之间因价值的冲突而引起的战争和祸端的根本原因。欧洲历史上的宗教战争就是例证。马基雅维利和霍布斯正是从这一现实问题出发，开辟了现代政治的新起点。

马基雅维利认为，并不存在超验的道德秩序，政治生活的真实起点不是人类的应然问题，而是实然，是人们实际上怎样生活的问题。因此，德性不存在于先验的宇宙秩序，而是后验的社会德性或政治规定。马基雅维利的这一观点可以说前无古人，直指后来马克思唯物史观的道德历史性和社会性之论点，他对古典自然目的论的破坏打开了人类存在的深渊："如果人没有自然的目的，人就能够为自己设定几乎任何他渴望的目

---

① 《马克思恩格斯文集》第8卷，北京：人民出版社2009年版，第137页。
② 参见〔美〕列奥·施特劳斯：《苏格拉底问题与现代性》，彭磊、丁耘等译，北京：华夏出版社2008年版。〔法〕皮埃尔·莫内：《自由主义思想文化史》，何怀宏、曹海军译，长春：吉林人民出版社2004年版。

的:人几乎具备无限的可塑性。"①自此直至马克思、海德格尔以来的整个现代哲学,都在这一"深渊"中徘徊,寻求确定人的存在的价值尺度。

在马基雅维利推倒古代自然目的论之后,系统建构起现代自然观念的人是霍布斯。霍布斯的自然观是机械论的,他认为自然宇宙不过是一些盲目的物质之流,它没有目的、没有方向、没有等级,更没有任何内在的理性和生命。这一观念激发了现代怀疑主义的兴起,导致自然自身(本体观念)的隐退,最终使得现代哲人们从对事物目的和本体的探寻缩小到对事物开端和表象的分析。而存在的失落就是人的失落,从此人不再具有古典意义上的内在善和价值目标,人性始自对基本需要和激情的满足。这一人性的开端和起点真实而又现实,包括从自保、舒适到幸福的各种各样的需求都获得了内在的正当性,并构成了一种意志自我指涉的循环结构——对欲望的欲望,人类的现实追求就是永无休止的"权力欲",这再自然不过了。由此,在柏拉图式的古典政治哲学中以理性规制欲望的等级结构和目的论原则被彻底颠倒了,欲望及其必然性才是人的存在根据和尺度,才是政治社会的真实起点。政治就是要摆脱自然状态中每一个人对每个人的斗争和冲突,把人团结在一个圈子内为生存而生存。这个结论最深刻地反映了霍布斯对人性的悲观态度。此后,洛克虽然不再过分强调人的对抗性和冲突,但却以私有财产权为核心完成了对现代自然权利论结构的深层拓展。洛克是马基雅维利和霍布斯政治理论的精致化和完成。

总之,现代政治哲学利用一种全新的自然的概念击毁了古典政治哲学的目的论原则和道德主义,从而确立了现代政治自主性的新起点。通过对古典政治哲学道德主义和目的论原则的规避,现代政治返回到真正属人的现实世界,从人的追求生存、安全和幸福的必然性出发,重建了一种世俗主义的现代政治。在这个意义上,现代政治认为自身的使命就是为了人类生存的必然性而斗争,就是在现代的各种意见世界中提供达到利益最大化的行动规范。

① 〔美〕列奥·施特劳斯:《什么是政治哲学》,李世祥等译,北京:华夏出版社2011年版,第33页。

二、历史：政治哲学的存在论转向

诚然，现代政治自主性的确立无疑是一项卓有价值的成就。现代政治不仅摆脱了古典政治的不实际性，同时也避免了古代公共领域以道德之名实施的对个人的侵害，甚至在一定程度上缓和了不同文明群体之间因价值差异而引起的冲突。然而，现代政治也不可避免地带来深重的灾难。遵从自然必然性以及利益最大化逻辑的现代政治一方面把政治贬低为卑污的利益运作机制，同时，由于对古代共同体的普遍伦理原则的瓦解，个人权利原则成为维护私人利益的理论壁垒，政治的价值中立只不过纵容和默认了私人领域里的信念冲突和价值对抗。这标志着，现代政治自主性的诞生意味着"私人社会"的真正来临，主体性原则和个人主义成为真正的意识形态。

针对于此，青年马克思将现代政治自主性的这一成就判定为"政治解放"。在马克思历史社会学的视野内，政治解放并非仅仅是政治观念史变革的思想事件，而是实在的近代欧洲社会生活形式的全面变更。政治解放消灭了旧社会生活的政治性质，把政治精神从它与旧市民生活相混合的状态中解放出来，并构成公共的普遍事务领域，而在现代市民生活领域，特定的生活方式降低到只具有纯粹的个体意义，这就是现代政治完成的国家—市民社会、政治—经济的二元结构，马克思称其为"国家的唯心主义"和"市民社会的唯物主义"。[①]反映在人身上，每个现代人同时也过着一种双重的生活，即作为平等的权利主体的公民生活和原子化的私有的市民生活。但可悲的在于，现代国家中的公民生活仅仅是一个理论的幻相，原子化的市民生活才是人的现实存在：

"任何一种所谓的人权都没有超出利己的人，没有超出作为市民社会成员的人，即没有超出封闭于自身、封闭于自己的私人利益和自己的私人任意行为、脱离共同体的个体。在这些权利中，人绝对不是类存在

---

① 《马克思恩格斯文集》第1卷，北京：人民出版社2009年版，第45页。

物，相反，类生活本身，即社会，显现为诸个体的外部框架，显现为他们原有的独立性限制。把他们连接起来的唯一纽带是自然的必然性，是需要和私人利益，是对他们和他们自己的利己的人身的保护。"①

这表明了，现代国家本身也不过是"想象的共同体"（a imagined community），政治生活成为市民生活的手段，"公民被宣布为利己的人的奴仆；人作为社会存在物所处的领域被降到人作为单个存在物所处的领域之下"②，人性的扭曲现实被普遍化，人性的普遍性维度被贬低为非现实性。最终，市民社会"决定"国家，"经济人"取缔了"政治人"。由此可见，现代虚无主义并非只是一个政治规定、政治安排的观念问题，其内理包含了观念和现实、政治和经济之间的双重纠葛，通过后来对政治经济学的系统研究，马克思揭示出政治个人主义和以资本积累为原则的社会生产方式构成了现代社会的双重建制。这两股力量互为表里，相互支持。因此，必须寻找冲破这双重建制、实现变革社会生活的新的历史起点。如前所述，这个二元建制的思想基础就是形而上学的实体主义和自然主义的思维，它是近代启蒙哲学所完成的自然祛魅化、道德政治割裂化的产物，它构成了整个现代政治哲学最隐秘的思想根基并演变成现代思想的全面的知性特征。这正是自康德到费尔巴哈以及青年黑格尔派以来的哲学批判难以超出市民哲学范围的根本原因，他们都无法摆脱这一自然主义态度在理解人的社会生活领域的支配地位。因此，不对这一旧的思的方式进行全面清洗，不实现一场彻底的"思想的移居"，从而就不可能真正冲破这一思想的牢笼。

对启蒙政治的自然主义进行清洗的出路在于，必须获得重新解释人和人的存在、世界存在的存在论视阈。按照马克思的揭示，霍布斯是从"客体的"、"直观的"形式去看待人及其感性存在，由此得出对人的非历史的自然态度，错误地把人的存在定义为欲望存在，把人和人的关系定义为斗争关系，并把这种自然关系神圣化为"自然法"和"自然权利"，

---

① 《马克思恩格斯文集》第1卷，北京：人民出版社2009年版，第42页。
② 《马克思恩格斯文集》第1卷，北京：人民出版社2009年版，第42页。

从而最终被现代市民政治提升为论证自身合法性的崇高解释。近代启蒙政治莫不如是。

现代政治哲学的这一总体性视角注定是失败的，究其根源，这种非历史的自然主态度无法理解人的存在。马克思所实现的"思想的移居"认为，人和人的感性存在并非是静态的实体，不能用"客体的"、"直观的"方式去把握和理解人的存在。"人的本质不是单个人所固有的抽象物，在其现实性上，它是一切社会关系的总和。"① 而"社会关系"具有历史性，由此，马克思对人的理解引入了一个社会—历史的总体视角，社会—历史的基础是人的感性的实践活动，即生产劳动。启蒙哲学总是把感性理解为感性直观，"从没有把感性世界理解为构成这一世界的个人的全部活生生的感性活动"②。感性实践是人的本源性的存在方式，它构成了理解人和世界的全新的存在论起点，不仅人自身，"他周围的感性世界决定不是某种开天辟地以来就直接存在的、始终如一的东西，而是工业和社会状况的产物，是历史的产物"③。在现代世界，就连最简单的自然存在都已经打上了人的烙印，脱离开人的活动的自然规定将失去存在的意义。这意味着，人类的现实生活世界一直是人在自己的实践活动中所建构出的人化的世界，它来源于人和自然的相互作用的物质变换，是人化的自然和自然的人化，是生命和自然的水乳交融，"这种活动、这种连续不断的感性劳动和创造、这种生产，正是整个现存的感性世界的基础"④。而这一自然向人敞开的过程因为人所赋予的自由尺度就充满了内在的价值和意义，从而被提升为一种世界历史过程，"整个所谓世界历史不外是人通过人的劳动而诞生的过程，是自然界对人来说的生成过程"⑤。

值得一提的是，历史唯物主义在另一种更加复杂而深刻的形式上接

---

① 《马克思恩格斯文集》第1卷，北京：人民出版社2009年版，第505页。
② 〔德〕马克思恩格斯：《德意志意识形态》（节选本），北京：人民出版社2003年版，第22页。
③ 〔德〕马克思恩格斯：《德意志意识形态》（节选本），北京：人民出版社2003年版，第20页。
④ 〔德〕马克思恩格斯：《德意志意识形态》（节选本），北京：人民出版社2003年版，第21页。
⑤ 〔德〕马克思：《1844年经济学哲学手稿》，北京：人民出版社2000年版，第92页。

受了霍布斯为现代哲学所开辟的思想方式。古代哲学强调事物的目的所具有的规范和引导意义,在霍布斯消解了目的论及其规范性之后,现代哲学则把思想置于对事物的开端和过程进行研究,力图通过推究因果获得知识。因此,当马克思强调人的生产实践活动所具有的开启世界历史的基础性作用时,首先正是从形式上继承了"开端—过程"的现代思想方式;其次,把人的生存和物质生活需要的满足作为"历史的第一个前提",则是分享了现代政治自主性把人的需要和必然指认为社会生活前提的思想内容。但由此出发,马克思所打开的存在论视阈却赋予了历史唯物主义本于现代又超出现代的致思。马克思指出,历史的每一阶段都是前一代社会生产力的结果,人和人的关系、人和自然的关系,都是在前一阶段社会生产方式影响下的产物,同时,这些现实因素又将成为开启新的一代本身的生活条件,环境塑造人,人也改变环境。①任何一个历史阶段都并不具有孤立的地位,它既是开端,也是结果。在"开端—结果"的辩证历史过程中,现实的人以现实的实践活动变革一切奴役人、压迫人的社会关系,政治的存在论把共产主义理解为变革现实的实际运动过程,理解为"此在"的存在。可见,历史唯物主义及其存在论视阈内在葆有克服启蒙政治的功利主义和虚无主义的要素,它从根本上解构了资本主义现实及其政治权利体系的双重建制下所建构起的社会经济—政治关系永恒性的意识形态神话,为人类敞开了一条通往自由和理想的现实道路。

三、自由:政治存在论的理论旨趣

近代启蒙哲学通过对理性与自然、道德与政治的二分建立起自然主义的现代政治,其思想基础是近代实体论的自然概念,是一种政治的形而上学,其现实表现是资本主义社会生产关系下以自然权利论为根基的

---

① 参见〔德〕马克思恩格斯:《德意志意识形态》(节选本),北京:人民出版社2003年版,第32、37页。

市民社会法权体系。政治的存在论以现实的历史概念取代了实体的自然概念，认识到人的存在是历史的、生成的现实过程，人是人的可能性。因此，人类社会并不存在政治形而上学所试图一劳永逸地理解的"自然"。就立足于人的现实性、人的需要而论，马克思是个马基雅维利主义者，但就政治存在论的理论旨趣而言，马克思无疑又超越了政治形而上学的自然主义传统，并使克服政治现代性的虚无主义成为可能。现代政治的自主性是以自然权利论的确认完成的，自然权利的核心是私有财产权，必须以财产权问题为线索来理解政治存在论何以超越启蒙政治的形而上学传统。

在启蒙哲学家那里，私有财产权曾被认为是个人主体性的张扬，它所以合乎理性"不在于满足需要，而在于扬弃人格的纯粹主观性"[①]。而到了资本主义体系确立的成熟时期，私有财产权的历史作用开始走向它的反面，成为了压迫人、奴役人，造成社会相对贫穷的恶性权力，从而产生了这种奇特的现象：资本主义社会一方面生产了庞大的商品堆积和物质财富，同时另一方面却生产了庞大的贫困的无产者阶层。按照洛克等启蒙哲人的观点，财富来源于个人劳动及其勤奋程度，贫困因此被理解为个体事件。然而，马克思却看到，资本主义社会奠基于资本和劳动的分离，资本家以财产权的名义论证占有劳动资料的合法性，工人却一无所有。这种分离对工人是灾难性的，工人只能出卖劳动力在资本家的劳动资料上劳动。对于资本家而言，劳动力只是作为生产过程中的一个活的要素，从而作为生产的成本被计算在内，其现实表现就是工资，即维持工人生命延续的必要劳动时间。但是，工人劳动的剩余时间所生产剩余价值却被资本家以利润的形式无偿占有了，这种实质的剥削在现实中被以自由契约的表象所掩盖。因此，私有财产权的实质就是一种"不支付等价物便占有他人劳动的权利"[②]，具有严重的社会压迫性。其现实结果是人的全面异化："工人生产的财富越多，他的产品的力量和数量

---

① 〔德〕黑格尔：《法哲学原理》，张企泰、范扬译，北京：商务印书馆1961年版，第50页。
② 《马克思恩格斯文集》第8卷，北京：人民出版社2009年版，第106—107页。

越大，他就越贫穷。工人创造的商品越多，他就越变成廉价的商品。物的世界的增值同人的世界的贬值成正比。"①

现代市民社会把财产权这种特权一直看作"自然"的权利，把利己的人看做是"直接的确定性"和"自然的对象"，"把需要、劳动、私人利益和私人权利等领域看做自己持续存在的基础，看做无需进一步论证的前提，从而看做自己的自然基础"②。对此，马克思展开了激烈的批评："私有制使我们变得如此愚蠢而片面，以致一个对象，只有当它为我们拥有的时候，就是说，当它对我们来说作为资本而存在，或者它被我们直接占有，被我们吃、喝、穿、住等等的时候，简言之，在它被我们使用的时候，才是我们的。"③这种财产权概念代表了人性的"绝对的贫困"，它所确立起来的拥有感完全是一种异化的感觉。因此社会和人的存在必须从私有财产中解放出来，超越利己主义的财产概念，恢复到一种"真正人的和社会的财产"，④它作为私有财产的积极扬弃，是"为了人并且通过人对人的本质和人的生命、对象性的人和人的作品的感性的占有……人以一种全面的方式，就是说，作为一个总体的人，占有自己的全面的本质"⑤。马克思认为，这种全新的财产概念是私有财产的积极本质的真正实现，是人的特殊性和普遍性的统一，是人和社会抽象对立的和解。启蒙政治的财产权概念还停留在一种干瘪的自然主义的态度，把财产的本质建立在人对自然、人对他人的褫夺上，扬弃了的财产概念将恢复一种全新的自然概念，把感性积极地看做人的本质力量的自我确证，把创造具有丰富、全面而深刻的感觉的人作为这个社会的直接现实。

这种全新的财产概念和感性概念来源于马克思的存在论视阈，随着把感性理解为自我确证，把占有理解按照美丽规律塑造，对象成为"人的"和"社会"的对象。它们作为世界历史的产物，是人作为"类存在

---

① 〔德〕马克思：《1844年经济学哲学手稿》，北京：人民出版社2000年版，第51页。
② 《马克思恩格斯文集》第1卷，北京：人民出版社2009年版，第46页。
③ 〔德〕马克思：《1844年经济学哲学手稿》，北京：人民出版社2000年版，第85页。
④ 〔德〕马克思：《1844年经济学哲学手稿》，北京：人民出版社2000年版，第85、63页。
⑤ 〔德〕马克思：《1844年经济学哲学手稿》，北京：人民出版社2000年版，第85页。

物""把自身当做普遍的因而也是自由的存在物来对待"的结果。①这种新感觉形式表征着人的自由本质在何种程度上实现为人的自然，或者人的自然在何种程度上提升为人的本质。它是人和自然界、人和人之间的矛盾的真正解决，是存在和本质，自由和必然、个人和社会的对立的和解，是彻底完成了的自然主义和真正现实的人道主义。作为马克思共产主义概念的扬弃了的私有财产，只有上升到这一存在论视阈才能避免像粗陋共产主义那样仍然把财产理解为"共同体对实物世界的关系"。

需要特别指出，马克思的政治概念固然具有存在论维度，但这绝不意味着政治存在论是一种观念政治。马克思最反对抽象化，以观念代替现实的任何形式的思辨都是马克思所反对的；同样，对马克思存在论的纯粹哲学解读极容易导向一种个人和世界的抽象的审美态度，只有在政治社会的平面上才能真正理解异化及克服异化的现实道路，这也是本文要把存在论解读政治概念的缘由。这两个理由前后是一致的。在巴黎手稿中，马克思充分认识到了哲学观念论的有限性，认识到"要扬弃私有财产的思想，有思想上的共产主义就完全够了。而要扬弃现实的私有财产，则必须有现实的共产主义行动"②。随着后来政治经济学研究的深入，马克思更进一步揭示出，这一现实行动的实质内容就是变革市民社会的生产关系，把私有制改造为"联合起来的、社会的个人的所有制"③，作为联合起来的个人对全部生产力的占有，"将合理地调节他们和自然之间的物质交换，把它置于他们的共同控制之下，而不让它作为盲目的力量来统治自己；靠消耗最小的力量，在最无愧于和最适合于他们的人类本性的条件下来进行这种物质交换"④。随着个人重新驾驭这些物质力量，人和人的关系不再表现为物的关系，而是恢复到真正共同体成员之间的自由关系。

当然，马克思的政治经济学理论并非启蒙政治意义上的规范政治，

---

① 参见〔德〕马克思：《1844年经济学哲学手稿》，北京：人民出版社2000年版，第56、80页。
② 〔德〕马克思：《1844年经济学哲学手稿》，北京：人民出版社2000年版，第128页。
③ 《马克思恩格斯文集》第1卷，北京：人民出版社2009年版，第386页。
④ 〔德〕马克思：《资本论》第3卷，北京：人民出版社2004年版，第928页。

这意味着尽管马克思为我们指出了一条富有现实性的思想道路，但如果把这些制度设想作为既定的规范而不顾实际地去改变现实，将同样不可避免地犯下学究政治的抽象化错误。因此，当列奥·施特劳斯指证马克思以历史取代自然而最终导致政治哲学的消亡时，其实这恰恰表明了马克思所击毁的只是启蒙政治的形而上学传统，但却由此开辟了以真正人的现实存在为关怀的政治存在论。在理论旨趣上，它始终保持对人的自由的现实的开放的实践态度，"共产主义对我们来说不是应当确立的状况，不是现实应当与之相适应的理想。我们所称为共产主义的是那种消灭现存状况的现实的运动"[1]。这表明了政治存在论所真正饱含着理想和现实相统一的实践精神。

---

[1] 〔德〕马克思恩格斯：《德意志意识形态》（节选本），北京：人民出版社2003年版，第31页。

第十一章
历史唯物主义与契约论传统

根据列宁的说法，德国古典哲学、英国古典政治经济学以及法国空想社会主义是马克思思想的三个直接理论来源。这个说法很有见地，但并不能囊括马克思和西方思想传统之间复杂的理论关系。例如，马克思与启蒙运动、与近代契约论政治传统、与德国浪漫派思潮、乃至与古希腊思想传统的关系，都是在当代探索马克思哲学思想的有待开发的重大论题。① 英国学者伯尔基认为，"马克思主义根本上属于欧洲政治和社会理论的主流传统"②。这一见解是符合思想史实情的。如果细致地考察马克思的思想形成史，我们会发现马克思对整个西方的社会政治理论传统十分了解，正是在同这一传统的对话和竞争中，马克思吸收、综合了传统资源，最终才得以超越他之前的那些思想巨人，形成自己的社会政治思想。本书无意呈现这一问题的全貌，仅试图对马克思与近代契约论政治的精神传统之关系进行一项微观研究，以供学界参考。

---

① 在国内，吉林大学的张盾教授、复旦大学的邹诗鹏教授、中山大学的刘森林教授等几位学者已经在这一领域取得一些重要的研究成果。如张盾：《"道德政治"谱系中的卢梭、康德、马克思》，载《中国社会科学》2011年第3期，《财产权批判的政治观念与历史方法》，载《哲学研究》2011年第8期。邹诗鹏：《再论唯物史观与启蒙》，载《哲学研究》2011年第3期。刘森林：《启蒙主义、浪漫主义与唯物史观》，载《南京大学学报》2010年第5期。显然，国内学界在马克思哲学的思想史研究这一领域正值方兴未艾阶段。
② 〔英〕伯尔基：《马克思主义的起源》，伍庆、王文扬译，上海：华东师范大学出版社2007年版，第3页。

一、现代人道理想的普遍性叙事

按照施特劳斯的思想史研究,现代性的"第一次浪潮"源自霍布斯和洛克的现代政治哲学建构。①首先,霍布斯为现代政治建构了一个全新的道德基础——基于欲望和自保的自然法理论。对于霍布斯来说,现代自然法理论奠基于对孤零零的自然人和自然状态的考察,它只能从人性中最强烈的激情推理而来,这就是对暴死的恐惧和自保的欲望。因此,对自我保全的需要是人类存在的第一事实,就是人的自然权利,它是霍布斯自然法理论的核心。霍布斯的自然法思想是现代政治的个人主义谱系的理论起点。此后,洛克又更彻底地推进了政治个人主义,并为自然权利理论追加进了私有财产权的内容。洛克认为,无论是对自保的需要还是对幸福的欲求,都需要以财产为前提,因为没有财产的自由是一句空话。而个人劳动是确立私有财产权的基础,它将人格通过对象化的方式"嵌入"对象,从而把自然的对象变成个人自身的一部分,"劳动乃是与自然权利相符合的唯一的占有财产的资格"②。从洛克开始,私有财产权被确立为现代人权利学说的核心。

现代自然权利论瓦解了亚里士多德所定义的政治人概念,人并不天生就是政治的动物,人人生而孤独、自私,在本性上是欲望的人和经济人。按照这种契约论思想,无论是古代城邦还是中世纪的共同体都不具有合法性,个人本来是前政治状态的,文明社会源自个人为了生命、财产、自由而相互达成的契约。因此,政府并不具有自在的实体性权力,其立法权和行政权源自公众对自然权利的让渡和授予,"它之所以是正当的,完全是因为它在保护天赋权利或自然权利方面乃是一种比每个人生而拥有的自力救济方法更好的方法"③。按照古典自由主义理论,社会

---

① 〔美〕列奥·施特劳斯:《苏格拉底问题与现代性》,彭磊、丁耘等译,北京:华夏出版社2008年版,第34页。
② 〔美〕列奥·施特劳斯:《自然权利与历史》,彭刚译,北京:生活·读书·新知三联书店2003年版,第241页。
③ 〔美〕萨拜因:《政治学说史》下卷,邓正来译,上海:上海人民出版社2010年版,第218页。

的任务就是保护个人的消极自由，而不能进行过分的干预。这一早期社会理想在今天看来可能显得了无新意，这是因为随着当今世界范围内民主制进程的深化和消费社会的来临，个人权利和个人自由的观念早已深入人心，自由、财产和幸福这些世俗目标已经成为每个人生活中的不言自明之物。但溯其源流，这正是现代观念的发明者们在同古典传统的竞争中所开出的全新价值理念。在古典政治哲学中，无论是柏拉图还是亚里士多德都持一种先验伦理学的政治观念，它是自然的等级制伦理，每个人依不同的社会身份而隶属于社会中不同的价值位格。因此，古代更为重视的是共同体的实体性价值，个人主义观念在古代政治中只是处在抽象的萌芽状态。然而，由于古代政治哲学预设了较高的人性的标准，这种以先验道德引导政治实体的方式具有很强的偶然性，人性的现实与此冲突。在罗马时代，个人私权（罗马私法）得到确认，它使得个人意识得到复兴。而基督教的兴起为这种私人意识竖立起一个普遍性的对立面，它在对上帝虔敬信仰和彼岸天国的救赎渴求中重建超越性的伦理维度，无需他人的引导个人就可以在内在世界中获得精神的自由。

然而，无论是古代的共同体还是基督教的内在王国，实质都只是一种虚假的伦理普遍性。在罗马天主教治下，感性存在与精神世界的分裂使得这种普遍性伦理充满伪善，人性愈加堕落、社会受卑鄙的情欲统治，伦理的普遍性无法克服自身的表象性去沉入到社会现实。因此，霍布斯和洛克以保护私人权利为核心的自然法思想具有极大的进步意义。他们认识到，人从来不是神，人之为人就在于有无法摆脱的来自感性世界力量的约束，这说明人的感性欲望并非是罪恶的力量，而是人性的合理的需要。合理的社会政治秩序的起点应该从对神性的应然的追求下降到关注人的感性的实然。霍布斯和洛克的自然法思想就是伦理学，它表明了现代政治哲学把人自身的存在做为全新的道德起点，它上承文艺复兴的人本主义精神，下开启蒙运动的人道主义理想。如果说在霍布斯那里，对人道主义精神的表达还很含蓄（更多地被人与人的自然对抗性所遮蔽），那么，洛克则明确强调权利基于个体的道德性，人对自保的需要并不仅仅是自然需要，因为即使在自然状态下，自然法也向人宣布绝对的道德律。从而，对人的生命、自由、财产的保护在现代的背景下就具有了基于自然正当的道德意义，这个信念随着现代性的推进贯穿了从启蒙运动直到黑格尔以来的整个德国哲学传统。尤其到了康德那里，理性与自然、道德与权力、普遍性与特殊性之间的对立已经被同一逻辑进路打通了。当康德把道德基础从外在的经验世界转移到内在的主体意志中时，他在根本上为现代市民阶级的人道理想建立了一个先验的理性基础。其深层意义是，现代人道主义的普遍性理想既不需要超验神学提供保证，亦能超越感性经验的不确定性，这就是康德的"理性自然"概念。在反思性判断力折射出的历史的目光中，"理性自然"被视为天意的实现，它旨在建立一个资产阶级的宪政国家，它是自然的理性化和理性的自然化。作为道德形而上学的内在构成部分，法权形而上学表明了，当康德把道德自由对象化为社会世界时，再一次推出了霍布斯和洛克早就奠立的以私有财产权为核心的资产阶级的政制关系。在这个意义上，现代人道主义所提出的普遍人性的现实内涵是市民理性，康德高扬的"人是目的"背后真实的历史主体是资产者。经过康德先验伦理学的提升，现代资产阶级的人道理想被表述为基于自然、合乎理性、超越历史的绝对正当。最初在霍布斯那里充满赤裸裸的暴力性的资产者经过历史的淘洗，到了康德的时代已经变得更加成熟而富有政治感，在市民阶级世界观的道德化和审美化的映照下，旧的封建阶层变得面目丑陋和脆弱不堪，他们失去了自己的主体性地位和对自身的辩护能力，于是沦为必将被历史淘汰的特殊之物。

二、历史唯物主义的政治意识

对早期契约论历史的考察揭示出，现代人道主义理想并不是永恒的，它有自身的历史性起点，其主体性地位的确立是个过程，它经历了从霍布斯的自然主义证明到康德的先验理性辩护。资产阶级在同封建王权的斗争中除了依靠经济和军事的强势力量，它同样在意识形态、哲学和道德上对其主体性地位进行自我确证。这是特殊性和普遍性的历史辩证法，它显示了资产阶级作为历史的主体如何把自身的特殊利益普遍化和形而上学化为本体论层面的世界观理论，同时又把自身的普遍理想对象化为现实的感性世界。马克思恩格斯在《共产党宣言》中说，资产阶级"按照自己的面貌为自己创造出一个世界"①。因此，思想中的感性与理性、权力与道德、自然与历史的矛盾，还原到具体的历史语境和生活世界中，表达的是新兴资产阶级世界内自身的矛盾、苦恼和焦虑。马克思恩格斯1845年在《德意志意识形态》中指出："（康德）把法国资产阶级意志的有物质动机的规定变为'自由意志'，自在和自为的意志，人类意志的纯粹自我规定，从而就把这种意志变成纯粹思想上的概念规定和道德假设。"②通过对先验概念的历史化和政治化，马克思意图把资产阶级的人道理想从形而上学所构筑的普遍性叙事中从解放出来，实即对其去形而上学化，目的在于解构资产阶级法权关系。但这种解构的思想基础是什么？马克思何以超越现代市民哲学的人道主义立场？让我们回到历史唯物主义。

如果说霍布斯和洛克以来的现代哲学开始把个人作为理解全部问题的出发点，那么无疑，马克思同样接受了这个现代哲学的人类学—目的论起点。但在对人的理解上，马克思同近代哲学家具有根本的不同。当霍布斯、洛克把人性从古典道德和宗教的捆绑中解放出来时，他们却给人套上了新的枷锁。他们把人看成是基于欲望和感性的自然存在物，并且仅仅停留在这个自然概念上。其后果是，人性从神性中解脱出来，但却被贬低到动物的水平。马克思把这种对人的自然主义理解斥之为"旧唯物主义"或"直观的唯物主义"，即仅仅从客体方面把人看成受动的存在。这种自然主义态度以抽象范畴定义人这样一种特殊的存在者，虽然

---

① 〔德〕马克思恩格斯：《共产党宣言》，北京：人民出版社1997年版，第32页。
② 〔德〕马克思恩格斯：《德意志意识形态》（节选本），北京：人民出版社2003年版，第112页。

他们颠覆了超验神学和唯心论对人的抽象，却再次落入了形而上学的窠臼。因此，旧唯物主义根本上仍是形而上学，其自然主义的人性论预设构成了论证自然权利的思想前提。马克思说，旧唯物主义的立脚点是市民社会。市民社会是经济活动的领域，在这个领域中，人被抽象化为经济人和欲望的人，这是一种形而上学态度。

马克思的"新唯物主义"认为，对人的理解必须避免形而上学的先验抽象，抛开那些在臆想中、思辨中搭建的内容，回到只需要用纯粹经验的方法就能加以确证的前提——"现实的个人"。这是一个抽象的非抽象性概念、反思的非反思性概念。在抽象的和反思的意义上，它是马克思在天才的思想力和严谨的科学工作下产生的关于人的历史发展的本质洞见，作为思想一般，是终结了形而上学思辨抽象的思想具体。在非抽象性和非反思性的意义上，马克思的"现实的个人"概念把被形而上学化的抽象个人重新纳入社会生活的现实领域，"这是一些现实的个人，是他们的活动和他们的物质生活条件，包括他们已有的和由他们自己的活动创造出来的物质生活条件"①。以此为立脚点，马克思抽象出一个非抽象的规定："人的本质不是单个人所固有的抽象物，在其现实性上，它是一切社会关系的总和。"②社会关系是理解人的秘密的钥匙，任何社会关系都是在一定历史时代下的生产方式中生成的交往关系和生活形式，"一当人开始生产自己的生活资料，即迈出由他们的肉体组织所决定的这一步的时候，人本身就开始把自己和动物区别开来。人们生产自己的生活资料，同时间接地生产着自己的物质生活本身"③。人能把自己和动物进行根本区分不在于人是理性、欲望和意志，而在于人对自身生活的生产，并且人懂得按照任何一种的尺度进行生产，即按照普遍的自由的尺度生产。由此，历史唯物主义穿透了传统的内意识形而上学的存

---

① 〔德〕马克思恩格斯：《德意志意识形态》（节选本），北京：人民出版社2003年版，第11页。
② 《马克思恩格斯文集》第1卷，北京：人民出版社2009年版，第505页。
③ 〔德〕马克思恩格斯：《德意志意识形态》（节选本），北京：人民出版社2003年版，第11页。

在规定，使人作为社会生活的历史性存在的敞开得以可能。

马克思实践—生产概念的革命性意义，在于它把政治形而上学所规定的抽象人还原到具体社会历史语境中的现实人，从旧哲学的"理性—认识论"路径转入"社会—存在论"的思想平台。按照学院派的哲学史规划，霍布斯和笛卡尔开启了近代哲学的认识论转向，它实现了从古代的本体论—形而上学向近代认识论—形而上学的范式转型，其思想上的逻辑是"未经过认识论反思的本体论为无效"。其政治上的意涵是，传统的共同体生活（本体论）是个人意识（认识论）不成熟的未开化状态，新的社会政治生活的起点应该是基于个人反思、从个人利益出发的权利社会。所以哲学的认识论转向在政治上表达的是个人主义社会的来临，即现代市民社会的诞生。当马克思把问题引入"社会—存在论"的维度时，它戳穿了近代认识论反思平面上的契约论政治的哲学形而上学基础。在早期的《巴黎手稿》中，马克思以类存在概念表达这一新的阐释原则，"正因为人是类存在物，他才是有意识的存在物"[1]。在成熟时期的《德意志意识形态》中，马克思把类存在概念深化为社会存在，新唯物主义的立脚点是"人类社会"或"社会化的人类"。人是什么，这同他们的生产是一致的，"既和他们生产什么一致，又和他们怎样生产一致。因而，个人是什么样的，这取决于他们进行生产的物质条件"[2]。从这个视角出发，人自身的存在以及周围的感性世界都不是自然的，它是人的感性实践的对象性存在，是历史的产物。契约论政治以之为出发点的个人不是历史的起点，而是历史的结果，"这种18世纪的个人，一方面是封建社会形式解体的产物，另一方面是16世纪以来新兴生产力的产物"[3]。因此，取代旧唯物主义感性直观的感性实践具有革命性和批判性的特质，它指出了被形而上学构筑的先验自我、自由意志、道德命令和自然权利所具有的虚幻性，政治形而上学以头足倒立的方式对社会生活进行了颠

---

[1] 《马克思恩格斯文集》第1卷，北京：人民出版社2009年版，第162页。
[2] 〔德〕马克思恩格斯：《德意志意识形态》（节选本），北京：人民出版社2003年版，第12页。
[3] 《马克思恩格斯文集》第8卷，北京：人民出版社2009年版，第5页。

倒的想象。马克思对黑格尔政治哲学的批判性评述在此同样适用于整个近代政治哲学,"法的关系正像国家的形式一样,既不能从它们本身来理解,也不能从所谓人类精神的一般发展来理解,相反,它们根源于物质的生活关系,这种物质的生活关系的总和,黑格尔按照18世纪的英国人和法国人的先例,概括为'市民社会',而对市民社会的解剖应该到政治经济学中去寻求。"①

这就是历史唯物主义的政治意识。它从存在论视阈出发解构了近代契约论政治的自然主义想象(自然状态、自然权利),为重思现代社会提供了现实的起点,认识到理解现代政治的路径在于经济领域。"政治经济学批判是马克思政治哲学和社会理论的实体性内容,它力求穿透现代个人权利原则的先验幻象,揭示其背后的经验基础和历史根源。"②具体到资本主义的社会关系语境,市民社会奠基于劳动和资本的分离,在物的意义上,它们都属于广义的私有财产,即"作为资本的私有财产"和"作为劳动的私有财产"。"作为资本的私有财产"被垄断在少数资本家阶层,广大劳动者只有"作为劳动的私有财产",结果他们不得不向资本家出卖劳动力以维持生存。这就是现代资本主义社会中资产者和无产者两大阶级对立的根源。在这一生产关系形式下,私有财产化身为资本,它作为一种独立的社会力量"通过交换直接的、活的劳动力而保存并增大自身","活劳动替积累起来的劳动充当保存并增加其交换价值的手段"。③在法的形式上,市民社会的实质的不平等被形式化的普遍法权遮蔽了,在契约论中作为确证人格的普遍权利,在资本主义社会关系下变成了维护资产者利益的理论基础。"现代资本主义就是这样一种从个人权利出发、反过来又压迫大多数个人的社会制度形式。"④

---

① 《马克思恩格斯文集》第2卷,北京:人民出版社2009年版,第591页。
② 张盾、袁立国:《对社会的再发现:从卢梭到马克思》,载《马克思主义与现实》2012年第3期。
③ 《马克思恩格斯文集》第1卷,北京:人民出版社2009年版,第726页。
④ 张盾、袁立国:《对社会的再发现:从卢梭到马克思》,载《马克思主义与现实》2012年第3期。

三、从形式联合到实质联合

马克思的政治经济学批判揭示了现代社会具有压迫性的根源。但在此之前，卢梭已经在现代政治哲学内部对资本主义社会展开了激烈的批判。他认为现代社会的道德腐化和不平等的起源在于私有财产权的确立，"这种种灾祸，都是私有财产的第一个结果，是与新出现的不平等现象分不开的必然产物"①。卢梭以另一种自然状态概念批判现代文明，他认为人在自然状态中享有自然的平等和自由，它们悠然自得、不予多求。只是由于偶然原因，人和人之间出现了贫富差异，富人通过欺骗获得穷人的同意，从而用法律将偶然的占有确立为权利，"为了少数野心家的利益，迫使所有的人终日劳苦，陷于奴役和贫困的境地"②。卢梭直指问题的核心："财产权是人们协定和制度的产物"③，绝非自然所予。对此，卢梭设想了一种积极自由主义的替代方案以挽救现代政治。现代政治的最大弊端是，它在形成和崇尚个人价值时，却不可避免地失去了古代共同体的伦理实体性。卢梭要在现代个人主义的基地上重建一种秩序良好的普遍社会，在这一社会中，个人的特殊利益和社会的普遍利益将获得实质的统一。它是这样一种结合形式：每个结合者都将自身的一切权利转让给集体，从而人们形成一个独特的结合，使它能以全部共同的力量来保护每个结合者的人身和财富，由于每一个与全体联合的个人又只不过是在服从其本人，并且仍然像以往一样地自由。④这就是卢梭的"公意"概念。它是个别意志的普遍化和理性化，任何一种"我要"想成为普遍的立法都必须能够普遍化为"我们要"，它必须能被每一个人同意。

---

① 〔法〕卢梭：《论人与人之间不平等的起因和基础》，李平沤译，北京：商务印书馆2007年版，第98页。
② 〔法〕卢梭：《论人与人之间不平等的起因和基础》，李平沤译，北京：商务印书馆2007年版，第101页。
③ 〔法〕卢梭：《论人与人之间不平等的起因和基础》，李平沤译，北京：商务印书馆2007年版，第108页。
④ 〔法〕卢梭：《社会契约论》，何兆武译，北京：商务印书馆2003年版，第19—20页。

由于卢梭反对任何形式的代议制民主,"公意"表达了最彻底的民主理念。

在个人和社会的关系的意义上,卢梭和马克思能够达成共同的意见,即个人利益和社会普遍利益应该是一致的。自现代政治发端,个人的特殊利益和社会的公共利益之间的冲突从没有获得过实质的统一。在资本主义制度下,随着私有制和社会分工的深化,资产者的特殊利益和社会的普遍利益的矛盾尤为突出,但他们却把自己的特殊利益"说成是全体社会成员的共同利益"、"并且必须使自己通常的利益具有一种普遍的形式"。①现代国家由于税收和国债被私有者阶层所操纵,国家机器被资本绑架,"国家是统治阶级的各个人借以实现其共同利益的形式"②。在这个意义上,卢梭对资本主义的批判只是在契约论所开辟的政治现代性内部进行的一次理论修正,根本上并没有脱离契约论的法权形式主义。因此,当卢梭不触及社会生产关系的变革,只诉诸于法权的普遍性时,其制度设计的抽象性就可想而知了。后来19世纪的政治思想家,卡尔·施米特对议会民主制予以过辛辣的讽刺,指出了自由主义民主的本质就是剪除异己、形成共识。换句话说,在不触及社会生产关系和经济利益的情况下,任何形式的民主和共识的产生都只是具有共同阶级利益群体的民主和共识,其普遍性范围一定是有限的。而无论哪个时期,每个统治阶级无不"赋予自己的思想以普遍性形式,把它们描绘成唯一合乎理性的、有普遍意义的思想"③。

因此,要克服现代人道主义的形式性和抽象性,就必须处理这个让马克思在青年时代就感到困惑的物质利益关系难题,这是历史唯物主义的必然结论。按照历史唯物主义的社会史分析,物质生活的生产方式是社会的基础,劳动是根本。在奴隶社会和封建社会中,对劳动的剥削和

---

① 参见〔德〕马克思恩格斯:《德意志意识形态》(节选本),北京:人民出版社2003年版,第44、76页。
② 参见〔德〕马克思恩格斯:《德意志意识形态》(节选本),北京:人民出版社2003年版,第75页。
③ 参见〔德〕马克思恩格斯:《德意志意识形态》(节选本),北京:人民出版社2003年版,第44页。

压迫是可见的、赤裸裸的,但在资本主义社会中,剥削被权利的形式普遍性表象所掩蔽了,直到剩余价值学说的发现揭示出这种剥削关系。马克思批判一切旧的社会关系,认为真正理性的社会应该是消除剥削、取代资本主义"虚假的共同体"的"真正的共同体"。"真正的共同体"不是一个法权概念,而是从政治经济学批判这一源始性境域中生发的社会—经济规划,"个人力量由于分工而转化为物的力量这一现象,不能靠人们从头脑里抛开关于这一现象的一半观念的办法来消灭,而是只能靠个人重新驾驭这些物的力量,靠消灭分工的办法来消灭"①。作为一种制度设计之原则,它是对资本主义私有制的扬弃,只有消灭了资产阶级存在的物质前提,实现对生产资料的社会性占有,才能消灭阶级对立,实现共同体成员的平等关系和自由联合。反之,契约论政治的联合概念作为资产阶级人道主义的叙事手段实际上是对历史的不正当想象,"过去的联合决不像《社会契约论》中所描绘的那样是任意的,而只是关于这样一些条件的必然联合"②,即人们基于一定的生产关系和交往形式的联合。真正联合不是基于先天意志的权利关系的形式性联合,而应该是社会生产领域的实质联合。取代资本主义私有制的将是一个自由生产者联合的社会。这一联合形式是共同的占有制,无产者"必须摧毁至今保护和保障私有财产的一切",从而"把资本变为公共的、属于社会全体成员的财产"。③在这一新占有制下,"许多生产工具必定归属于每一个人,而财产归属于全体个人。现代的普遍交往,除了归全体个人支配,不可能归各个人支配"④。通过这种方式,现代社会将失去资本和劳动、有产和无产的对立,异化劳动也将失去社会基础。

随着私有制的废除,未来社会的产生与分配关系将被重新界定。生

---

① 〔德〕马克思恩格斯:《德意志意识形态》(节选本),北京:人们出版社 2003 年版,第 63 页。
② 〔德〕马克思恩格斯:《德意志意识形态》(节选本),北京:人民出版社 2003 年版,第 66 页。
③ 〔德〕马克思恩格斯:《共产党宣言》,北京:人民出版社 1997 年版,第 38、42 页。
④ 〔德〕马克思恩格斯:《德意志意识形态》(节选本),北京:人民出版社 2003 年版,第 74 页。

产决定分配,在资本主义生产方式下,由于生产的物质条件被垄断在资产者手中,自然就产生这种不平等的分配方式。反之,"如果生产的物质条件是劳动者自己的集体财产,那么同样要产生一种和现在不同的消费资料的分配"①。社会生产的关键在于社会成员如何能被最好地组织起来,以及社会生产资料如何能被有效地使用,从而使人们平等地参与合作、决定社会生产,而这种有效的组织形式只有以绝对民主而公开的方式才得以可能。②借用卢梭的表达方式,只有当社会的经济生产依照"公意"时才能实现整个社会关系的合理性。"只有当社会生活过程即物质生产过程的形态,作为自由联合的人的产物,处于有意识有计划的控制之下的时候,它才会把自己的神秘的纱幕揭掉。"③在自由生产者联合的社会里,意识形态的神秘纱幕将消失了,一切经济事务通过彻底的民主程序由劳动者共同制订计划,整个过程获得透明性。在资本主义生产关系中,由于资本家垄断生产资料,工资掩盖了必要劳动和未付酬劳动的比率,资本主义社会的生产关系是不透明的;另外,自由市场下生产的无政府主义表明,市民社会还没有摆脱它脱胎于自然状态的自然性,整个社会要受制于偶然力量的支配。按照马克思的设想,当生产关系遵循着一个公开的民主的计划时,这种生产的盲目性将被克服,"一切生产部门将用最合理的方式逐渐组织起来。生产资料的全国性集中将成为由自由平等的生产者的各联合体所构成的社会的全国性的基础,这些生产者将按照共同的合理的计划进行社会劳动"④。通过社会的方式,资本最终不再是一种"个人的力量",而是"社会的力量",财产将失去阶级属性和对人的压迫性,"变为公共的、属于社会全体成员的财产"⑤,为人类自由的实现奠定现实的基础。

回首现代政治的开端,在早期契约论哲学家霍布斯和洛克那里,他

---

① 《马克思恩格斯文集》第3卷,北京:人民出版社2009年版,第436页。
② 参见〔美〕约翰·罗尔斯:《政治哲学史讲义》,杨通进、李丽丽等译,北京:中国社会科学出版社2011年版,第365、375、378页。
③ 〔德〕马克思:《资本论》第1卷,北京:人民出版社2004年版,第97页。
④ 《马克思恩格斯文集》第3卷,北京:人民出版社2009年版,第233页。
⑤ 〔德〕马克思恩格斯:《共产党宣言》,北京:人民出版社1997年版,第42页。

们曾把社会看做个人基于自然意志的联合。霍布斯含蓄地指出了现代自由的实质就是自我立法。虽然霍布斯推崇君主制,但从法的关系上讲,服从君主就是服从自己。经过卢梭的公意概念,自我立法自我统治的观念被提升为现代自由的顶点,而康德哲学则把这一现代人道主义理想提升为一个先验的道德律令。按此,马克思的自由人联合体概念同契约论传统的自由理念具有思想上的同构性,即共同把自由理解为自治。然而,只有在马克思的历史目光中,现代人道理想和自由理念才从资产主义意识形态的迷雾中脱离出来,真正沉入到社会存在论的维度,从而实现从法权的形式联合向社会生产关系领域内的实质联合的转向。在这个意义上,马克思对近代政治哲学的批判是一种内在批判,是在充分吸收近代政治哲学取得的积极成就之上的扬弃和超越,而历史唯物主义是真正现实的人道主义。

第十二章
马克思与卢梭的社会思想

在西方思想史的发展中，霍布斯和洛克开创的政治个人主义曾经是近代政治哲学的重大成就，并成为近现代社会的主流意识形态。而卢梭的重要性在于，他率先发动了对政治个人主义的批判，提倡重建社会普遍性的伦理原则，以此重新唤醒人们对共同体和公共精神的重视。马克思深受卢梭的影响，对政治个人主义及奠基其上的资本主义积累原则展开了双重批判，提出通过"个人全面发展基础上的自由联合"来实现个人与社会共同体在更高水平上的统一。马克思把卢梭的普遍性形式落到了实处。

一、卢梭对社会公共精神的复兴

一般认为，洛克和卢梭分别是西方近代思想史上的自由主义和社会主义的思想源头。然而实际情况要复杂得多。按照阿兰·布鲁姆的看法，卢梭对近代西方思想的影响无所不在，不论左派社会主义还是右派保守主义乃至自由主义话语，都可以上溯到卢梭的影响。这和洛克的境遇非常相似：洛克那种激进平民主义的政治哲学的原生特质，使得他在西方接受了各种截然相反的解读，无论自由主义的个人至上原则还是社会主义的平等理想都把自身的源头追溯到洛克。然而不管怎么说，卢梭对法国大革命的激进平等理想和后来社会主义思潮的影响，仍然是其精神影响的主导方面。在这个领域,卢梭与马克思的思想关系历来受到广泛关注。本文试图对这一问题提出一些粗浅的新体会,供学界参考。

总体上可以说,个人与共同体(社会)的关系问题,或者说,人的存在的个体形态与其集体形态的关系问题,构成了西方政治哲学的核心主题。古代政治和政治哲学普遍重视共同体的价值,强调社会和国家对于个人的优先性,由此产生了以公共精神为其内涵的古典政治美德,同时也生成了以普遍性为最高原则的政治哲学的古典形式。然而,古代的普遍性原则只是一种抽象的普遍性,如黑格尔所指出的:古代的政治美德就在于,无论君主还是臣民都不知道自己作为一个个体的特殊性本质,个体性原则和个人的自我意识都沉睡于普遍性之中。当然古代也并非没有个人和个体性的观念。基督教的诞生对于个人价值的自觉和个体性观念的产生曾发挥过强大的推动作用。基督教提出,对上帝的虔诚信仰直接赋予每个人以至高无上的人格,在上帝面前每个人在精神上都是平等的,无须依赖任何他人,也无须依赖共同体。然而正如古典的普遍性只是抽象的普遍性,基督教的个体性也同样是一种抽象的个体性,基督教对信仰的内在性的强调避开了一切社会和政治的现实问题,从而使它强调的个人价值只是一种内心的信念,只能作为"精神政治"的目标,无法形成政治与社会的真实时代精神。个体性的真正自觉,个人的权利和价值作为至高无上的政治原则,是在近代以后才实现的。只有到了近代才有了对个人价值的真正全面的自觉意识,并且使个人价值的概念超出仅仅是精神性的人格而落实到对每个人现实的欲望和需要之合理性的肯定,并把这种现实的个人确定为一种政治身份和政治的终极目标。政治个人主义在霍布斯和洛克的政治哲学中获得了经典性的表述。霍布斯第一次引导政治哲学从人性的有限性和实然状况出发去理解人的本质和政治的本质,即人是由欲望和理性构成的有限性存在,这种个人是政治和社会的真实起点;而政治的本质就在于:把无限欲望之下的非理性的自私自利转变成理性控制下的有限的开明自利,在此基础上建立起公民社会,而古典政治哲学关于人性的完满性理想必须放弃。洛克则在更崇高的意义上为政治个人主义构筑起一个道德基础。洛克论证了：个人并非仅仅是霍布斯式的必须保护自己的自私的自然性存在，而首先是值得被保护的道德个体。依据这一道德基础，洛克把人类保护自身的自然本能升华为政治性的个人权利概念：人生而自由平等，这种自由和平等的前提是每个人必须享有他的权利，特别是财产权；这种个人权利作为政治的目标，其基础乃是一种普遍性原则，这就是作为自然法的理性律令的"所有人自在享有的普遍权利"这一观念。霍布斯、洛克奠定的个人主义是西方政治哲学演进过程中的一个重要环节：如果古代政治正义的理念是作为普遍性的公共性，那么近代政治正义的理念就是个人权利，它构成了人的尊严、自由平等、个性解放等现代主流人道主义原则得以确立的基础。

然而政治个人主义必将否定自身。随着17世纪的结束和英国革命的完成，英国政治哲学趋于保守，洛克揭示的个人权利从反抗封建特权压迫的正义原则变成保护既得利益阶级的"开明自利"原则，政治个人主义蜕变为利益最大化和资本积累原则的理论基础。卢梭是第一位对政治个人主义提出质疑的人。卢梭用他对希腊城邦的真诚怀恋引导现代人摆脱对个人的崇拜，重新唤醒人们对社会、集体和公共精神的重视。卢梭认为，现代文明社会以个人为至上原则，现代政治以保护每个人追逐自己的最大利益为至上目标，这样的社会并非真正意义上的政治社会，而只能是一种"自然状态的残余"。因为，只关注个人私利是人的前政治状态，私利永远相互冲突，在个人私利的基础上永远不可能建成真正的政治社会。卢梭于是提出，必须寻求一种新的真正的结合形式：每个人都将自己的生命财产托付给集体，所有的人因此而结合为一个整体，以集体的共同力量保护每个人，同时又不剥夺每个人的自由。这种新共同体的关键机制在于，通过让参加结合的每个人都服从自己参与制定的法律，从而把所有人的特殊意志变成一个统一的普遍意志，这就是"公意"。从政治哲学的角度看，卢梭提出公意概念的意图在于使公共性重新成为政治合法性的基础，以此反对现代社会无限扩张的个人权利原则；

这个公共性的实质内容就是建立起一个包含公共自由、公共福利和公共精神的公共领域。卢梭认为，一种符合伦理精神的共和政体一定是以社会为最高原则的，因为社会代表着一种普遍意志（即公意）；"最普遍的意志往往也就是最公正的意志"①，因为它产生于其成员之间的一种真正联系即所有个人之间共同的东西，这种共同之物决不是私利的总和，而是一种公共性财富，它是个人的一切个性、自由和道德能力的来源，个人只有成为这个社会共同体的一员才成其为人，即公民。

自由的本质是服从自己制定的法律，自由的政治形式是公民社会，卢梭以这一源自古代政制传统而又超越古典传统的新思想，否定了霍布斯、洛克为现代政治哲学奠定的个人主义基础，把现代政治哲学引入一个新的方向、新的维度。自此以后，人们能够将政治的本质不再仅仅理解为强力和利益的运作，而是"把强力转化为权利，把服从转化为义务"②；同时，人们能够将政治的目标不再仅仅理解为保护每个人自由平等地追求自己的最大利益，而是把公共性确立为政治的最高目标，重建政治的合法性，把公共自由和公共幸福确立为每个人的目标和义务，同时在公共性框架内重新安排个人利益的获取途径，把个人利益的追求变成合法的权利。卢梭指出，建立公民社会的最大收益是使现代的政治变成一种符合伦理原则的政治，从而让现代社会在新的高度上重新实现希腊城邦和罗马共和国的伟大理想："由自然状态进入社会状态，人类便产生了一场最堪瞩目的变化；在他们的行为中正义就取代了本能，而他们的行动也就被赋予了前所未有的道德性……此前只知道关怀一己的人类才发现自己不得不按照另外的原则行事。"③

当然，卢梭的制度设计在现代社会的现实中是不可操作的，它只是一个精神性的创意，它代表了一种崇高的政治理想，并把崇尚美德、通过公共教育培养公民的爱国主义精神和公共精神作为达到这一理想的

---

① 〔法〕卢梭：《论政治经济学》，王运成译，北京：商务印书馆1962年版，第6页。
② 〔法〕卢梭：《社会契约论》，何兆武译，北京：商务印书馆1980年版，第9页。
③ 〔法〕卢梭：《社会契约论》，何兆武译，北京：商务印书馆1980年版，第25页。

具体途径；这一方案在个人利益至上的现代资产者社会只能表现为不可能实现的幻想。但重要的是，卢梭的思想对现代政治哲学后来的发展仍然产生了重大的影响。卢梭理论创意的意义在于，它揭示了在现代性的地基上重新恢复社会原则的要求和方向，新的社会共同体不再是现代"原子式个人"的机械组合，而是应该作为"一个道德的与集体的共同体"而获得自身内在的统一性、"生命"和"意志"，它来源于"把人们结合在一起的共同利益"；在这个新的社会共同体中，个人从市民转变为公民，从只关注自己的私利转变为关注"公共的幸福"，以"一种更美好的、更稳定的生活方式"代替了现代社会"不可靠的、不安定的生活方式"。①

二、历史唯物主义对社会的再发现

卢梭的公民哲学思想深刻地影响了从康德到黑格尔的德国古典哲学，也深刻地影响了马克思。在马克思早期作品《论犹太人问题》中，马克思肯定了自由主义对实现政治解放的积极意义：自由主义通过宗教批判和对市民社会与国家的分离，把个体从封建特权和行会秩序的压迫下解脱出来，使每个人都能够平等地追求各自的幸福和利益，在这一基础上实现自由和平等。但马克思同时看到，由于普遍利益和私人利益之间的冲突，现实的人经受着作为市民社会中的私人与作为共同体的社会存在物之间的分裂。在市民社会中，人不仅把他人、也把自己降低为工具和手段，"成为异己力量的玩物"；而在国家中，在这个人应该被看作类存在物的地方，"人是想象的主权中虚构的成员"。②现代自由主义国家实现了对人的彻底颠倒：把人的特殊性实现为普遍的现实，把人的普遍性本质降低为非现实性。于此，马克思接受了卢梭的"公民"概念，把自由主义确立起的自然权利仅仅称为"人权"，而把依据人的普遍性确立

---

① 〔法〕卢梭：《社会契约论》，何兆武译，北京：商务印书馆1980年版，第40—41页。
② 《马克思恩格斯文集》第1卷，北京：人民出版社2009年版，第30—31页。

起来的权利称为"公民权"。①任何一种"人权"都没有超出市民社会的利己主义性质,"在这些权利中,人绝对不是类存在物,相反,类生活本身,即社会,显现为诸个体的外部框架,显现为他们原有的独立性的限制。把他们连接起来的唯一纽带是自然的必然性,是需要和私人利益,是对他们的财产和他们的利己的人身保护"②。在这个意义上,市民社会的成员仍表现为"自然人",受制于自然需要的束缚。基于此,马克思指出,仅仅实现政治解放是不够的,必须诉诸"人的解放",把人变成公民,"使人的世界的各种关系回归于人自身"③。

在这里,马克思显然没有超出卢梭太多。人们通常认为马克思的类存在概念取自费尔巴哈,但这一概念的政治哲学意蕴却必须追溯至卢梭的社会原则。当然,随着理论上的不断成熟,马克思后来同卢梭对自由主义的道德批判渐行渐远。在1845年《德意志意识形态》中所成熟表述的历史唯物主义思想框架中,马克思对社会历史和人的存在有了真正的科学认识,对现代社会的本质结构有了更准确的把握,从而能够更彻底地批判自由主义的个人权利原则。为了清楚地理解马克思这一转变的深刻意义,我们必须追溯早期自由主义者建构现代性理论的根本逻辑。

现代性首先奠基于一场哲学的"认识论转向",它拒绝了古代实体本体论的优先性,而转向个体的内在性领域,在那里寻找确立现代世界形而上学秩序的起点。在政治上,这种对世界的认识论态度瓦解了古代的自然法传统,成为现代个人权利原则的形而上学基础——一种唯我论的主体主义立场。这一转向在社会历史研究领域催生了关于自然状态的假说,把自然状态下每个人的欲望和需要视为政治的基本事实和政治的出发点,以此规定人的"自然"。霍布斯说:"我首先作为全人类共有的普遍倾向提出来的便是,得其一思其二、死而后已、永无休止的权势欲。"④人的欲望和自爱构成了现代心理学的根本原则,自然权利论的论证逻辑

---

① 参见《马克思恩格斯文集》第1卷,北京:人民出版社2009年版,第40页。
② 参见《马克思恩格斯文集》第1卷,北京:人民出版社2009年版,第42页。
③ 参见《马克思恩格斯文集》第1卷,北京:人民出版社2009年版,第46页。
④ 〔英〕霍布斯:《利维坦》,黎思复、黎廷弼译,北京:商务印书馆1985年版,第72页。

是把这一心理主义内容神圣化为自然正当，而自由主义理论家们则将自然权利论视为理解现代社会的先验范畴。由此观之，当卢梭以"良心"和"同情心"批判现代的欲望心理学时，他的批判在根本上仍然受制于唯我论和主体性意识哲学，他对良心的规定、对理性的诉求，虽然展开了同霍布斯、洛克不同的另一种人性想象，但明显仍是心理主义。

历史唯物主义的出场从根本上扭转了这一理论定势，在政治哲学和社会理论领域实现了一场方法论的革命。近代哲学家受制于唯我论的意识哲学的束缚来推论人性和现代性的诸原则，这一心理主义立场是近代哲学无法逃离的"内在性平面"①。马克思则不依靠任何"内在性平面"，而是直接从人的社会性存在出发去理解人，认识到人是一切社会关系的总和，"人就是人的世界，就是国家，社会"②。在这个意义上，马克思实现了社会理论从近代思维的"内在性平面"向"社会性平面"的转换。这一"社会性平面"挑战了所有对人的心理主义的抽象预设（例如对人的欲望、激情、良心等规定），只从唯一自明的感性事实、现实的人的感性物质活动出发，那是社会性平面内唯一的"初始概念"。这一规定绝非想象和臆测，而是出于"从事实际活动的现实的人"的这一直观，因此是历史唯物主义的"我思故我在"。在社会性平面内，人是从事物质活动，进行物质生产的人，人的存在是历史性存在，历史是人的物质生产生活的历史，每一代人都处在既定生产力条件的历史前提下，并且也将成为后人的历史前提。从这时开始，对人类社会及其历史的认识无须再追溯到任何一种关于自然状态的想象了，所以马克思谈到"过去的联合决不像《社会契约论》中所描绘的那样是任意的，而只是关于这样一些条件的必然联合"③，即人们基于一定的生产关系和交往形式的联合。

历史唯物主义是社会对自身大写的认识论。基于对人的社会性本质

---

① "内在性平面"是德勒兹解读哲学史的基础性概念。参见〔法〕吉尔·德勒兹、菲力克斯·迦塔利：《什么是哲学》，张祖建译，长沙：湖南文艺出版社2007年版第235—237、247—282页。
② 《马克思恩格斯文集》第1卷，北京：人民出版社2009年版，第3页。
③ 〔德〕马克思恩格斯《德意志意识形态》（节选本），北京：人民出版社2003年版，第66页。

的洞见，马克思将社会存在的基础勘定为社会物质生活的生产方式，人和人的关系的本质是生产关系和经济关系，从而揭示了"自由主义心理学连同其对意识的不恰当理解，本身就是错误意识的一种意识形态和模式"①。以唯物史观的视角看，自由主义及其相关的权利体系歪曲了社会关系的真实本质，把阶级的特殊利益抽象为超越历史的自然正当，掩盖了人与人真实的社会关系。因此，当卢梭指责霍布斯以人的社会性内容论证自然权利时，马克思也指出："旧唯物主义的立脚点是市民社会，新唯物主义的立脚点则是人类社会或社会的人类。"②这也从另一个层面昭示了马克思为什么称赞唯心主义者发展了"能动的方面"，原因就在于：无论康德还是黑格尔，他们以道德的普遍性和国家的伦理性立论，超越了市民社会坚硬的物质主义原则；而霍布斯和洛克这些市民社会理论家反而是一些真正的唯物主义者。

从"人类社会或社会的人类"出发，政治哲学必将诉诸对市民社会的政治经济学分析，政治经济学批判是马克思政治哲学和社会理论的实体性内容，它力求穿透现代个人权利原则的先验幻相，揭示其背后的经验基础和历史根源。具体说来，市民社会奠基于资本和劳动的分离，尽管它们都是广义的私有财产——"作为资本的私有财产"和"作为劳动的私有财产"，③但资本主义社会关系的实情却是：广大劳动者只拥有"作为劳动的私有财产"，而"作为资本的私有财产"则被垄断在少数资本家手中，表现为：劳动者为了生活不得不向资本家出卖自己的劳动。马克思揭示，通过劳动过程，资本作为一种独立的社会力量实现自我增值，劳动本身则沦为贫困，现代资本主义就是这样一种从个人权利出发、反过来又压迫大多数个人的社会制度形式。

---

① 〔美〕麦卡锡：《马克思与古人》，王文扬译，上海：华东师范大学出版社2011年版，第226页。
② 《马克思恩格斯文集》第1卷，北京：人民出版社2009年版，第502页。
③ 〔德〕马克思：《1844年经济学哲学手稿》，北京：人民出版社1979年版，第60页。

三、财产权批判与新社会构想

卢梭和马克思对政治个人主义和现代资产阶级社会关系的批判,其中一个重要内容是对私有财产权的批判,这一批判不仅揭露了基于个人自利和资本积累原则的现代财产关系的不义性,而且为构想未来全新社会共同体昭示了方向。

财产权问题事关现代政治的根基和本质,它是现代政治哲学不同立场论争的一个聚焦点。自17世纪英国革命之后的大约一百年间,是财产权被正面理解并奠定为现代政治基础的时代。其理论上的关键一步,先有洛克提出,私有财产权是现代人自由和权利的首要基础,财产权的正当性来自劳动;斯密紧随其后,发现"一般劳动"是财富的唯一本质,从经济学的科学理论上支持洛克。自此,现代对于财产的政治信念有了一个真正的理论基础,财产和劳动成为现代政治哲学的基础性问题。自18世纪中期起,对财产权的这种正面理解开始受到质疑,财产权越来越被从反面指认为造成人类不平等的终极根源。卢梭1750年的出场可以作为这个财产权批判时代到来的标志。卢梭第一次引导人类怀疑私有财产天经地义的正当性,帮助他们认识到,私有财产并非人类的普遍权利,而只是少数人的特权,是富人剥削穷人的结果,根本不足以充当现代人自由的普遍基础。人生而自由平等,现代社会正是以财产权的名义将其破坏,因为法律的首要职责是保护财产权:"它给富人所有的巨额财富以强有力的保护,而几乎弄得穷人不能安保他们亲手搭起的草屋。"[①]由卢梭唤醒的批判意识,第一次把财产权和贫困的存在联系在一起:贫困并非人类永恒而不可改变的命运,贫困恰恰是由财产权在政治上导致的一个后果。

继卢梭之后,马克思再次将自由问题聚焦于财产,但这一次马克思刷新了对财产本身的理解,把财产进一步分析为"作为劳动的私有财产"

---
① 〔法〕卢梭:《论政治经济学》,王运成译,北京:商务印书馆1962年版,第34页。

和"作为资本的私有财产"。节点在于劳动的异化。马克思发现,被古典政治经济学当做财富本质的"一般劳动"与本意上的具体劳动和劳动者是对立的,因为财富作为资本乃是劳动被"物化"的结果,异化劳动所导致的劳动与资本的对立才是财产的政治本质:"整个社会必然地分化为两个阶级,即有产者阶级和无产劳动者阶级。"①马克思对财产权的去合法化,实现了自卢梭之后现代政治哲学的又一次重大创新。从《1844年经济学哲学手稿》提出"共产主义是私有财产的积极扬弃",到《共产党宣言》宣告"共产主义就是消灭私有制",马克思在否定的意义上再一次确证了财产权是现代政治的前提。而马克思超越卢梭的地方在于,他不仅从政治本身,而且从人的生存的存在论本质去理解财产占有关系的本质,从而为理解财产权问题及其在个人与社会关系中的地位展开了全新的理论图景。

马克思认为,人作为自然的、感性的、对象性的存在物,首先是一种"受动的"的存在物,这就是说,人尽管在本质上是普遍的自由的,但在感性上却是有"需要"的,对物的需要作为人的本质的感性方面,使人成为受制约的和受限制的存在者。"他的情欲的对象是作为不依赖于他的对象而在他之外存在着的;但这些对象是他的需要的对象;这是表现和证实他的本质力量所必要的、重要的对象。"②这就是马克思所谓"人的情欲的存在论"或人的存在的感性方面,而私有财产作为一种对物的占有,是这种人的情欲的存在论本质能够"充分完满地、合乎人本性地得到实现"③的一个必要条件。由此可以知道,对马克思来说,对象首先不是直观的对象,而是需要的对象;对象化首先意味着人对自己对象的"需要"和通过劳动而实现的对该对象的"占有",它是人的生命之完整表现的需要,而这种生命表现的确证途径就是对外物的"占有",财产是它的社会形式。马克思接着指出,废除了财产占有之非人性质的新

---

① 〔德〕马克思:《1844年经济学哲学手稿》,北京:人民出版社1979年版,第43页。
② 〔德〕马克思:《1844年经济学哲学手稿》,北京:人民出版社1979年版,第120—121页。
③ 〔德〕马克思:《1844年经济学哲学手稿》,北京:人民出版社1979年版,第103页。

社会必将"创造着具有人的本质的全部丰富性的人,创造着具有深刻的感受力的丰富的、全面的人"①。"私有财产的废除,意味着一切属人的感觉和特性的彻底解放;但这种废除之所以是这种解放,正是因为这些感觉和特性无论在主观上还是在客观上都变成了人的。眼睛变成了人的眼睛,正像眼睛的对象变成了通过人并为了人而创造的社会的、属人的对象一样。"在这种新感觉中,"对物的需要和享受失去了自己的利己主义性质,而自然界失去了自己的赤裸裸的有用性"。②

至此可以理解,在个人与社会的关系上,马克思的出发点是个人,并且是"现实中的、有生命的、从事实际活动的个人"。③在"自由人的联合体"中联合起来的是"个人":"在这个共同体中各个人都是作为个人参加的",④在这里,每个人的自由发展是一切人的自由发展的条件。这意味着,自由发展的个人构成了新社会制度的原则和目的:共产主义所建立的制度"使一切不依赖于个人而存在的状况不可能发生",因为这种制度安排在马克思看来不过是个人之间实际交往的一种新形式,个人构成这种制度安排的"现实基础"。⑤这种对每一个"个人"的关注是马克思致力于"劳动者的解放"这一真实实践目标的必然结果,而"劳动者的解放包含着全人类的解放"。⑥这一现实目标使马克思"通过人并且为了人而对人的本质的真实占有"命题有了实质性的内容。

个人的全面发展是最终目的,但个人只有在共同体中通过"自由的联合"才能实现自己的全面发展。"只有在共同体中,个人才能获得全面发展其才能的手段,也就是说,只有在共同体中才可能有个人自由。"⑦作为共同体的联合是通向个人自由的唯一道路。那么,为什么只有在自

---

① 〔德〕马克思:《1844年经济学哲学手稿》,北京:人民出版社1979年版,第80页。
② 〔德〕马克思:《1844年经济学哲学手稿》,北京:人民出版社1979年版,第78页。
③ 〔德〕马克思恩格斯:《德意志意识形态》(节选本),北京:人民出版社2003年版,第11、16、17页。
④ 〔德〕马克思恩格斯:《德意志意识形态》(节选本),北京:人民出版社2003年版,第66页。
⑤ 〔德〕马克思恩格斯:《德意志意识形态》(节选本),北京:人民出版社2003年版,第66—67页。
⑥ 〔德〕马克思:《1844年经济学哲学手稿》,北京:人民出版社1979年版,第55页。
⑦ 〔德〕马克思恩格斯:《德意志意识形态》(节选本),北京:人民出版社2003年版,第63页。

由联合的共同体中才能实现个人的自由发展？马克思的回答是，只有在革命无产者的共同体中，才能使人的生存条件受到人的控制。"这个领域内的自由只能是：社会化的人，联合起来的生产者，将合理地调节他们和自然之间的物质交换，把它置于他们的共同控制之下，而不让它作为盲目的力量来统治自己；靠消耗最小的力量，在最无愧于和最适合于他们的人类本性的条件下来进行这种物质交换。"①在《德意志意识形态》第一章，马克思恩格斯使用大量的历史分析来说明："联合"这种社会形式的必然性乃是基于一个历史方面的原因，即人的生存与发展的条件过去一直受偶然性和自发性支配的，表现为一种与人对立的盲目力量。而造成这种情况的原因是：过去的个人是一些分散的个体，但分工却使他们有了一种必不可免的然而又是自发的联系，"在分工范围内社会关系必然独立化"，个人之间的这种关系不是个人发展的条件，而是"一种对人来说异己的与他对立的力量"。②马克思认为，只要个人的活动（劳动）本身是基于分工因而是自发的和被迫的，而非作为"自主活动"因而是自觉和自愿的，那么人本身的活动就对人表现为一种异己的、与人对立的、物的力量。改变这种情况的唯一办法是："消除这些前提的自发性，使它们受联合起来的个人的支配。"③由此马克思提出："个人力量（关系）由于分工转化为物的力量这一现象，不能靠人们从头脑里抛开关于这一现象的一般观念的办法来消灭，而是只能靠个人重新驾驭这些物的力量，靠消灭分工的办法来消灭。没有共同体，这是不可能实现的。只有在共同体中，个人才能获得全面发展其才能的手段，也就是说，只有在共同体中才可能有个人自由。"④

马克思关于自由生产者联合的构想，在理论模式上与卢梭作为"公意"的政治立法具有相似的同构性。卢梭的这一创意曾在18世纪被康德

---

① 〔德〕马克思：《资本论》第3卷，北京：人民出版社2004年版，第928页。
② 参见〔德〕马克思恩格斯：《德意志意识形态》（节选本），北京：人民出版社2003年版，第66、63、29页。
③ 〔德〕马克思恩格斯：《德意志意识形态》（节选本），北京：人民出版社2003年版，第66页。
④ 〔德〕马克思恩格斯：《德意志意识形态》（节选本），北京：人民出版社2003年版，第63页。

先验化为论证个人道德生活的绝对命令,如今又被马克思具体化为现代社会生活的一个理想。造成这种相似的根本在于,马克思和卢梭具有深刻的精神共契,那就是消灭现代社会里人和人的不平等与压迫,实现人和社会的真正统一性,重建现代共同体。当资本统治"把一切封建的、宗法的和田园诗般的关系都破坏了"①之后,"真正的共同体"将依赖于联合起来的个人以实现人的类本质的生活为目标。卢梭曾经为这一联合设想了一种普遍性形式,马克思则深刻认识到实现这一理想所需要的历史条件的复杂性:"这需要有一定的社会物质基础或一系列物质生存条件,而这些条件本身又是长期的、痛苦的发展史的自然产物。"②

今天,随着全球化资本主义的深度扩展,以集体形式的公有制为标志的社会主义体制严重失利。在国内改革开放、建立市场经济取得举世瞩目巨大成就的同时,随着现代性和全球化在中国特殊社会历史条件下的深度扩张也带来了一系列负面后果:个体性原则早已不是马克思设想的那种自由个性的全面发展,而蜕变成恶性的私利至上原则和全社会的物质主义导向。在这种情况下,重温卢梭和马克思对政治个人主义的批判及其重建现代共同体的理论理想,对我们这个时代具有重要意义。

---

① 〔德〕马克思恩格斯:《共产党宣言》,北京:人民出版社1997年版,第30页。
② 〔德〕马克思:《资本论》第1卷,北京:人民出版社2004年版,第97页。

第十三章
马克思对黑格尔"等级神话"的超越

我们在前文已经指出,黑格尔完成了一种对于宗教的彻底世俗化、政治化的解读。在黑格尔那里,"上帝的真正本质是一个完成了的国家的本质"①,理性国家实现了社会各等级有机统一的宗教理想(基督王国)。现在我们则要进一步指出,黑格尔关于"等级统一"的构想只是一个资本主义时代的神话。它建立在基督教"唯灵论"政治框架与古典政治经济学的双重基础之上,因此只有通过对现代市民社会及其政治经济学的批判,马克思才能真正揭穿这一构想的"唯灵论"本质,最终消除黑格尔哲学加在现代资本主义头上的光环。而这也正是马克思与黑格尔思想对话中最深邃的地方。

一、"等级神话":政治经济学与基督教政治框架的综合

黑格尔认为人类社会的最高形态是一个认识到自身是有机生命体的国家,在这种国家内部,社会各个等级之间具有高度和谐的关系。这一点再次显示出了他与基督教思想传统的密切渊源,因为"有机国家"或"有机的社会等级秩序"本身就是基督教中世纪的一种政治想象。根据沃格林的《政治观念史稿》,在基督教文明中,使人类共同体(帝国、民族

---

① 〔意〕洛苏尔多:《黑格尔与现代人的自由》,丁三东译,长春:吉林出版集团2008年版,第256页。

国家等）作为有机身体被"唤起"的政治符号是"基督神秘体"。这一观念最初被用来描绘基督教教会，后者被认为是"由不完美的人——基督徒在其有生之年正是这样的人——构成、按照一种有机的等级秩序来加以安排的基督身体"①。随后由于查理曼大帝与基督教的合作，世俗王权融入了"基督神秘体"。"基督神秘体"的范围由此被扩大到了包括教士阶层和平信徒阶层在内的整个基督教社会。②作为中世纪最重要的政治符号，"基督神秘体"的观念预示着社会各等级由于"圣灵弥漫其中之故"，取得了一种同质的本体（灵），从而处于一种逐级和谐的状态。③脱胎于神圣帝国的诸民族国家最初也以单一的"基督神秘体"（基督王国）自居，因此当黑格尔设想现代国家是一个内部各等级和谐的"有机体"时，他并没有真正超出基督教的政治想象，关于这一点，黑格尔本人是公开承认的，他相信理性国家本身就是基督教"社团理想"亦即"上帝之国"的实现。④

当然，黑格尔对于"等级有机统一"的理解并没有停留在基督教的"社团理想"上。在他看来，社团的友爱、互助——由对上帝的爱引起的人类共同体的团结，还处于一种脱离人的现实世界的"彼岸王国"阶段，因为宗教的"表象思维"本身具有感性的、外在的特征，它不能确定地把握现实社会的具体环节，生活的真实内容实际上还处在宗教的认识之外。换言之，"基督神秘体"的概念只是一个抽象的伦理想象，它虽然取得了相应的世俗对应物（国家和它内部各等级的和谐），但是它的真正的源头仍然是一种没有摆脱抽象色彩的内心生活。在这种观念之下，人类社会虽然取得了一种实体性的情绪和信心，但是人们具体的行为方式却

---

① 〔美〕沃格林：《政治观念史稿·中世纪（至阿奎那）》，叶颖译，上海：华东师范大学出版社2009年版，第9页。
② 〔美〕沃格林：《政治观念史稿·中世纪（至阿奎那）》，叶颖译，上海：华东师范大学出版社2009年版，第64—65页。
③ 参见〔美〕沃格林：《政治观念史稿·中世纪晚期》，段保良译，上海：华东师范大学出版社2009年版，第290、298—299页。
④ 青年黑格尔、谢琳、荷尔德林分手时的口号就是"上帝之国"。参见苗力田编译：《黑格尔通信百封》，上海：上海人民出版社1981年版，第5页。

并没有因此获得普遍性的提升。人们宁可相信"祝圣"、"忏悔"、"祈祷"是真正普遍的生活,现实的行动反而被看轻,并留给私人的任性去裁决。正因如此,中世纪的"等级和谐"实际上只是一种虚有其表的东西,其真实状况恰恰是普遍的奴役和倾轧。

黑格尔由此断定:"基督神秘体"的范畴不能单纯依靠宗教表象的引导获得实现,必须使其世俗对应物即社会自身进展到一种普遍的、实体性的联系,才能使"道成肉身"的隐喻成为人真实的存在状态。就此而论,基督教在天上的权威必须首先让位给世俗生活的权威,使世俗社会获得充分的自主性,新的普遍性(伦理性)的进展才有可能发生。这一过程就是我们通常所说的启蒙运动,它以(有限的、知性的)知识的权威取代了信仰的权威,人的主体性重新被树立起来,工商实业由此得到发展,并最终使人进展到一种全新的社会体系,即市民社会。黑格尔相信"基督神秘体"的真正实现即以这样一个新的社会为基础。

按照黑格尔的看法,现代市民社会产生了一个新的使社会团结在一起的"圣灵",它不再是一种模糊的"伦理情绪",而是一种客观实存的"社会理性"(社会伦理)。这种"社会理性"最初就表现为建立在工商实业基础上的"普遍社会联系",亦即由政治经济学发现的"市场规律",它具有相对于个人目的的外在性和必然性,但是个人目的的实现又必须以这种外在的普遍必然性为中介。

关于这一点,黑格尔在《法哲学原理》中写道:"在市民社会中,每个人都以自身为目的,其它一切在他看来都是虚无。但是,如果不同别人发生联系,它就不能达到它的全部目的,因此其他人便成为特殊的人达到目的的手段。但是特殊目的通过同他人的关系就取得了普遍性的形式,并且在满足他人的同时,满足自己。由于特殊性必然以普遍性为其条件,所以整个市民社会是中介的基地;在这一基地上,一切癖性、禀赋、一切有关出生和幸运的偶然性都自由的活跃着;又在这一基地上,一切激情的巨浪,汹涌澎湃,它们仅仅受到向他们放射光芒的理性的节制。受到普遍性限制的特殊性是衡量一切特殊性是否促进它的福利的唯一尺度。"①

　　根据泰勒的看法，黑格尔对于市民社会的这段描述，直接来自于斯密所说的"看不见的手"。它表明黑格尔已经意识到追求特殊目的的个人被一种普遍性的力量即"市场规律"（社会理性）和由其所派生的法律和行政制度（黑格尔称其为"需要和理智的国家"）结合在一起。他们受到市场背后的"理性"的统治。虽然从表面上看，个人听从自身任性的摆布，但是"市场规律"却使他们参与到一个普遍的社会分工体系当中，并将其个人的特殊存在转变成一种"为他人存在"。黑格尔指出，在"市场规律"之下，成为他人的需要和手段是"大家彼此满足的条件"，这种普遍的相互依赖关系使"孤立的和抽象的需要以及满足的手段与方法都成为具体的、社会的"②。市民社会由此把自身组织为这样一种整体，在其中，"每个人在为自己取得、生产和享受的同时，也正为了其它一切人的享受而生产和取得。在一切人相互依赖全面交织中所含有的必然性，现在对每个人来说，就是普遍而持久的财富"③。就此而论，黑格尔相信，政治经济学所发现"市场规律"已经潜在地是一种"伦理精神"。

　　在此基础上，黑格尔发现，现代市民社会创造了一种新的"等级和谐"关系。这种等级关系就建立在古典政治经济学（特别是斯图亚特的分工学说）所描述的那种受"市场规律"支配的需要和分工（劳动）体系之上。个人的原始地位、禀赋和任性在此被发展为财产和技能（职业）的差别。与此同时，个人也只有通过职业化的方式，亦即进入一个由现代社会分工所确定的等级，才能"处于现实的普遍性"中，参与普遍社会财富的分配。中世纪各等级之间的相对独立性在此被打破了，个人需要和职业上的"普遍依赖关系"成为了社会分层的新原则。关于这一点，黑格尔在《法哲学》中写道："内在于人的需要体系和需要运动中的理性，

---

① 〔德〕黑格尔：《法哲学原理》，张企泰、范扬译，北京：商务印书馆1961年版，第197—198页。
② 〔德〕黑格尔：《法哲学原理》，张企泰、范扬译，北京：商务印书馆1961年版，第207页。
③ 〔德〕黑格尔：《法哲学原理》，张企泰、范扬译，北京：商务印书馆1961年版，第210页。

把这一体系组成为具有各种差别（等级）的有机整体"，"政治经济学就是从上述需要和劳动的观点出发、然后按照群众关系和群众运动的质和量的规定性以及它们的复杂性来阐明这些关系和运动的一门科学"①。这表明，在黑格尔看来，现代社会各等级的分化和统一实际上正是"市场规律"的结果，而"政治经济学"的重大贡献就在于它使这一促成现代社会团结的"理性精神"获得了第一次揭示。

黑格尔对于政治经济学在市民社会中发现的"理性精神"极其重视。按照他的看法，正是"现代世界（市民社会）第一次使理念的一切规定各得其所"②，而"思辨哲学"（逻辑学）本身则是关于市民社会中潜在的思辨规律即"政治经济学规律"的自我意识。因此只有在现代市民社会的基础上，才有可能建立起真正自在自为的、合乎理性的伦理生活。现代市民社会唯一的不足之处，只是在于其成员本身还没有意识到"理念的利益"，还没有把社会的"普遍理性"作为自身的价值诉求。这种"普遍理性"对于主观自由来说，还是外在的、必然性的东西。主观自由与其社会性的存在方式在尚处于分离之中。从这个意义上说，市民社会还不理解自身的真实利益，社会的"普遍理性"对于他来说还是一种压迫和奴役。黑格尔认为，只有把市民社会中自在存在着的理性精神，也就是政治经济学在无数私人任性的行动中发现的社会规律③，提升到一种自觉的社会意识，从而使社会的外在必然性变成社会在自我意识基础上的自由规定（自在自为的理性），市民社会才能真正被组织为一个有机的整体。而这也就意味着，将政治经济学意义上的市民社会，提升为我们在前文中所提到的那种政治逻辑学意义上的国家。按照黑格尔的看法，现代国家将使隐藏在市民社会中的理性精神（实际上就是思辨逻辑）转变成为国家自身的知识和意志。这种知识和意志在国家（社会）的全部生活中实现着它的自我区分和规定。它贯穿于国家的一

---

① 〔德〕黑格尔：《法哲学原理》，张企泰、范扬译，北京：商务印书馆1961年版，第211、204页。
② 〔德〕黑格尔：《法哲学原理》，张企泰、范扬译，北京：商务印书馆1961年版，第197页。
③ 〔德〕黑格尔：《法哲学原理》，张企泰、范扬译，北京：商务印书馆1961年版，第205页。

切部门和阶层，并使国家内部的各个环节自觉为整体的一部分，并按照整体的利益和目标行动。现代国家因此能够实现在理性意识（逻辑）基础上的"等级和谐"。由于财富、职业（分工）和需要领域的冲突都能获得一种凌驾于它们之上又拥有治国之才（逻辑知识）的政治力量的监督和指导，建立在这些领域之上的各等级也将同样处于一种自觉的、"有机"的联系之中。

从前文的论述中，不难看出，黑格尔对社会和谐统一的构想依赖于他对市民社会的"理性精神"即"市场规律"的发现。这种"理性精神"（作为逻辑学）取代了基督教的"圣灵"，弥漫于社会共同体之中，成为使社会各等级获得真正有机联系的绝对条件。但也正是在这里，黑格尔再次陷入了一种"基督神秘体"式的抽象理想。因为黑格尔过分强调了政治经济学在现代社会生产生活中发现的"普遍依赖关系"，而真正建立起这种"普遍依赖关系"的私人意志亦即资本（私有财产）的意志却还没有得到它应有的重视。虽然黑格尔在1799年阅读斯图亚特的《政治经济学基本原理》时，已经推断出私有财产是社会冲突的根源，但是他对私有财产的扬弃始终停留于一种政治的、实则为外在的方式，而没有进展到对资本自身运动规律的反思和批判。[1]从这一点上来看，黑格尔仍然受制于政治经济学对市民社会的理解，他通过外在政治力量和"理性知识"扬弃私有财产、提升市民社会的方案，实际上只是以政权和意识形态的方式承认了政治经济学的"市场规律"，进而间接地承认了私人意志即私有财产对普遍性的社会生产和生活的占有。就此而言，黑格尔的逻辑学和理性国家非但不能促进社会各等级的"和谐统一"，反而还会助长资产阶级和无产阶级的对立。当然，黑格尔思想的这种缺陷，只有在马克思对现代"市民社会"，进而对"政治经济学"的批判中才能得到完全澄清。

---

[1] 参见〔苏〕古留加：《黑格尔小传》，刘半九译，北京：商务印书馆1978年版，第23页。

二、"犹太精神":马克思对"市民社会"的初步批判

对于"市民社会"的思考是马克思挑战黑格尔"等级神话"(有机国家观念)的出发点,同时也是马克思转向"政治经济学"批判,并最终在此基础上彻底推翻黑格尔"等级神话"的理论前提。因此,详细考察马克思在1843年前后(激进民主时期)的"市民社会转向",对于理解马克思与黑格尔在政治思想上的交锋具有非常重要的意义。在前文讨论过的《黑格尔法哲学批判》中,马克思已经提出了"市民社会"在现代政治中的基础地位,但是由于马克思在这部作品中的主要批判对象是"国家"本身,市民社会自身的分裂,也就是现代国家的"唯灵论"性质的真正源头,并没有获得充分讨论(见第5章第3节)。不过,《法哲学批判》的这一缺陷,在很大程度上被马克思同期的《论犹太人问题》弥补了。我们看到,这篇表面上是为反对鲍威尔的"犹太观"而写作的文章,已经彻底地使现代政治哲学的关键词发生了转变——对"市民社会"自身的批判分析(其成熟形态将是《资本论》)最终取代了黑格尔和鲍威尔的"政治国家"(理性国家)观念,成为思考一切宗教与世俗问题的根本立足点。

我们知道,黑格尔对于现代政治哲学的重大意义在于,他将传统上作为政治前提的基督教精神,解释成了属于人类自身的、尚未得到具体实现的政治(伦理)理想;与此同时,又把实现了理性和自由的现代政治国家看作是基督教精神的真正完成形态,从而一举"颠倒"了宗教与政治的传统秩序。既然宗教只是政治理念的未完成形态,那么现实的教派就只能是低于国家并且需要接受国家法律的约束和指导的"同业公会"(特殊社会部门)。[①]鲍威尔在论述"犹太人问题"时,完全接受了黑格尔对国家与宗教关系的看法。在他看来,犹太人之所以没有得到解放,正是因为德国是基督教国家,还没有实现自身的理性化和自由。德

---

① 参见〔德〕黑格尔:《法哲学原理》,张企泰、范扬译,北京:商务印书馆1961年版,273—274页。

国人连自身都没有解放，当然就更不能解放犹太人。在《论犹太人问题》中，马克思总结了鲍威尔的观点："一方面，鲍威尔要求犹太人放弃犹太教，要求一般人放弃宗教，以便作为公民得到解放。另一方面，鲍威尔坚决认为，宗教在政治上的废除就是宗教的完全废除。以宗教为前提的国家还不是真正的现实的国家。"①

针对这一点，马克思提出，鲍威尔（黑格尔）并没有真正理解"人们所要求的解放的本质要有哪些条件"，只有从"市民社会"出发，对"国家本身"即"政治解放"本身进行批判，"才是对犹太人问题的最终批判，也才能使这个问题真正变成'当代的普遍问题'"。②在这里，马克思借助于对鲍威尔观点的反驳，迈出了批判现代市民社会，进而破除黑格尔的"等级神话"（理性国家观）的最为关键的一步。

首先，在马克思看来，从霍布斯到黑格尔和鲍威尔，都把"政治解放"即国家的世俗化、理性化看作是避免宗教内战和分裂，实现社会各等级和谐统一的主要途径，然而他们却没有意识到，"政治解放不是彻头彻尾、没有矛盾的人的解放"，③当"理性国家"实现了对宗教、私有财产等的政治超越时，它并没有取消它们作为市民社会要素的存在，反而"伴随着宣布它们政治死亡而来的"，便是这些要素按照自身规律的蓬勃发展。④马克思相信，法国革命和《人权宣言》已经很好地证明了这一点，这就是："政治解放最后必然要以宗教、私有财产和市民社会一切要素的恢复而告终"，政治生活只是一种手段，"而这种手段的目的是市民社会的生活"。⑤马克思由此认为，鲍威尔和黑格尔所设想的"理性国家"不过是一个"虚幻的共同体"，它的最终归宿只能是使一切表面看来具有"普遍精神"的政治权利还原为"私有财产"这一市民社会的根本"特权"。同样，"去国教化"的基督教（作为"信仰自由"政治权利）也必然会在

---

① 《马克思恩格斯全集》第3卷，北京：人民出版社2002年版，第167页。
② 《马克思恩格斯全集》第3卷，北京：人民出版社2002年版，第167—168页。
③ 《马克思恩格斯全集》第3卷，北京：人民出版社2002年版，第170页。
④ 参见《马克思恩格斯全集》第2卷，北京：人民出版社1957年版，第150页。
⑤ 《马克思恩格斯全集》第3卷，北京：人民出版社2002年版，175页、185—186页。

其实际应用中,在其与"私有财产"相关的应用中,被彻底转变为"市民社会的、利己主义领域的、一切人反对一切人的战争的精神。"①在此基础上,马克思断言,"政治解放"非但不能促进社会各等级的和谐统一,反而会使现代社会冲突向着更为广泛和深刻的程度发展。

其次,马克思在《论犹太人问题》中做出了一个重要的论断,这就是将现代基督教和市民社会的实际精神归结为追逐"金钱"和"商业成功"的世俗犹太精神。②这无疑表明,马克思已经意识到了现代社会的本质是一个经济社会——"经济"(金钱)取代了希腊悲剧中的"命运"和拿破仑的"政治"的地位,成为现代人的一切行动及其效果的决定性要素。不仅如此,马克思的这个论断还显示出了他对于现代经济压迫的深刻见解。关于这一点,马克思写道,"金钱是以色列人的妒忌之神,在他面前,一切神都要退位。金钱贬低了人所崇奉的一切神,并把一切神都变成商品。金钱是一切事物的普遍的、独立自在的价值。因此他剥夺了整个世界——人的世界和自然界——固有的价值。金钱是人的劳动和人的存在同人相异化的本质;这种异己的本质统治了人,而人则向它顶礼膜拜"。③马克思由此断言,"犹太精神"自身已经成为阻碍他们以及一切市民社会成员获得解放的本质问题,因为它使人成为了自己与别人私欲的奴隶,并且只有在处于一个"异己本质"即"金钱"的支配之下,才能实际地进行活动。④如此一来,马克思也就否定了黑格尔宣称的、现代资本主义经济的"伦理色彩",进而表明只有从"做生意"和"金钱"这一现代社会最深刻的奴役和"异化"形式中解放出来,犹太人的解放才具有实际意义,而这种解放本身也将不只属于犹太人——它将是整个现代社会的自我解放。⑤

最后,当马克思把犹太人的"利己主义"看作是现代市民社会的统

---

① 《马克思恩格斯全集》第3卷,北京:人民出版社2002年版,183页、174页。
② 《马克思恩格斯全集》第3卷,北京:人民出版社2002年版,第191—193页。
③ 《马克思恩格斯全集》第3卷,北京:人民出版社2002年版,第194页。
④ 《马克思恩格斯全集》第3卷,北京:人民出版社2002年版,第197页。
⑤ 《马克思恩格斯全集》第3卷,北京:人民出版社2002年版,第198页。

治精神时,他实际上已经注意到,经济生活并非是黑格尔所设想的社会团结的纽带,而是现代社会中阶级对立和压迫的基础。这一认识直接构成了对黑格尔"等级神话"最激烈的挑战。根据韦伯的《宗教社会学》,"犹太精神"中的"利己主义"层面具有一种特殊的社会区分功能,这一点特别表现为犹太人在从事经济活动时针对"异邦人"的歧视态度(犹太人自身没有国家,并视所有异教徒为"异邦人")。——犹太经济伦理中的各种规则只适用于犹太人之间,对于"异邦人",犹太教允许利用对方的错误和法律的漏洞谋取自身的最大的利益。[1]因此,当马克思把"犹太精神"宣布为市民社会的精神时,实际上就等于表明:在现代资产者和无产者之间已经不再具有"共同的祖国和同胞情义";资产者与资本自身的"利己主义"已经使"犹太人"对"异邦人"的经济压榨转变为最基本的现代社会关系。按照黑格尔的看法,市民社会的"理性精神"本应是引导各等级统一于一个"国家有机体"(基督神秘体)的新"圣灵",但是马克思作为犹太人,却能够站在基督教传统之外思考问题,他知道犹太人自身是没有祖国的,因此市民社会的"犹太精神"必然会使政治国家陷入"犹太"资产者与"非犹太"无产者的分裂状态。唯一不同的是,在传统基督教世界,犹太人被排除在国家之外,而在现代,国家(政府、政权)已经是"解放了的"市民社会的产物,是金钱的奴隶,[2]因此实际上被排除在国家之外的恰恰是"非犹太"的无产者。就此而论,马克思在《共产党宣言》中说出"无产阶级没有祖国"的原初语境,正是"犹太人没有祖国"。

综上所述,马克思对"犹太人问题"和"犹太精神"的分析已经深刻地把握到了现代市民社会的经济压迫性以及由此造成的阶级对立结构。这一点无疑对于马克思最终转向"政治经济学批判"(《资本论》),从而完成对黑格尔政治哲学的超越具有决定性的意义。

---

[1] 参见〔德〕马克斯·韦伯:《宗教社会学》,康乐、简惠美译,桂林:广西师范大学出版社2011年版,第301页。
[2] 参见《马克思恩格斯全集》第3卷,北京:人民出版社2002年版,第194页。

三、《资本论》对黑格尔"等级神话"的最终超越

通过《黑格尔法哲学批判》和《论犹太人问题》,马克思已经成功地破除了黑格尔的基督教"唯灵论"政治框架,进展到了对现代市民社会的思考。此后马克思的工作重心则逐渐转向了政治经济学。因为只有通过研究,进而超越政治经济学——这一超越最终是在《资本论》中实现的——马克思才能破解黑格尔国家学说和思辨逻辑的真正秘密亦即"非批判的政治经济学"的秘密,从而彻底破除黑格尔的"等级神话"。

根据普兰特和泰勒的研究,黑格尔关于"现代伦理体系"的理解,最早得益于亚当·斯密、詹姆斯·斯图亚特等古典政治经济学家。后者对于现代资本主义体制中生产和交换规律的揭示,使黑格尔最终发现:"表面上看来利己的私心、财产权、个人为了满足自己的需要而进行的劳动、工具的使用等等,这一切似乎把一个人从他人那里越来越分化出来,但同时却也产生新的、比较不那么直接、但却仍然看得到的和谐和社会团结(共同体)的形式。"①注意到这一点,对于我们理解黑格尔哲学与政治经济学的内在联系非常重要。

黑格尔在《哲学史讲演录》中曾经指出,哲学就其本性而言是一种伦理意识,只有在一个"现实体系的整个联系"中,在一个社会共同体中,才能认识具体的思辨的真理。②现在,政治经济学在市民社会的偶然性和任性的活动中发现了这样一种共同体的形式(个人特殊性的普遍依赖关系),这无疑就为黑格尔创立作为现代伦理意识的思辨哲学提供了重要的前提条件。根据黑格尔的《法哲学原理》,现代市民社会已经包含了伦理理念的全部规定,只不过这些规定还不为其行动者所意识;政治经济学的贡献就是认识这些潜在的规定,③而国家学说和思辨逻辑的

---

① 中国社会科学院哲学研究所西方哲学教研室编:《国外黑格尔哲学新论》,北京:中国社会科学出版社1982年版,第281页。
② 参见〔德〕黑格尔:《哲学史讲演录》第二卷,贺麟、王太庆译,北京:商务印书馆1960年版,第82—83页。
③ 参见〔德〕黑格尔:《法哲学原理》,张企泰、范扬译,北京:商务印书馆1961年版,第197页、205页。

任务，则是进一步将政治经济学发现的"普遍伦理形式"提升为主动的政治目标和自觉的哲学知识。关于这一点，卢卡奇在《青年黑格尔》中曾经正确地指出："黑格尔所发展出来的那种特殊形式的辩证法，乃是从他研究资本主义社会问题，研究经济学问题里生长出来的。"①可见，政治经济学才是黑格尔的伦理（国家）思想和逻辑方法的真正秘密所在。

在此基础上，黑格尔认为，之所以要把政治经济学的规律提升到政治权力和哲学意识的高度，正是因为政治经济学规律在市民社会中仍然外在于个体的目的。这种"外在性"使普遍的经济体系始终面临着私人意志的否定性和无限性的侵扰，从而可能陷入单纯量的方面的增长和不平等的扩大，以致侵害社会各等级与国家的统一。②为此，黑格尔认为国家必须干预经济，调节个体自我意识在经济活动中的冲突，避免产业自由危害普遍福利；③但是当国家这样做时，它并不真正超出经济规律的范围，"国家干预"的唯一目标只是"在经济领域内巩固社会的团结"。④同样，因为思辨哲学本身也以经济学在现代世界中发现的思辨规定为基础，所以它的实际的应用，也只是在于使经济学的普遍规律上升为自我意识的规定，从而为公民和国家正确认识现代社会的"团结形式"提供确定的思维方法（逻辑学），最终奠定现代经济社会的普遍意识基础。由此可见，黑格尔的思辨哲学和政治国家虽然对古典经济学的"自由放任"立场做出了部分修正，但它实际上仍然是"站在现代国民经济学的立场上"⑤思考社会各等级和谐和统一问题。从这个意义上说，黑格尔的思辨哲学及其国家观念正是最大的资产阶级意识形态。

马克思很可能是第一个注意到黑格尔的"政治经济学立场"的人，这

---

① 〔匈〕卢卡奇：《青年黑格尔》，王玖兴译，北京：商务印书馆1963年版，第140页。
② 〔德〕黑格尔：《论自然法的科学探讨》，程志民译，载《哲学译丛》1997年第3期。
③ 参见〔德〕黑格尔：《法哲学原理》，张企泰、范扬译，北京：商务印书馆1961年版，第237页，239—240页。
④ 中国社会科学院哲学研究所西方哲学教研室编：《国外黑格尔哲学新论》，北京：中国社会科学出版社1982年版，第290页。
⑤ 〔德〕马克思：《1844年经济学哲学手稿》，北京：人民出版社2000年版，第101页。

不仅体现于他在《巴黎手稿》中对黑格尔"站在现代国民经济学的立场上"的深刻论断，而且在更为重要的意义上构成了他在《资本论》及其伟大手稿中"颠倒"黑格尔"辩证法"的基本立足点。在我看来，后者也是马克思破除黑格尔"等级神话"最为关键的步骤。因为只有通过批判和超越古典政治经济学，进而实现对黑格尔辩证法（《逻辑学》）的颠倒，才能真正驱散"思辨逻辑"这个笼罩在资本主义社会头上的"圣灵"，使资产阶级统治的秘密大白于天下。

为了说明这一点，我们首先需要考察《资本论》与辩证法（《逻辑学》）的关系。按照马克思本人的说法，黑格尔的辩证法对于他首先是一种"处理材料的方法"。例如，马克思在1868年至库格曼的信中就曾提到："黑格尔的辩证法是一切辩证法的基本形式，但是只有在剥去他的神秘形式之后才这样，而这恰好是我的（《资本论》的）方法的特点。"①关于这一问题更为著名的表述，则出现在《资本论》第二版跋中："我公开承认我是这位大思想家（黑格尔）的学生，并且在关于价值论的一章中，有些地方我甚至卖弄起黑格尔特有的表达方式。辩证法在黑格尔手中神秘化了，但这并没有妨碍他第一个全面而有意识地叙述了辩证法的一般运动形式。在他那里辩证法是倒立着的。必须把它倒立过来，以便发现神秘外壳中的合理内核。"②马克思关于辩证法的这段论述广为流传，其重要性无与伦比，但是在我看来，其中却有两个尚未澄清的问题。第一，黑格尔的辩证法何以能够成为马克思撰写《资本论》的"方法论"基础？第二，辩证法的神秘化，固然是就其观念性而言的，但是观念本身究竟使什么神秘化了？这却是一个更值得重视的问题，因为只有这个问题才触及马克思"颠倒"黑格尔的根本动机。

关于第一个问题，黑格尔的辩证法何以能够成为马克思撰写《资本论》的"方法论"基础？我们实际上已经在上文中给出了答案。这就是黑格尔的思辨哲学，实际上来源于对市民社会自身思辨性的考察，来源

---

① 《马克思恩格斯〈资本论〉书信集》，北京：人民出版社1976年版，第254页。
② 〔德〕马克思：《资本论》第I卷，北京：人民出版社2004年版，第22页。

于政治经济学对于现代生产和交换规律的揭示；逻辑学本身只是对于市民社会中潜在的理性规定的自觉，它并不超出政治经济学的理性内涵，而它之所以表现为一种"独立主体的思维过程"①，则仅仅是因为它作为一种"自觉"的"理性"，将按照"理性"本身规定自己。就此而论，思辨逻辑、辩证法与政治经济学具有本质相关性，因此马克思借助于改造《逻辑学》提供的方法，加工《资本论》（同样以市民社会的经济规律为对象）的"原始材料"就是顺理成章的。马克思唯一需要注意的就是，避免政治经济学的立场和结论渗入到对政治经济学本身的批判分析之中。由此，也就引出了我们的第二个问题：逻辑观念本身究竟使什么神秘化了？答案就是"政治经济学"和它所描述的资本主义社会制度。因为观念自身并不构成神秘的东西，只是在观念取得了独立的形态时，隐藏在观念背后的东西才显得神秘。黑格尔的逻辑学是对政治经济学的观念化，同样，以"逻辑意识"为基础的"国家"，也只是对资本主义经济制度的政治化，它们都表明在黑格尔那里，"政治经济学"才是真正神秘的、前提性的东西，因此马克思只有建立一门深入批判"政治经济学"的科学，才能取消辩证法的"神秘形式"，使辩证法进一步深入到对现代社会经济制度的反思和批判当中，从而达到它的"合理内核"。

我们知道，古典政治经济学是对资本主义生产方式的分析，它表达了一种对于私人生产的无意识的"社会性"，以及在此基础上形成的"社会和谐"的认识："每个人追求自己私人的利益，而且仅仅是自己私人的利益；这样，也就不知不觉地为一切人的私人利益服务，为普遍利益服务。"②政治经济学家认为，资本主义社会之所以呈现出这种局面，乃是因为在它的生产和交换过程背后有着客观的、永恒的理性规律，而政治经济学则是揭示这些普遍规律，从而证明资本主义制度的绝对合理性（伦理性）的科学。然而在马克思看来，正是这一点构成了政治经济学的根本缺陷。因为它把作为特定历史现象的资本主义生产关系，当作是已

---

① 〔德〕马克思：《资本论》第1卷，北京：人民出版社2004年版，第22页。
② 《马克思恩格斯全集》第30卷，北京：人民出版社1995年版，第106页。

经被一劳永逸地理解了的、客观的、本质的、自然的规律，结果政治经济学就成了脱离产生它的社会和历史运动的新宗教，资本主义社会自身的矛盾和它必然会带来的历史变革实际上都被它掩盖了。正因如此，马克思才要写作《资本论》，与古典政治经济学展开竞争，使资本主义社会的历史局限性暴露出来，从而为最终消除现代资本主义制度对人的奴役指明道路。

首先，在对"交换价值"的理解上，马克思已经开始批判古典政治经济学。后者相信，价值规律是一种不变的理性规律，它反映了人的自由和平等，因此能够促进社会的普遍联系，把人从奴役和压迫状态下解放出来。但是在马克思看来，交换价值在现代社会中的作用却恰恰相反。马克思说："毫不相干的个人之间的互相的和全面的依赖，构成它们的社会联系。这种联系表现在交换价值上，因为对于每个人来说，只有通过交换价值，他自己的活动或产品才成为他自己的活动或产品；它必须生产一般产品——交换价值，或本身孤立化的，个体化的交换价值，即货币。每个个人行使支配别人的活动或支配社会财富的权力，就在于它是交换价值或货币的所有者，他在衣袋里装着自己的社会权力和自己同社会的关系。"① 这表明，"交换价值"实际上已经成为统治人的一种力量。它使人的社会关系屈从于物的社会关系，使"人的能力转化为物的能力"②，由此造成的结果非但不是真正的自由、平等，反而是以人对物（货币）的依赖性表现出来的更为深刻的奴役。就此而论，价值规律也不是真正的理性规律，而只是货币—资本造成的统治秩序，"它使人和人之间除了赤裸裸的利害关系，除了冷酷无情的'现金交易'，再也没有任何别的联系了"③。

其次，在此基础上，马克思进一步指明，政治经济学所说的"理性规律"实际上就是"资本运动的逻辑"。马克思将其概括为"G — W —

---

① 《马克思恩格斯全集》第30卷，北京：人民出版社1995年版，第106页。
② 《马克思恩格斯全集》第30卷，北京：人民出版社1995年版，第107页。
③ 《马克思恩格斯选集》第1卷，北京：人民出版社1995年版，第275页。

第三论题 马克思对近代西方政治思想的综合与超越

G′"（为贵卖而买）这样一个资本的总公式。①根据马克思发现，资本家从工人那里购买的"劳动时间"分为两部分，在"必要劳动时间"内，工人生产出自己劳动力价值（工资）的等价物；在"剩余劳动时间"内，工人无偿地为资本家生产出剩余价值（利润），后者正是使"G—W—G′"得以实现的真正秘密。并且，由于资本运动追逐的是剩余价值本身，这一运动实际上是永无休止的，剩余价值、利润必然重新转化为购买劳动力"资本"，开始新一轮的增值过程。②在此过程中，资本家将会积累越来越多的抽象财富，从而取得更大的"支配无产的工人权力"，相反只靠工资为生的工人则只能陷入日益贫困的、无权的境地。③在这里，马克思通过揭示"资本运动的逻辑"，彻底瓦解了政治经济学关于"看不见的手"（自由市场）的神话。后者不仅相信，在价值生产的过程中劳动力的买卖双方处于自由、平等的地位，而且认为，在市场中存在着一种自然的"理性智慧"，亦即虽然劳动力的买、卖双方都是"只为自己，不顾别人"，但是他们又都在"事物预定的和谐下"完成着"互惠互利、共同有益、全体有利的事业"。④（实际上，黑格尔也相信市民社会领域的自治，政治国家对于自由贸易的干预相当有限。）然而，"资本运动的逻辑"却表明劳动力的买和卖屈从于资本的权力，服务于资本的利益，劳动力的出卖者始终受到资本占有者的剥削和奴役。工人与资本家的利益实际上是尖锐对立的。就此而论，资本主义社会的经济规律，非但不是政治经济学家和黑格尔所设想的促成"社会团结"的"圣灵"，反而是一切阶级冲突和矛盾的总根源。

最后，马克思在资本运动的逻辑中，发现了资本主义自身瓦解的逻辑，这一点使他彻底超越了政治经济学和黑格尔的视野，完全在现代社会自我批判的地基上提出了新的共同体理想。马克思注意到，伴随着资

---

① 《马克思恩格斯选集》第2卷，北京：人民出版社1995年版，第167页。
② 孙正聿：《"现实的历史"：〈资本论〉的存在论》，载《中国社会科学》2010年第2期。
③ 参见《马克思恩格斯选集》第2卷，北京：人民出版社1995年版，第595页。
④ 参见《马克思恩格斯选集》第2卷，北京：人民出版社1995年版，第176页。

本规模的扩大，劳动的社会化程度将不断提高，"劳动资料日益转化为只能共同使用的劳动资料"①，与此同时，由资本主义生产过程本身的机制所训练、联合和组织起来的工人阶级也日益壮大。于是"资本的逻辑"就在这里转变为"瓦解资本的逻辑"。马克思说："资本的垄断成了与这种垄断一起并在这种垄断之下繁盛起来的生产方式的桎梏。生产资料的集中和劳动的社会化，达到了同它们的资本主义外壳不能相容的地步。这个外壳就要炸毁了。资本主义私有制的丧钟就要敲响了。"②在此基础上，马克思认为，取代资本主义制度的新的人类共同体，本身就建立在资本主义的成就之上。因为资本主义不仅生产出了"个人同自己和同别人相异化的普遍性"（资本主义生产力），而且"也生产出了个人关系和个人能力的普遍性和全面性"。③后者必然使个人联合为一个"真正的共同体"，占有在资本统治下与他相异化的生产力总和，从而将个人自由、全面发展和活动的条件置于他们的控制之下。④马克思相信，一旦联合起来的个人做到了这一点，人们在必然性领域内活动的时间（工作时间）就会被缩减到最小的限度，与此同时，个人在科学、艺术等一切自由领域中的禀赋，以及人与人之间最真挚的同胞情义，也都能得到充分的发展。而这也就意味着，人类的共同生活将摆脱对抗和片面的性质，成为一门真正的"伦理艺术"。

综上所述，马克思对现代资本主义制度的理解已经远远超越了古典政治经济学以及在此基础上建立起来的黑格尔逻辑学。他在政治经济学和黑格尔所宣称的市民社会的"理性规定"中发现了"资本"这个幕后主宰，从而表明所谓的"市场规律"和"逻辑学"（作为对前者的自觉）实际上都不过是"资本运动的逻辑"。它们虽然也能产生"普遍的社会联系"，但是这种联系本身（作为资本主义生产力）却脱离了社会整体的利

---

① 《马克思恩格斯选集》第 2 卷，北京：人民出版社 1995 年版，第 268 页。
② 《马克思恩格斯选集》第 2 卷，北京：人民出版社 1995 年版，第 269 页。
③ 《马克思恩格斯全集》第 30 卷，北京：人民出版社 1995 年版，第 112 页。
④ 参见〔德〕马克思恩格斯：《德意志意识形态》（节选本），北京：人民出版社 2003 年版，第 66 页。

益。而这也就意味着，黑格尔试图通过对"市民社会"的理性精神的自觉，实现"社会各等级有机统一"的做法，只能造成资本的幽灵附体。它非但不能带来"社会团结"，反而造成了人格化的资本即资本家与工人的尖锐对立。同样，因为思辨逻辑这个现代"圣灵"的真实身份只不过是资本的幽灵，所以以逻辑意识为基础的"理性国家"，真正说来也无非是资产阶级的统治机器。可见，马克思对"资本逻辑"的揭示已经彻底破除了黑格尔的"等级神话"。但是马克思的贡献还不止于此，因为他注意到"资本的逻辑"自身已经是"瓦解资本的逻辑"，资本统治带来的人的社会化和生产资料的集中化，必然使现代社会产生一种新的自由的联合。于是马克思就在破除黑格尔的"等级神话"的基础之上，重建了一种新的共同体理想（共产主义、自由人的自由联合体），后者将打破黑格尔和政治经济学意义上的等级和分工，彻底建立在人的全面发展和自由活动的基础之上。无疑，与黑格尔的"等级神话"相比，马克思的新共同体包含了更为丰富、全面的人性内涵和自由精神。尽管这一构想迄今尚未实现，但是它却作为现代社会"自我批判"的精神坐标，使一切奴役人的制度及其意识形态无所遁形。

第十四章
马克思的政治经济学批判与科学社会主义

按照列宁的看法,马克思学说是对近代欧洲思想中三条最重要的学术进路实行的一次成功综合,这就是德国先验哲学、英国政治经济学和法国激进社会主义。在马克思这一宏大理论工程中,古典政治经济学发挥了至关重要的作用:首先,作为一门现代社会的新科学,它以对经济领域的实证分析取代传统政治哲学的先验观念论建构,开辟了一种理解现代社会的全新理论境界,从而为马克思创立历史唯物主义创造了必要的学科条件;另一方面,在斯密和李嘉图那里,政治经济学对"资产阶级生产关系的内部联系"进行了初步揭示,朴素地描绘了资本主义生产关系的对抗性结构,这就为马克思批判资本主义准备了重要的思想前提;最后,马克思正是在他的政治经济学批判中形成了更彻底的社会主义理论,并以更高的政治诉求和理论思维重建了政治哲学的先验界面。学界近年来对马克思的政治经济学批判进行了很多研究。本章拟将其作为一个思想史课题,就马克思究竟从古典政治经济学学到了什么,又以何种方式超越了古典政治经济学等要点,做出一个简要的总体性说明。

一、从政治哲学到古典政治经济学

古典政治经济学兴起于17—18世纪的英国和法国,其起源可以追溯到近代政治哲学的诞生,而近代政治哲学是对古典政治哲学实行决裂和反叛的产物。近代政治哲学彻底修正了古典政治哲学对人性的理解，用人的权利取代德性和义务作为人性的新根基：文艺复兴时代人本主义的核心理念是，原来那些基于人性的欲望并非罪恶，而是一些合理的需要；启蒙运动的本质是通过科学和艺术的进步和传播把人天性中的自私转化为开明的自利，使之成为公民社会的稳固基础。至于近代政治哲学在理论上的关键步骤，则是先有霍布斯，后有洛克：霍布斯接受了古典哲学的自然法概念，但又彻底修改了自然法的内涵，把自然法变成每个人保护自己生命的自然律概念，以此确立起个人权利的至上性原则；洛克则更进一步将个人权利奠基在私有财产权上，并把劳动确立为财产权的基础。近代政治哲学所提供的关于人生而自由平等、每个人的人格和权利都应受到尊重和保护、私有财产神圣不可侵犯等现代价值观念，彻底颠覆了古典政治哲学的世界观和人性观，为政治经济学成为一门社会科学奠定了政治前提和伦理前提。

  政治经济学最初是作为政治哲学和伦理学的一个分支出现的。在霍布斯的理论中，经济事关"国家的营养与生殖"，从而隶属于国家理论。休谟的人性论把政治经济学包含于其中，政治经济学研究是其人性研究的一个方面。同样，爱尔维修的唯物主义哲学主张"快乐即善，痛苦为恶"的享乐主义观点，这种哲学深刻影响了法国经济学的重农学派，并且为资本主义"经济人"的概念提供了伦理基础；这种"经济人"概念意味着，由于物品消费和财富积累构成了现世幸福的基础，每个具有理性的人都把追求自身利益最大化作为行动的直接目的。无疑，"经济人"概念代表了人类自我理解的一种全新倾向。与之相比，古代观点看重的是人类的优异性，这种优异性乃是出于本性或者内在的就令人钦佩的高贵的某种东西，它们的共同特点是它们都与人们的私利无关并摆脱了人类的算计之心，比如希腊人看重的智慧和技艺，罗马人看重的勇气与荣耀，等等。在整个古代世界，人的优异性主要体现为在公共领域参与政治活动，政治作为公共领域是精神的自由的创制领域；经济活动则隶属于前政治的私人领域并由奴隶承担，经济事务只是生物性的生存需要强加于人身上的一种必然性限制。现代社会的一个重大变革是把经济从私人领域里解放出来，将其上升为公共事务和政治问题。这个变化构成了政治经济学诞生的前提。因为只有所有人都遵从牟利原则而行动，经济学作为一门科学才是可能的，任何不遵守规则的人都被视作反社会或非社会存在的。随着一个全新的经济型社会取代了传统的政治共同体，一种区别传统政治概念的社会概念——政治经济学的社会概念呼之欲出，它在斯密学说中第一次得到了自觉的表述。斯密把近代政治哲学对人性的新理解自然化为经验事实，在他看来，从自利原则出发并不会导致人对人像狼一样的冲突，因为人性中天生具有互通有无、以物易物的自然倾向，在现代世界内，"每个人都得靠交易过活，或者说，都在一定程度内变成了商人"①。这种自发性的商业行为最终产生出一个超出任何个人意志的社会有机体，它就是在国家之外浮现出来的市场体系，"是一个由各种相互作用的力量所组成的封闭体系，无需一股'外部的'政治力量的帮助而能够维持它自己的存在"②。在这个新型社会中，传统政治共同体赖以存在的道德权威失去作用，被一种悄无声息的商业运转所置换，虽然每个人都从自己的利益出发，但受一只"看不见的手"的引导，却在无意中增进了社会整体的利益："我们每天有吃有喝，并非由于肉商、酒商或面包商的仁心善行，而是由于他们关心自己的利益。我们诉诸他们自利的心态而非人道精神，我们不会向他们诉说我们多么可怜，物质又是如何匮乏，而只说他们会获得什么好处。"③

这就是自由主义的社会概念，认为社会是一个不同于政治的自律性领域，其自身具有某种内在的规律和动力。按照滕尼斯对于共同体与社会的划分，传统社会只是一种"共同体"，它是人们以有机的意志统一和生命结合为基础建立起来的血缘的、地缘的和精神的生活共契，其成员共同占有和享用共同体的财产，在这样的共同体中，自律性的商品市场

---

① 〔英〕斯密：《国富论》，谢宗林、李华夏译，北京：中央编译出版社2011年版，第22页。
② 〔美〕沃林：《政治与构想：西方政治思想的延续和创新》，辛亨复译，上海：上海世纪出版集团2009年版，第310页。
③ 〔英〕斯密：《国富论》，谢宗林、李华夏译，北京：中央编译出版社2011年版，第13页。

第三论题　马克思对近代西方政治思想的综合与超越

和经济行为不可能存在。与之相对,现代社会才是真正的"社会",即由相互分离的独立个人出于各种主观目的而人为组成的机械结合关系体,只有在这里,自律性的商品市场和经济行为才成为可能。①斯密从一种全新的经济学观点看问题,认为传统共同体作为一种人为的制度,当其将道德和政治抬高到人性的自然之上以刻意促进共同善的时候,恰恰产生对社会的伤害作用;成功的社会不需要依赖特殊的政治和道德力量,借助人最真实的自利本性,道德和公正能在暗地里进行运作,实现一种不为个人所预见的社会全体的和谐。在经济学的平台上,斯密发现了透视人类社会和历史变迁的全新的理论范式,这就是把经济和财产权类型作为划分不同社会阶段的标准,社会体制是特定历史时期的物质生活条件与财产制度的直接产物,全部历史依据这个标准可以划分为狩猎社会、游牧社会、农耕社会和商业社会等四个阶段。②通过引入这一历史性视角,斯密论证了现代市民社会关系的合理性:在商业社会出现之前的一切时代,共同体和政治权威的干预造成的是人为的制度;只有在商业社会中,尽管每个人都任意行事,其结果却产生一个超出每个人意志的自然的制度,商业社会之所以是最好的社会,就在于它发乎人的商业本性,是一种"自然的自由体制"。

斯密的社会概念在思想史上具有重大意义,它使一种独立于政治哲学和伦理学的经济科学成为可能。正如温奇所说:"在经济决定政治这一点上,斯密的工作在自由政治思想史上标志着一个重要的分水岭,它代表着这样一个决定性时刻,即无论是好是坏,自身规范的社会与经济领域的'科学'概念,被认为是统治着伦理和政治领域的,而伦理和政治以前则被认为是独立的领域。"③在西方政治哲学的传统中,对社会的理解总是由哲人们从先验的观念论出发构造某种具有终极意义的人性概

---

① 参见〔德〕滕尼斯:《共同体与社会》,林荣远译,北京:北京大学出版社2010年版,第53、62页。
② 参见〔英〕斯密:《国富论》第5卷第一章,〔英〕坎南编:《亚当斯密关于法律、警察、岁入及军备的演讲》,陈福生、陈振骅译,北京:商务印书馆1962年版,第一篇"论法律"。
③ 〔英〕温奇:《亚当·斯密的政治学》,褚平译,南京:译林出版社2010年版,第6页。

· 219 ·

念和制度规范,比如霍布斯、洛克等人的契约论思想,就是把政治社会视为以个人利益为目的的理性的创制物。大约从孟德斯鸠开始,近代政治哲学的方法发生了从先验观念论向经验主义的转变,开始考虑到地理、风俗、人口、贸易等物质环境因素对政治的影响。作为这次方法转向的重要结果,斯密以政治经济学的实证研究取代传统政治哲学的先验建构,开创了西方学术史的新时代。就现代社会是一个经济型社会而言,政治经济学的本质就是现代社会的政治哲学,它决不是一个与政治哲学完全分离的异质性学科领域,而是使经济取代伦理上升为现代政治哲学的核心议题。

剥离掉其中关于社会和谐论的预设,斯密开发的经济—社会视角预示了后来马克思历史唯物主义研究的基本模式。当马克思批评卢梭等契约论者把社会看作一项理性计划,而强调社会交往的偶然性造成的联合时,这已经非常接近斯密从商业交换出发理解市民社会的基本观念了。[①]而马克思思想发展的关键一步,正是通过研究黑格尔法哲学而意识到"对市民社会的解剖应该到政治经济学中去寻求",又通过对政治经济学的批判而最后得到历史唯物主义的一般原理:"人们在自己生活的社会生产中发生一定的、必然的、不以他们意志为转移的关系,即同他们的物质生产力的一定发展阶段相适合的生产关系。这些生产关系的总和构成社会的经济结构,即有法律的和政治的上层建筑竖立其上并有一定的社会意识形态与之相适应的现实基础。物质生活的生产方式制约着整个社会生活、政治生活和精神生活的过程。不是人们的意识决定人们的存在,相反,是人们的社会存在决定人们的意识。"[②]无疑,对社会存在的发现,是马克思在研读了弗格森、斯密、马尔萨斯等人著作之后才有可能触及的全新观念。《德意志意识形态》对德国先验哲学的激烈批判,也是基于英国古典政治经济学的新方法的启示才有可能提出:"经验的观察在任何情况下都应当根据经验来揭示社会结构和政治结构同生产的

---

① 参见《马克思恩格斯文集》第1卷,北京:人民出版社2009年版,第573—574页。
② 《马克思恩格斯文集》第2卷,北京:人民出版社2009年版,第591页。

联系，而不应当带有任何神秘和思辨的色彩。"①更重要的是，从思想史的观点看，强调物质生产对社会形态的决定性力量、把人类改善自身生存状况的能力视为历史的动力、把生产资料的生产方式视为政治和伦理的基础，这些马克思的重大理论建树无疑分享了古典政治经济学的理论遗产，在学科起源上，它们是现代市民社会兴起的历史背景下，传统政治哲学的先验研究隐退与现代政治经济学的实证研究兴起的产物。在社会这一全新的理论域中，"政治论证的全部传统方式崩溃了"，自由与权利、劳动与财产、国家与市民社会等现实问题成为现代政治关切的新焦点，如马克思所说，对于现代资本主义而言，"工业以至于整个财富领域对政治领域的关系，是现在的主要问题之一"②。

二、从古典政治经济学到政治经济学批判

对于马克思来说，古典政治经济学为他打开了一个全新的视野，这就是政治经济学作为一门新科学对社会的发现。"政治经济学是现代资产阶级社会的理论分析"③，它在研究资本主义经济运作原理的理论平台上，探讨了资本积累与阶级冲突、生产逻辑与分配正义、私人利益与公共善等一系列现代社会中的重大政治问题。以政治经济学为出发点，马克思对资本主义本身的逻辑与历史结构进行了更彻底地否定和批判，《资本论》是对资本主义社会的病理学诊断，它阐述了资本主义必然走向自我崩溃的逻辑。在马克思与政治经济学的具体关系中，如果说斯密和李嘉图的古典政治经济学为马克思提供了走进资本逻辑的入口，那么"庸俗经济学家"则是李嘉图之后政治经济学发展的另一理论支脉，它是马克思在《巴黎手稿》之后展开的政治经济学批判的主要对象。④

---

① 《马克思恩格斯文集》第1卷，北京：人民出版社2009年版，第524页。
② 《马克思恩格斯文集》第2卷，北京：人民出版社2009年版，第598页，《马克思恩格斯文集》第1卷，北京：人民出版社2009年版，第8页。
③ 《马克思恩格斯文集》第2卷，北京：人民出版社2009年版，第595页。
④ 参见《马克思恩格斯全集》第30卷，北京：人民出版社1995年版，第4页，〔德〕马克思：《资本论》第1卷，北京：人民出版社2004年版，第99页。

一般认为,斯密为古典政治经济学奠定了全面的基础。斯密的重大创见在于,他抛开劳动的一切自然规定,而把"一般劳动"视为财富和价值的绝对基础。"劳动是我们为一切东西所支付的原始代价。世上所有的东西,追根究底都不是用金银买来的,而是用劳动取得的。"①重商主义和重农主义的错误在于没有看到,政治经济学不是关于金银、土地等物理对象的自然科学,而是从人的自然规定方面来探讨社会结构的社会科学。对于任何物品来说,"它的价值就等于能够用来购买或支配的劳动数量","只有劳动才是测量与比较一切商品价值的基本真实标准"。②但斯密的劳动价值论只是一种理论上的理想状态,它以土地为主要的财富形态,只适用于劳动本身和劳动资料尚未分离的前资本主义社会。随着资本主义的出现,资本、土地和劳动分化成三个独立的生产要素,劳动产出不再单独属于劳动者所有,劳动者必须和资本家、地主共同分享劳动产出。③斯密认为,这时商品的价值不再由商品中所含的劳动量来决定,而是由工资、利润和地租三个因素共同构成,商品必然以高于生产中的劳动价值出货,工资、利润和地租共同构成了产品的"自然价格",劳动者、资本家、地主阶级因其在生产中各自的投入也应获得其各自的合理收益。这一观点在经济学史上被称为"生产费用论":"工资、利润与地租是一切收入,以及一切交换价值的三个根本来源。其他一切收入,追根究底,都源于这三种收入当中的一种。"④

马克思认为,斯密的价值论包含着内在矛盾,这反映在其方法的二重性:"一方面,他要研究诸经济范畴的内部的关联,或者说,要研究资产阶级经济体系的内部的构造。在别的方面,他又依照这种关联在竞争的现象中,在一个不科学的观察者的眼里,并且在一个对资产阶级生产过程实际抱有私利的人眼里表现出来的模样,加以叙述。"⑤前一种方法

---

① 〔英〕斯密:《国富论》,谢宗林、李华夏译,北京:中央编译出版社2011年版,第31页。
② 〔英〕斯密:《国富论》,谢宗林、李华夏译,北京:中央编译出版社2011年版,第30、33页。
③ 〔英〕斯密:《国富论》,谢宗林、李华夏译,北京:中央编译出版社2011年版,第52页。
④ 〔英〕斯密:《国富论》,谢宗林、李华夏译,北京:中央编译出版社2011年版,第55页。
⑤ 〔德〕马克思:《剩余价值学说史》第2卷,郭大力译,北京:北京理工大学出版社2011年版,第6页。

正确地表述了资本主义生产的内部关联，马克思称之为"资产阶级体系的生理学"；后一种方法则只是对资本主义外在现象的描述。斯密政治经济学方法的这种二重性产生了双重历史后果：前一种方法为英国社会主义者和马克思剥削理论奠定了思想基础，后一种方法则成为庸俗经济学和各种功利主义经济学的理论前提。

从古典政治经济学到社会主义理论，李嘉图是一个必要的中介。李嘉图作为古典政治经济学的完成者，继承了斯密方法的革命方面，在揭示"资产阶级体系的生理学"的道路上走得更远：

"但最后李嘉图出来了。他在这种科学面前，高声喊了一声立正！资产阶级体系的生理学及其内部有机关联和生理过程的理解之基础或出发点，是价值由劳动时间决定。李嘉图即由此出发，要使这种科学放弃它以前的老套，并要在这上面，清算一下别一些由它展开并且说明的范畴——生产关系和交换关系——是在什么程度以内，与这个基础，这个出发点相照应或矛盾，或者这种单是把过程的现象形态提示或再生产的科学，从而现象自身，是在什么程度以内，与这个基础……相照应，这个体系的外表运动，和它的现实运动间，又存有怎样的矛盾。"①

劳动价值论是李嘉图体系的第一原理："一件商品的价值，或所能换得的他种商品的数量，乃定于生产所必要的相对劳动量，非定于劳动报酬的多寡。"②李嘉图认为，劳动价值论并不像斯密所说那样只适用于前资本主义时代，它在资本主义社会中同样有效，只是价值规律在资本主义社会的作用方式被重新修正了，经济学恰恰应该从劳动价值论这个绝对起点出发，进而研究资本主义条件下各种生产要素对价值规律的影响。对此，穆勒在给李嘉图的回信中这样评论："你的解释和论证同斯密正相反，你明白地指出，资本利润并不妨碍价值规律的作用。你的解释和论证同样清楚地表明，地租也不妨碍它的作用。"③在李嘉图看来，生

---

① 〔德〕马克思：《剩余价值学说史》第2卷，郭大力译，北京：北京理工大学出版社2011年版，第6—7页。
② 〔英〕李嘉图：《政治经济学及赋税原理》，郭大力、王亚南译，南京：译林出版社2011年版，第1页。
③ 〔英〕米克：《劳动价值学说的研究》，陈彪如译，北京：商务印书馆1963年版，第109页。

产是人类和客观世界的作用过程，它将不能直接使用的自然资源经过劳动转换为具有使用价值的产品，由于自然资源是无偿存在的，所以，地租不是一种社会成本，并不影响价值的构成；同样，工资和利润的划分也不能改变劳动价值论原理，因为资本只不过是过去的劳动，商品价值不仅包含投入商品生产的直接劳动，也包括了商品内部的物化劳动量，①生产在本质上就是一系列过去的劳动和现在的劳动的投入。由此观之，当斯密把价值构成分析为工资、利润、地租三者以取代劳动价值论时，他错误地混淆了价值生产和财富分配的关系，造成了价值源于交换的幻象。李嘉图则坚持认为，决定商品价值的不是交换，而是投入生产领域中的劳动，既包括生产商品时直接耗费的劳动，也包括生产这种商品所必需的生产资料所间接耗费的劳动，间接劳动不能产生新价值，它只不过把原有的价值转移到新生产的商品上，创造新价值的是直接劳动。

李嘉图理论将资本主义生产的真实结构进一步揭示出来，可以说，通过李嘉图理论，古典政治经济学完成了一次资本主义的自我批判。这就是为什么马克思说："资产阶级政治经济学的对立面，即社会主义和共产主义，是在古典政治经济学本身的著作中，特别是在李嘉图的著作中找到自己的理论前提的。"②古典政治经济学的早期主题是财富如何实现增殖，到了李嘉图时代，其关注点开始转向财富如何进行分配，确定财富分配的法则，成为政治经济学的新主题。③对分配问题的考察必然涉及生产领域中社会三大阶级的不同地位及其关系。马克思认为李嘉图的功绩在于从经济学角度指出了各阶级之间在经济上的对立性：李嘉图"终于有意识地把阶级利益的对立、工资和利润的对立、利润和地租的对立当作他的研究的出发点"④。相较于斯密对资本主义的乐观态度，李

---

① 〔英〕李嘉图：《政治经济学及赋税原理》，郭大力、王亚南译，南京：译林出版社2011年版，第8—9页。
② 《马克思恩格斯全集》第30卷，北京：人民出版社1995年版，第4页。
③ 参见〔英〕李嘉图：《政治经济学及赋税原理》，郭大力、王亚南译，南京：译林出版社2011年版，第15页。
④ 〔德〕马克思：《资本论》第1卷，北京：人民出版社2004年版，第16页。

嘉图的结论显得悲观而阴郁：由于资源的稀缺性，随着生产力进步必然导致工资上涨，利润则成比例地下降，结果资本家将失去积累的动力并引发经济停滞；这意味着工资率也必然下降到维持生计的水平，最终引起普遍贫困和社会危机，资本主义进入停止发展的静态社会。这就是资本主义的"工资铁律"，它意味着在地主阶级、资产阶级和工人阶级之间，对抗是不可避免的。①

按马克思研判，1830年是古典政治经济学崩溃和庸俗经济学兴起的分水岭。在这一时期，边沁、萨伊、西尼尔、巴师夏等人试图颠覆劳动价值论，以效用理论取而代之。他们认为，商品"其价值的主要部分并不是出于在其各自生产中所使用的劳动的那类财富"②，将劳动作为价值决定条件就是以局部原因代替了共同原因。相反，商品的有用性作为交换价值完全取决于其效用，"物品的效用就是物品价值的基础"，"所谓生产，不是创造物质，而是创造效用"。③按照效用理论，劳动力、资本和土地作为不同的"生产性服务"共同创造了产品的效用和价值，这三个生产要素在本质上并无区别：工人为了生产牺牲了自由时间和体力，资本家为了积聚资本而牺牲了消费和享受。在效用价值论视野中，古典政治经济学所发现的不同阶级间的对立和冲突消失了，剩下的只是资本主义经济的自然和谐，"如果它（政治经济学——引者注）满意地证明，富人和穷人的利益，以及各个国家的利益，不是相互对立的……没有什么比政治经济学研究更为重要"④。事实上，市场和流通的确是资本主义社会最直观的领域，所有活动在这个范围内都可以简化为一系列交换行为，而交换视角只能看到交换各方的互惠与和谐。问题在于："只要把商品或劳动还只是看作交换价值，只要把不同商品相互之间发生的关系看作这些交换价值彼此之间的交换，看作它们之间的等同，那就是把进

---

① 参见〔英〕米尔斯：《一种批判的经济学史》，高湘译，北京：商务印书馆2005年版，第144—146页。
② 〔英〕西尼尔：《政治经济学大纲》，蔡受百译，北京：商务印书馆1977年版，第35—36页。
③ 〔法〕萨伊：《政治经济学概论》，陈福生、陈振骅译，北京：商务印书馆1963年版，第59—60页。
④ 〔法〕萨伊：《政治经济学概论》，陈福生、陈振骅译，北京：商务印书馆1963年版，第55页。

行这一过程的个人即主体只是单纯地看作交换者……作为交换的主体，他们的关系是平等的关系。在他们之间看不出任何差别，更看不出对立，甚至连丝毫的差异也没有。"①很显然，效用价值论的思想源头就是斯密"看不见的手"理论，但它背离了斯密理论的革命方面，只是站在自由主义和个人主义立场上对资本主义体系进行外在性描述，完全忽略了对资本主义生产领域的内部结构及其矛盾进行揭示。在《资本论》第三卷，马克思尖锐指出，庸俗经济学家观点的实质是将资本主义生产方式神秘化："这是一个着了魔的、颠倒的、倒立着的世界。在这个世界里，资本先生和土地太太，作为社会的人物，同时又直接作为单纯的物，在兴妖作怪。"②

从政治哲学视角看政治经济学理论，究竟从生产过程出发还是从交换过程出发来描述资本主义，这是两条根本不同的道路。斯密对古典政治经济学的奠基在于他开创了这两种方法，李嘉图劳动价值论和萨伊等效用价值论者则分别发展了这两种方法并使之对立起来：从劳动和生产视角出发，必然看到劳动的主体性、阶级的对抗性和社会冲突的必然性；从效用和交换视角出发，则只能看到市场上的互惠与和谐，从而把资本主义分配方式视作天然合理的制度。无疑，马克思对资本主义经济结构的批判研究，属于斯密—李嘉图的"资产阶级体系的生理学"谱系。③在《资本论》第一卷中，马克思从商品和流通领域的分析逐渐推进到对生产领域和剩余价值的分析，体现了政治经济学方法从交换逻辑向生产逻辑的转换。对于马克思来说，生产不仅是资本研究的本题，更是资本主义本身"实际的起点"和"起支配作用的要素"。如果从分配和交换视角出发，资本主义的物化社会关系在个人面前就表现为一种自然的存在，从而支配着个人的选择。庸俗政治经济学没有看到，在产品分配之前首先是生产资料的分配，"这种分配包含在生产过

---

① 《马克思恩格斯全集》第30卷，北京：人民出版社1995年版，第195页。
② 〔德〕马克思：《资本论》第3卷，北京：人民出版社2004年版，第940页。
③ 正如马克思所承认："我的价值、货币和资本的理论就其要点来说是斯密—李嘉图学说的必然的发展"。〔德〕马克思：《资本论》第1卷，北京：人民出版社2004年版，第19页。

程本身中并且决定生产的结构，产品的分配显然只是这种分配的结果"①。因此分配和交换是属于生产本身内部的问题，而生产具有特定的前提和条件，既表现为当前社会的自然前提，也表现为前一个社会发展的历史结果。

更进一步，在马克思政治经济学批判的界面上，生产不仅仅是物质的、价值量的生产（李嘉图），而且再生产整个资本主义的社会关系。包括李嘉图在内的政治经济学的拜物教在于，它把地租、资本、劳动抽象地用于一切时代、社会的经济分析，从而把人和人的关系描述为物与物的关系，"这就是把资产阶级的生产关系当做永恒范畴的一切经济学家的通病"。而事实上，经济范畴只不过是生产关系的理论表现，"黑人就是黑人。只有在一定的关系下，他才成为奴隶。纺纱机是纺棉花的机器，只有在一定的关系下，它才成为资本。脱离了这种关系，它也就不是资本了"②。通过引入生产关系概念，马克思完成了对古典政治经济学生产理论的一次超越。只有在生产关系的视阈中，被遮蔽的资本主义的内部构造和生理机能才真正显现出来。李嘉图的限度在于，"从来没有考虑到剩余价值的起源……他在谈到劳动生产率的时候，不是在其中寻找剩余价值存在的原因，而只是寻找决定剩余价值量的原因"。③然而，价值的本质是一种社会关系。马克思发现，资本主义条件下创造财富的劳动一般不再抽象地是一切时代共有的简单劳动，而是表现为资本主义生产关系下与"他人的财产"相对立的"他人的劳动"。④资本主义的劳动是具体的、现实的社会化劳动，只有社会劳动才能创造一定量的交换价值；这种创造交换价值的劳动又是历史的产物，只有在社会化大生产和分工充分发展的资本主义社会，劳动的特殊规定才能被抽象掉而成为财富的一般本质。马克思揭示了，对生产当事人表现为不可抗拒地统治他们的"自然规律"是资本主义生产关系的物化形态，资本和劳动的对抗是资本

---

① 《马克思恩格斯文集》第8卷，北京：人民出版社2009年版，第18、20页。
② 《马克思恩格斯文集》第1卷，北京：人民出版社2009年版，第644、723页。
③ 〔德〕马克思：《资本论》第1卷，北京：人民出版社2004年版，第590页。
④ 参见《马克思恩格斯文集》第8卷，北京：人民出版社2009年版，第100、120页。

主义生产关系的实质,资本主义生产的奥秘在于,一旦工人进入生产领域,对劳动力的使用就属于资本家了,资本家付给工人的是劳动力的价值,但劳动力的使用价值则与劳动力的价值完全不同,它创造了超出劳动力价值的一个余额,这个余额就是工人在生产中创造的剩余价值,它是资本家不断实现资本积累的秘密。对于雇佣劳动而言,它在法的形式上平等地参与契约,但实际上却被逼无奈地出卖劳动力商品;它在市场上按其所值获得相应的报酬,但实际上却遭受剥削;它在形式上是自由的,实际上却被奴役。

三、从政治经济学批判到科学社会主义

对政治经济学的批判就是对资本主义制度及其存在方式的批判,资本主义的"内部联系一旦被了解,相信现存制度的永恒必要性的一切理论信仰,还在现存制度实际崩溃以前就会破灭"①。与政治经济学家不同,马克思不是要提出一种新的关于财富生产的经济理论,而是要对政治经济学的财富理论予以根本性的批判,以此中止资本主义经济运行的"自然规律",实际地实现社会关系形式的变革。所以,"马克思主义是一种反经济的理论,这种批判拒绝回到政治经济学,然而恰恰相反,科学是一种对抗性的运动"②。马克思的政治经济学批判并没有止步于对经济的实证分析,而是要在社会和历史的更大平面上,把实证研究引入到对资本主义的政治批判和伦理批判这样一个总体性理论规划当中。它表明,资本主义的内在矛盾必然导致社会革命,社会主义作为一种新的生产方式将扬弃资本主义,从而实现人性的复归。于此,马克思的工作以更高的政治诉求和理论思维回归到政治哲学的先验界面。

"正如经济学家是资产阶级的学术代表一样,社会主义者和共产主义者是无产者阶级的理论家。"马克思的这个论断表达了他自己的经济

---

① 《马克思恩格斯〈资本论〉书信集》,北京:人民出版社1976年版,第283页。
② 〔意〕奈格里:《〈大纲〉:超越马克思的马克思》,张梧等译,北京:北京师范大学出版社2011年版,第28页。

学研究与资产阶级政治经济学的本质区别，对政治经济学的批判必然通往社会主义。如前所述，古典政治经济学家对资本主义生产的考察已经发现了各阶级之间的对抗性，但在他们看来，无产阶级的贫困只不过是资本主义为了自身发展而不得不经历的过程；庸俗经济学家则更是把资本主义社会描述为自然和谐的画面。然而，对于社会主义者，一旦意识到贫困不只是贫困，而是社会革命的现实力量，"这个由历史运动产生并且充分自觉地参与历史运动的科学就不再是空论，而是革命的科学了"①。近代空想社会主义的代表圣西门曾经预言政治将完全溶化在经济中，未来社会将以对生产过程的科学管理来取代对人的政治统治。但由于空想社会主义的蓝图是从外面强加于社会的，他们空洞地强调全人类的解放并把社会主义寄托在个人善良意志的选择上，结果反对社会革命的必要性。

在英国，李嘉图派社会主义者比空想社会主义更前进了一步，由于直接面对资本主义充分发展的现实，他们具有更坚实的思想起点。在相当程度上，李嘉图派社会主义者已经进入到对资本主义生产逻辑的政治分析，他们从李嘉图的劳动价值论出发，揭示出劳动者遭受贫困和异化之苦的社会原因。在李嘉图那里，劳动价值论仅仅是一个经济学概念，汤普森、霍奇斯金、西斯蒙第等人则进一步把劳动价值论提升为一个批判资本主义的政治和伦理观点。汤普森认为，如果劳动是财富的唯一来源，那么分配的自然法则就应该是生产者具有自由享用劳动产品的绝对权利，并以此建立自由制度和公正的法律。②但是，这些李嘉图派社会主义者在根本上仍然受制于自由主义和功利主义政治哲学的思想基础，导致他们拒绝阶级斗争的必要性，而致力于各种分配正义理论。在分配正义问题上做文章，是李嘉图派社会主义者以及蒲鲁东、拉萨尔等人的共同理论宿命，这表明早期社会主义理论仍然受制于资产阶级政治经济学的意识形态。按照历史唯物主义的基本原理，"权利决

---

① 《马克思恩格斯文集》第1卷，北京：人民出版社2009年版，第616页。
② 参见〔英〕汤普逊：《最能促进人类幸福的财富分配原理的研究》，何慕李译，北京：商务印书馆1986年版，第一、二章。

不能超出社会的经济结构以及由经济结构制约的社会的文化发展"①。如果经济秩序决定政治秩序,那就只能通过彻底改变现存世界的经济结构来改变现存世界本身,而不是仅仅在分配和流通领域解决问题。科学的社会主义不是一种新的法权政治构想,而是一次扬弃资本主义存在方式的总体革命。

对于马克思而言,资本主义并非是不正义的,但却是非人性的,它处处表现为人类生活的异化状态。资本主义是这样一种生产体系,它建立在劳动力被当作商品进行买卖的基础上,结果在创造巨大社会财富的同时造成大面积的社会贫困,并使人的个性受到压抑。对此,斯密早就有所感悟:"一个人,如果他的全部生命都花在执行少数几个简单的动作……他的心灵麻痹,不仅使他无法领略或参与任何理性的对话,而且也使他无法怀抱任何恢弘、高贵或仁慈的情操……他在他自己那一行所学得的灵巧,就这样,似乎是以他在悟性、群性和武德方面的牺牲退化为代价。"②到了李嘉图,对工人阶级状况的揭示更依据于生产关系前提,一方面,资本主义的收益递减规律将不可避免地导致工人阶级只能生活在维持生命的工资水平线上;另一方面,随着资本有机构成的提高,机器在生产中的运用将进一步导致无产阶级的边缘化。③但是,由于古典政治经济学植根于人性的自然主义观点,它把人单纯地视为消费和需要的动物。斯密认为,在现代社会,每个人都具有交换倾向,其本性上都是商人。但马克思揭示出,人性的本质不是消费,而是生产。劳动和生产不仅仅具有经济意义,同时具有政治和存在论意义:"人们生产自己的生活资料,同时间接地生产者自己的物质生活本身……个人是什么样的,这取决于他们进行生产的物质条件。"④对于古典政治经济学而言,资本主义社会中劳动的形式与内容是分离的,从斯密到李嘉图,劳

---

① 《马克思恩格斯文集》第3卷,北京:人民出版社2009年版,第432页。
② 〔英〕斯密:《国富论》,谢宗林、李华夏译,北京:中央编译出版社2011年版,第904页。
③ 参见〔英〕李嘉图:《政治经济学及赋税原理》,郭大力、王亚南译,南京:译林出版社2011年版,第三十一章。
④ 《马克思恩格斯文集》第1卷,北京:人民出版社2009年版,第519—520页。

动越来越被实证化,最终仅仅视为商品价值量的决定因素,这必然导致遗忘生产与人的生活、经济与社会制度的总体性联系。马克思对资本主义生产和雇佣劳动的考察,则是要在历史学和社会学的更大平面上,勘定资本主义生产方式的历史性结构和存在论前提。实际上,《巴黎手稿》和《德意志意识形态》等早期著作中的哲学人类学观点并非如一些论者所论是青年马克思的不成熟思想,从一开始进入政治经济学语境,马克思就据有着这种哲学思想的制高点并对政治经济学保持着批判态度;其后他在《1857—1858年经济学手稿》中对资本主义生产之历史前提的历史学研究,以及《资本论》对资本主义生产之内在矛盾的辩证法研究,都是为了证明,一种不受制于资本主义最大化逻辑、真正符合人之自由本质的伦理生活不仅是可欲的,而且是可能的。这意味着,马克思的政治经济学批判在其深层逻辑上必然通过对资本主义的总体性批判而回归伦理学和政治哲学。

科学社会主义理论奠基于这一见解:生产决定分配,消除物化社会关系不可局限于分配正义问题,必须诉诸对资本主义生产方式的革命。这既是马克思政治经济学批判的根本观点,也是马克思超越早期社会主义者从分配正义入手所达到的新的理论境界。马克思认为,资本主义生产方式曾经在历史上起过非常革命的作用,它"创造出社会成员对自然界和社会联系本身的普遍占有"[①],与资本主义相比,以前的一切社会阶段都只表现为人类对自然的崇拜,只有在资本主义时代,自然才表现为服从于人的需要的力量。尽管如此,古代的观点仍然比现代崇高得多,因为它把人当做生产的目的,而现代观点颠倒了这种关系,把资本积累当成生产的目的。然而,自由王国只有在必然王国的基础上才能建立起来,人之为人的自由并不需要为摆脱资本主义物化逻辑的制约而放弃现实中物质财富的生产和占有,而是运用物质的力量将人性从物化逻辑下解放出来,变成自由的自主性。因此,社会主义不是让人们从劳动和生产中解放出来,而是使劳动和生产从资本主义的狭隘形式中解放出来,

---

① 《马克思恩格斯文集》第8卷,北京:人民出版社2009年版,第90页。

"在生产资料的共同占有的基础上重新建立个人所有制"①，从而为消除异化实现自由创造条件。在马克思看来，社会主义不仅符合人性发展的内在丰富性和完满性这一伦理原则，同时也由于容纳了资本主义创造的财富而具有一种自然主义的特征，这种作为人道主义和自然主义统一的社会形态将是未来历史发展的结果。这就是马克思全部政治经济学批判所得出的伦理观点和政治结论。

---

① 〔德〕马克思：《资本论》第1卷，北京：人民出版社2004年版，第874页。

第十五章
马克思对黑格尔"精神自由"思想的改造

现代性的最高目标是对人之自由的确证。虽然在柏拉图和基督教的指引下，西方文明已经从哲学沉思与对神的虔信方面经验到了超越自然本能的精神生活，领会到了人之为人的更高使命，但是只有到了现代，人类才第一次自觉到：人高于自然之处，乃是其自由意志，后者不借神意，完全以其自身为根据，奠定了文明的基础，塑造了世界的面貌。在现代人看来，人的自由目标、自立法度、自主事业是唯一的超自然"神迹"，人因其自由，创造并应当拥有其全部生活世界和生活意义。不过，现代人对于自由的理解具有两项先天的不足。其一，霍布斯、洛克等早期现代性思想家拒绝了理想国、上帝之城式的超越性理想，将人的自由意志限定在了个体的自然欲望方面，现代性以降低目标、向自然妥协为起点，无论这种现实主义取向能够带来怎样秩序与繁荣，它本身都同时伴随着一种倒退——个体自由因为缺失了超越性维度，只能更加成为欲望的奴隶。其二，早期现代性思想的另一个重要局限是个人主义，自保、自利不仅被看作个人的最高目标，同时也被看作是社会秩序的基础，但困难的是，单纯从个人尤其是个人的自然欲望出发，社会和文明的必要性和创造性力量，都是无法解释的。个人主义带来的是一种更严重的倒退，它标志着现代人从根本上来说，还缺乏理解和把握自身社会生活的能力，现代人必须为此付出沉重的代价。我们知道，正是人与人的相互结合，给人类带来了超越自然本能的全新力量，在自然之外，开辟了自由和文明的"新大陆"。

现代性思想的全部发展都可以看作是对自然主义和个人主义这两者进行修正的后果,其中最重要的当属卢梭、康德对于超越经验的理性意志(道德自由)的论证,以及古典政治经济学基于经验主义立场对现代社会运行机制的描述。卢梭和康德的哲学的重要贡献在于,重新将人的自由建立在独立于自然倾向,向人颁布命令的理性意志的基础上。人类由此重新赢得了超越性的道德尊严,与此同时,社会和文化也被视为人的精神创制,从根本上说能够被理性之人理解和掌握。卢梭和康德的哲学拯救了人类自由的超越性维度。但遗憾的是,他们没有从根本上摆脱个人主义的束缚,单纯以个体的先验理性能力为自由奠基并充当道德与社会的根据,严重地低估了社会生活的复杂性,其结果只能是理性无力干预实际社会事务,甚至借理性的名义造成对法律和伦理的粗暴践踏,雅各宾派的暴政就是深刻的教训。[1]事实上,先验的自由意志,只是造成人类自由的重要原因之一,自由作为超越自然的现实力量,同时是人类社会交往、合作的结果,古典政治经济学从经验主义立场出发重新肯定了这一点,从而使由现代社会分工和交换体系所造成的人类共同生活得到了具体的揭示。遗憾的是,古典政治经济学始终停留在自然主义的立场上,不肯向前迈出一步。对于斯密等古典政治经济学家来说,社会只是自利和交换的自然倾向的产物,遵循机械性的自然规律,只是无意识地促进了普遍福利和自由的实现;社会从根本上讲既不能被人所理解,也不能被人所操控,这种观点实际上是模糊了自由和自然的边界,放任精神屈从于物质的力量,其结果只能是牺牲自由。康德理解了人类自由的超越性,却不理解使自由得以实现的社会机制,古典政治经济学发现了现实社会,却没有从真正人的自由创制的角度对其加以把握,现代思想必须经历这二者的综合,才能最终意识到:人类意识的超越性只有通过现实社会关系的创制,才能成为现实的自由,而社会的创制本身既非出于先验理性,也非出于自然,它是人类意志和活动相

---

[1] 参见〔德〕黑格尔:《法哲学原理》,张企泰、范扬译,北京:商务印书馆1961年版,第255页。

互作用的结果；并且，社会作为人造物，终归可以通过某种方式，沟通、协调个人的独立意识，使社会运行处于人类共同意志的监控和支配之下，变成实现人类自由的条件。在所有试图完成这一综合的人中，最重要的正是黑格尔和马克思。

一、黑格尔对基督教社会思想与古典政治经济学的双重超越

黑格尔哲学的根本意图就是将人类意志的超越性与人类改造、提升自然的社会、经济生活的联系起来，从而说明人类自由的现实性。他最初是康德主义的追随者，但是对基督教社会思想和古典政治经济学的研究改变了他的立场，使他最终认识到，康德虽然提出了克制、超越感性欲望，仅以纯粹的理性法则（道德律）为动机的道德自由，但是这种自由却只存在于个人观念的玄思中，因为畏惧现实的污染而无所作为。不仅如此，作为纯粹的观念，康德式的道德自由依赖于一个实际上的思想者即个人的存在，这就给个人意志凌驾于道德之上提供了便利——黑格尔注意到，罗伯斯皮尔就是以道德和"最高理性"的名义处死政敌的。①正因如此，从写作《基督教的精神及其命运》开始，黑格尔就明确指出，相对于康德式的个人道德理性而言，基督教蕴藏着一种更深刻的关于社会整体的超越性与自由的思想。根据沃格林的《政治观念史稿》，基督教的社会理想是建立包括教士阶层和平信徒阶层在内的"圣灵王国"，这一理想意味着，整个基督教社会在"圣灵"的感召下，融入同质的精神共同体（基督神秘体），从而能够以相互扶持的善功（爱人如己），彰显人类自身中的神性。②作为神学院的学生，黑格尔显然非常熟悉基督教的这一理想。在他看来，"圣灵王国"的观念已经表明：只有相互扶持的社会生活才能使人提升到超越自然的地位，从而表达了一种自由只有基于

---

① 参见苗力田编译：《黑格尔通信百封》，北京：人民出版社1981年版，第31页。
② 参见〔美〕沃格林：《政治观念史稿·中世纪（至阿奎那）》，叶颖译，上海：华东师范大学出版社2009年版，第9页、第64—65页。

人的社会性存在方式才能实现的深刻见解。为此，黑格尔曾反复引证《马太福音》的教诲："无论在什么地方有两个或三个人根据'根据我的精神'联合起来……我就在他们中间，我的精神也同样如此"①

当然，对基督教自由思想的重新挖掘，仅仅是黑格尔超越现代个人主义的第一步。黑格尔深知：基督教本身并不关心现实的社会联系，只有对现代经济活动的深入考察，才有可能为人类自由找到真实的社会基础。与基督教相反，古典政治经济学采取彻底的经验现实主义的立场，在它看来，社会是个人的自利和交往的自然倾向的产物，后者促使人们彼此分工合作，建立起以商品交换为基础的普遍社会联系，以便更好地满足他们的需要。古典政治经济学主张，政府对个人行动的干涉要尽可能少，社会才能有效地运行。在《国民财富的性质和原因的研究》中斯密写道："在这种场合，他受着一只看不见的手的指导，去尽力达到一个并非他本意想要达到的目的。也并不因为事情并非出于本意，就对社会有害。他追求自己的利益，往往使他能比在真正出于本意的情况下更有效地促进社会的利益。"②黑格尔对于现代社会的理解显然受到了古典政治经济学的深刻影响，向斯密一样，他也相信个人的自由生产和交易间接地造成了社会的团结合作，拓展了人类的自由。但是，黑格尔与斯密又存在着解释原则上重大分歧，在黑格尔看来，社会运行绝非自然运动，而是人类意志的结果，政治经济学的自然主义立场在根本上是不负责任的，因为它否定了人类理解和掌控整体经济运行的可能性，其结果只能是放任经济片面发展对自由的侵害，并且导致"人数日益增多的群体被迫从事损害健康而没有安全保证的劳动……所有这些人最终都陷入不可解救的贫困中……于是在世界舞台上就出现了巨富与赤贫的对立"③。也正是在这个意义上，黑格尔批评苏格兰启蒙运动（包括斯密在内）在方

---

① 《黑格尔早期著作集》，上卷，贺麟译，北京：商务印书馆1997年版，第439—440页。
② 〔英〕斯密：《国民财富的性质和原因的研究》下卷，郭大力、王亚南译，北京：商务印书馆1974年版，第27页。
③ 张世英主编：《新黑格尔主义论著选辑》下卷，北京：商务印书馆2003年版，第438—439页。

法论上仍然没有超出常识的范畴，没有上升到人的精神本性的高度去揭示他们的经济生活。①

黑格尔因此修正了斯密的观点，在他看来，普遍的社会联系、社会力量并非出自"看不见的自然之手"，而是出自人类的"理性狡计"。黑格尔在《法哲学原理》中曾经写道："在市民社会中，每个人都以自身为目的……但是特殊目的通过同他人的关系就取得了普遍性的形式，并且在满足他人的同时，满足自己……在这一基地上，一切癖性、禀赋、一切有关出生和幸运的偶然性都自由的活跃着；又在这一基地上，一切激情的巨浪，汹涌澎湃，它们仅仅受到向他们放射光芒的理性的节制。"②在黑格尔看来，这种"理性狡计"与所谓的"看不见的手"之间存在着根本的区别。"理性狡计"的观念认为：人的意志构成了社会的基础，社会虽然常常表现出不以个人意识为转移的强制性和规律性，但是这些规律在根本上是源出于人类意志的"法"，而不是源出于自然的规律，对于后者人类只能学习，不能创造。③社会的、人类的"法"则不同，它是观念的创制物，借助对"法"的意识，个人的意志和行动才得以相互协作，获得他们原先所不具备的力量。就此而言，"法"即是人类自由的直接表现，又是使自由现实化的根本途径。黑格尔试图说明：社会从根本上说是人类自我立法的精神领域，社会的普遍合作之所以看上去是一个"狡计"，乃是因为社会是个人意志交错叠加的结果，个人意志只是局部参与了社会构造，而社会本身则是超出了个人意识范围的一个观念和行动的体系，个人意识虽然在其中不断修正而逐渐适应整体，但是却始终无法达到关于整体的完备认识和控制。④毋庸置疑，黑格尔的这一见解，从根本上改变了现代人的社会观念。虽然社会是以出乎个人意料的方式生

---

① 参见〔德〕黑格尔：《哲学史讲演录》第四卷，贺麟、王太庆译，北京：商务印书馆1978年版，第213—214页。
② 〔德〕黑格尔：《法哲学原理》，张企泰、范扬译，北京：商务印书馆1961年版，第197—198页。
③ 〔德〕黑格尔：《法哲学原理》，张企泰、范扬译，北京：商务印书馆1961年版，第14—15页。
④ 参见〔德〕黑格尔：《哲学史讲演录》第二卷，贺麟、王太庆译，北京：商务印书馆1960年版，第81—83页。

成、运动，但是个人在其生活中不断交换观念，取得共识的过程，却构成了一个整体性文明的根本原因。对于黑格尔来说，社会生活的这种观念性、可理解性（建立在大量局部共识之上）至为重要，它预示着人类掌握自身命运和自由的可能性。

黑格尔在《法哲学原理》中对于"需要的体系"的分析证明了这一点。黑格尔指出，虽然在经济领域中，个人的特殊需要、满足需要的手段充满了偶然色彩，但是作为受观念指导的人类活动，这些需要和手段都能被与其相关者所理解，并在分工和交换的体系中得到他者的配合，整个社会也因此能够致力于对特殊需要和满足需要的手段的不断细化、精致化，从而实现对自然的广泛利用和人类物质与精神生活的不断丰富。①不仅如此，黑格尔还注意到，价值（货币）观念在个人与社会之间起到了重要的中介作用，它为人们提供了衡量自身劳动、产品与整个社会的需要之间的关系的尺度，个人能够借此调整自身的职业行动，以便通过社会交换体系获得满足。黑格尔相信，通过货币和价值体系，现代经济生活的整体性就能够在一定程度上被它的成员理解和适应，从而呈现出某种合乎理性与自由的面貌。②

当然，从个人的自由意志及其相互关系的视角解释经济生活，只是黑格尔整个工作的一项基础。黑格尔的更高目标是要说明：如何将市民社会中个体独立的意识，提升到一种自觉的、整体性的社会共识，从而避免由私人意志的无限性和盲目性造成的无序生产和不平等的扩大，最大限度维护市民社会的团结，以便运用社会整体的力量争取人类的自由。值得一提的是，与大多数现代哲学家一样，黑格尔也相信，个人的特殊意识、欲求是人类创造性、知识和活力的源泉。因此在黑格尔看来，一个文明社会成功的关键，就在于最大限度地吸收、整合个人的知识和力量，而这一点，正是由现代国家的制度设计实现的。黑格尔宣称："国

---

① 参见〔德〕黑格尔:《法哲学原理》，张企泰、范扬译，北京：商务印书馆1961年版，第204—210页。
② 〔德〕黑格尔:《法哲学原理》，张企泰、范扬译，北京：商务印书馆1961年版，第70—71页、第210页。

家是自知的实体性质的伦理精神,这种伦理精神思考自身和知道自身,并完成一切他所知道的,而且只完成他所知道的。"①因此在黑格尔看来,国家最重要的使命就在于通过官僚机构、同业工会和立法会议等部门获取关于市民社会各个环节及其相互关系的知识,从而能够以整体性的知识和力量,去促进、维护社会各个领域中的具体自由,最终使生活世界的丰富内容真正为人所支配和享受。也正是在这个意义上,黑格尔说:"认识的目的是自由,而认识本身就是自由产生出来的道路。"②至此,黑格尔第一次给予了现代世界一个完整的精神结构,人的知识与意志贯穿其中,推动着社会和自然不断向着人的自由提升。毫无疑问,黑格尔的工作彻底改变了古典政治经济学的自然主义方法论,使常识意义上的经济学上升到了精神科学,从而能够在根本上说明人类经济活动的自由本性,并唤醒人们,去掌握自身的命运。

二、马克思在《1857—1858年经济学手稿》中对黑格尔的批判

黑格尔将现代自由思想带向了一个重要的转折点,因为只有超越古典政治经济学对于现代社会的自然主义解释——后者声称现代经济生活体现永恒的自然规律——对现代资本主义制度的批判和提升才有可能。马克思显然深知这一点,并且像黑格尔一样,他也选择了从经济领域出发考察人类自由的思想进路,因为在马克思看来,经济领域是人类精神与自然打交道的基础领域,只有在经济领域中确立起来的自由,才能得到被人类改造了的自然的支撑,具有现实的直观性。不仅如此,马克思还注意到,自然本身作为本能和物质必然性的强制力量,也必然会通过经济活动反映自身。经济活动因此始终是物质必然性的奴役与人的精神自由角力的战场。只有人类精神实现了对经济的主导和控制,人性

---

① 〔德〕黑格尔:《法哲学原理》,张企泰、范扬译,北京:商务印书馆1961年版,第253页。
② 〔德〕黑格尔:《精神哲学》,杨祖陶译,北京:人民出版社2006年版,第200页。

的丰富、自由和美才能成为他们的实际生活。马克思认为希腊人就是在奴隶制的基础上实现了这一点。但是，从另一方面来看，马克思又认为，黑格尔对于建立在经济活动基础上的人类自由的理解，同时犯下了唯物主义与唯心主义的双重错误。第一，黑格尔关于市民社会的"经济团结"的观点是唯心主义的。他看到了经济生活中人的意识和观念的作用，看到了经济生活的普遍性和可理解性，但是却没有对资本主义经济本身受制于物质必然性（资本逻辑）的方面给予足够重视。可以说，黑格尔已经从资本主义创造的历史条件中理解到了"精神自由"主宰经济生活，进而使世界从属于人类共同体的崇高理想，但是却没有认真思考如何改造资本主义创造的历史条件，特别是社会物质条件，使他的理想成为现实。这一点正像克尔凯郭尔所批判的那样："哲学家建筑了思想的宫殿，却居住在一座茅屋里。"[①]第二，黑格尔的错误也是唯物主义的。因为黑格尔没能提出从根本上改造资本主义经济生活的要求，人类的主要精力（大多数人）仍然受困于物质必然性的强迫，无暇顾及精神的自由创造活动。黑格尔的精神自由、精神的丰富性，只有作为社会整体才出现，大多数人只能局部参与其中，从事单调乏味的职业劳动，最多不过是获得某种伦理情绪的慰藉，哲学、艺术、科学乃至真挚的友谊的并不向所有人开放。就此而论，即便是黑格尔的国家理念，本身也并没有超出古典政治经济学的现实旨趣，而毋宁是希望通过形成一种社会共识和公共力量，维护资本主义社会的既定秩序。可见，在黑格尔那里，超越资本主义经济学的精神原则，并没有造成超越资本主义经济生活的现实理想。自由的只是抽象的国家和社会，而不是具体的每个人的个性。在这一点上，马克思的理想要崇高得多，尽管个人禀赋各异，但是马克思却追求创造个人发展它的一切自由禀赋和精神享受的条件。与之相比，黑格尔远远够不上真正的超越性和理想主义。

也正是在这个意义上，马克思着手批判黑格尔的"经济和谐"神话，进而指出：被黑格尔所看重的现代经济的合理性，恰恰是造成现代社会

---

① 张世英主编：《新黑格尔主义论著选辑》下卷，北京：商务印书馆2003年版，第454页。

奴役、分化的"资本逻辑"。在《法哲学原理》中，黑格尔曾经从现代经济生活的需要、劳动、财富（货币）三个环节，逐层论证了现代自由的丰富性、普遍性和可理解性，以此证明人类团结一致，追求共同自由的巨大潜力。而马克思则在《1857—1858 经济学手稿》中反其道而行之，从货币和交换关系出发，指出在现代经济中，人类仍然没有从物质必然性的统治下解放出来，价值和交换体系与其说是造成了社会的普遍理解，不如说是造成了对大众的普遍欺骗。同样，受交换价值支配的劳动所创造的也不是社会生活和财富的普遍性，而是资本的统治和劳动者的贫困。就此而论，资本主义社会虽然能够创造出丰富多样的物质和精神需求，但是这些需求只有在彻底扬弃资本主义经济的条件下才能真正为人类所享有。

首先，黑格尔认为，在现代经济生活中最核心的观念是"货币"（财富）。货币实现了人与人的普遍交换关系，为人们提供了相互理解、合作、以全体力量应对物质需要的社会平台，它因此具有精神解放的意义和普遍的共同体价值。但是，马克思却看到，货币、交换价值在首先是共同体解体的表现。马克思指出，在真正的共同体中（无论是古代的还是未来的），共同生产本身作为中介联系着个人，"单个人的劳动一开始就被设定为社会劳动……它的产品不是交换价值"[1]，而是共同消费和由此产生的伦理情感。而交换价值、货币作为共同体，只是独立的私人的社会关系，个人通过它追求私人的利益，彼此漠不关心。[2]不止于此，交换价值、货币作为独立个人的社会联系，还必然会表现为物质必然性对人的奴役。在普遍的分工和交换体系中，个人不再直接生产自己的生存资料，而是必须通过交换价值的中介获取生存资料，[3]交换价值、货币因此成为凌驾于个人之上的社会权力。凭借这一权力，交换价值所有者就能够给整个社会带上物质必然性的枷锁，使他人的生命活动从属

---

[1] 《马克思恩格斯全集》第 30 卷，北京：人民出版社 1995 年版，第 122 页。
[2] 参见《马克思恩格斯全集》第 31 卷，北京：人民出版社 1998 年版，第 355 页。
[3] 参见《马克思恩格斯全集》第 30 卷，北京：人民出版社 1995 年版，第 143 页。

于其发财致富的无限欲望，而不得自由。因为交换价值的最根本权力就在于制造不平等交换，在于欺骗。它制造了劳动力作为商品参与平等交换的假象，使劳动者在物质需要的压迫下失去了自身的创造性活动和产品。

其次，黑格尔认为，在现代经济的普遍交换和分工体系中，劳动成为了一种普遍的社会劳动，人们通过劳动创造出了共同的现实生活和自由。"劳动的实践教育……在于限制人的活动，即一方面使其活动适应物的性质，另一方面，而且是主要的，使能适应别人的任性；最后，在于通过这种训练产生客观活动的习惯和普遍有效的技能手段。"[①]"劳动陶冶事物。对于对象的否定关系成为对象的形式并且成为一种有持久性的东西……这个否定的中介过程或陶冶的行动同时就是意识的纯粹自为存在，这种意识现在在劳动中外在化自己，进入到持久的状态。"[②]马克思认为，黑格尔以此"抓住了劳动的本质"，人类正是通过具有社会性的劳动，发展出了超越本能的文明生活方式，造就了合乎人类自由本性的现实存在。但是，马克思又在黑格尔的基础上，进一步指出，在交换价值的统治下，劳动所创造的共同生活只是一个虚幻的共同体，它的统一建立在物质必然性的奴役和强制的基础上，劳动的创造性、自由最终必然被作为资本的交换价值所吞噬。具体来说，劳动屈从于资本无限自我增值的目的。而资本之所以能够实现自我增值，正是由于它作为交换价值垄断了社会权力，从而能够强迫劳动者为了自身的生存需要，以仅能够维持自身劳动力生产的代价，出卖其全部劳动时间，也就是他的自由生命和全部创造力，劳动过程由此也就成了社会共同体分裂和劳动者丧失自身的过程。

最后，从需要的观点看，黑格尔认为现代经济生活使人的需要不断丰富化、精细化（特殊化），造成了人类对自然的广泛利用，从而拓展了人的自由；同时，由于需要的特殊性的发展，社会成员在满足多样化需

---

① 〔德〕黑格尔：《法哲学原理》，张企泰、范扬译，北京：商务印书馆1961年版，第209页。
② 〔德〕黑格尔：《精神现象学》，贺麟、王玖兴译，北京：商务印书馆1979年版，第150页。

要的手段方面，更加相互依赖，社会的普遍合作也由此得到了发展。①黑格尔相信这一切体现出了人类团结一致，争取自由的巨大潜力。但是马克思却看到，在资本主义社会中，需要的特殊化，反而造成了个人活动和产品对于交换价值的依赖，在此基础上建立起来的只能是资本（交换价值）对于劳动者的奴役关系。②不仅如此，马克思还注意到，在资本增值的生产目的下，"工资（工人所占有的交换价值）始终等于生产它所必需的劳动时间"③，劳动者因此始终无法获得足够的交换手段去占有全部社会产品，社会需要的丰富性由此也就不再体现为人类的共同自由，而是体现为劳动者的物质贫乏和精神衰退。至此，通过对交换价值（资本）、劳动和需要的重新分析，马克思成功地证明：黑格尔所鼓吹的现代经济的合理性，仍然是一种压迫和奴役人的物质必然性的力量，人类的团结和自由，必须通过对现代资本主义经济的超越才能实现。

三、《资本论》及其手稿中的自由理想

现在需要指出的是，在《资本论》及其手稿中，马克思又从更深刻的意义上重建了黑格尔的精神自由理想。虽然马克思认为，黑格尔对现代经济的合理性的解释过于乐观，但是他却没有因此否认黑格尔使精神自由现实化的理想。对于多数马克思的研究者而言，容易认识的是马克思的唯物论观点，马克思在这一观点下对资本主义的生产条件、资本自身运动和瓦解的规律做出了深刻的揭示。但是我们又必须注意到，马克思最彻底的唯物论观点，本身就有着最崇高的精神追求，这就是要使自由个性和精神享受本身成为现实的社会存在，也可以说是精神自由的现实化。我们知道，黑格尔和费尔巴哈曾经在马克思的思想起源中注入了一个深刻的理想，就是由基督教的"上帝创造并拥有世界"的思想转译

---

① 参见〔德〕黑格尔：《法哲学原理》，张企泰、范扬译，北京：商务印书馆1961年版，第206—207页。
② 参见《马克思恩格斯全集》第30卷，北京：人民出版社1995年版，第106页。
③ 《马克思恩格斯全集》第30卷，北京：人民出版社1995年版，第601页。

而来的人类自身创造并拥有其生活世界的深刻理想。终其一身，马克思都坚信这一理想体现了现代自由的最高含义。同时，也只有根据这一理想，马克思才能构建出超越资本主义社会的自由原则：社会的全体劳动者作为生活世界的创造者，应该将他们共同创造的社会关系、社会生活的物质和精神条件置于自身的自觉支配之下，使之从属于每个人的创造性天赋的充分发展以及每个人对于自身创造性（包括物质产品和精神产品）的真实体验。马克思相信，与此相比，以往的一切社会形态都只是人类的史前史，而他的唯物论观点和资本主义批判本身则不过是为了阐明，对于实现人类的自由这一根本任务来说，已经存在并且正在继续生成的社会条件。①因为在马克思看来，实现人类自由的历史任务和社会条件，恰恰已经在资本主义社会中被创造出来了。

首先，马克思认为，资本运动暗含着自我否定的规律，并且直接生产出了自身的对立面，即社会化的劳动者——马克思相信建立在物质必然性的压迫基础上的奴役、对抗的社会形态正是由此结束的。因为资本只能通过无偿占有工人的剩余劳动时间获取剩余价值。这种资本增长方式必然导致社会总需求的不足。资本主义由此遇到了他自身的限度：虽然对于单个资本家来说，将剩余劳动时间转化为交换价值所需要的消费能力（工资）总是足够的，但是从总体上看，工人的工资无法提供资本增值所需的全部消费能力，剩余劳动时间将无法实现为交换价值。②资本运动于是就陷入了自我否定的境地，表现为生产过剩、中断、失业和贫困的资本主义经济危机。马克思由此指出，只有取消交换价值和资本私有制，实现全体劳动者对于生产过程的控制，使人的需要，而不是资本增值成为生产的目的，才能从根本上摆脱这一危机，改变人与自身和自然的冲突关系，使人们真正成为自由生活的共同创造者，使自然真正成为人类自由的物质表现。而这一点，在马克思看来，正是由资本运动的对立面即社会化的劳动者实现的。因为后者即在资本主义的稳定时期

---

① 参见《马克思恩格斯选集》第2卷，北京：人民出版社1995年版，第32—33页。
② 参见《马克思恩格斯全集》第30卷，北京：人民出版社1995年版，第397、403—407、433页。

经历了组织性、知识和技能水平方面的锻炼，理解了资本主义所创造的社会化生产过程，又在资本主义的危机中首当其冲，从而能够认识到资本私有制已经成为了社会化生产的桎梏，只有通过劳动者的自由联合，将全部生产力置于他们的自觉控制之下，人类才能结束被资本奴役与被生产的盲目性困扰的历史，重新成为自身生命活动及其创造性的主人。①

其次，马克思认为，资本主义在取消自身的统治以前，已经为人类自由的发展准备好了必要的物质和精神条件。马克思说："资本的伟大历史方面就是创造剩余劳动。"②这种对于剩余劳动的追求，最终为科技的广泛运用和大工业的出现提供了条件和动力，劳动生产率由此得以不断增长。社会只需用较少的劳动时间就能满足劳动者的需要，而被节约的劳动时间则成为新的剩余价值的来源。马克思相信，一旦这种生产力条件被联合起来的自由劳动者占有，用来创造剩余价值的那部分劳动时间就将直接转化为闲暇和自由时间，从而成为每个人发展自由个性和全面精神享受的条件。马克思注意到，资本主义生产力发展所创造的可以自由支配的时间，总是被浪费在无法转化为交换价值的过剩劳动上，造成破坏生产力发展的经济危机。相反，由联合起来的自由劳动者所掌握的生产力则摆脱了这种限制，它将以把社会必要劳动时间缩减到最低限度为目的，从而使"每个人都有充分的闲暇时间去获得历史上遗留下来的文化——科学、艺术、社会交往方式等等——中一切真正有价值的东西；并且不仅是去获得，而且还要把一切从统治阶级的独占品变成全社会的共同财富并加以进一步发展"③。除此之外，马克思还注意到，资本主义社会发展出了需要和人自身的丰富性。资本为了实现剩余价值，要求扩大消费，它因此致力于利用一切自然和精神的属性创造新的需要。资本的这种创造活动，同时培养了人，他把人作为"具有尽可能丰富的属

---

① 参见《马克思恩格斯文集》第5卷，北京：人民出版社1995年版，第874页。
② 《马克思恩格斯全集》第30卷，北京：人民出版社1995年版，第286页。
③ 《马克思恩格斯文集》第3卷，北京：人民出版社2009年版，第258页。

性和联系的人,因而具有尽可能广泛需要的人生产出来"①。因为要使人具有多方面需求,他就必须有享受的能力,必须是具有高度文明的人。马克思相信,这种需要的丰富性和人的文明程度的提高,最终为个人对于自由时间的利用提供了预备性的内容,人类自由必须以此为起点才能迈向更高的阶段。

在此基础上,马克思最终深刻地阐明了现代社会自身孕育的光明前景。根据马克思的设想,在超越资本主义的新社会中,人类虽然仍将从事与自然打交道的经济生产活动,但他们生产的直接目的只是为了获得全体个人的满足,生产的盲目性和无限性从动机上受到了控制。受此影响,生产的物质必然性层面也不再是产生社会对抗和奴役的根源,它已经成了人与人联系的纽带,个人在他们的生产活动中直接是具有一致利益的共同体,交换关系由此将被人与人的真诚交往所取代。人类虽然终究不免于应对物质必然性的劳动,但是他们却在这种劳动中得到了友谊的补偿,劳动生产出了社会的爱戴和美德。不仅如此,因为新社会废除了资本增值这一生产目的,它也就同时使人类的经济生活发生了一种真正的人道主义自觉,闲暇(自由时间)的创造和不断扩大最终成了社会生产以及生产力发展的最高目标,人类从而有可能追求自身在科学、艺术等方面的一切精神禀赋,追求自由个性的实现。"社会为生产小麦牲畜等等所需的时间越少,它所赢得的从事其他生产,物质的或精神的生产的时间就越多。"②马克思还进一步指出,对于人来说,自由劳动,"例如作曲,仍然是非常严肃、极其紧张的事情"③,需要经过长时间的努力,人才能获得"有音乐感的耳朵,能感受形式美的眼睛,总之那些能成为人的享受的感觉,即确证自己是人的本质力量的感觉"④。可见,马克思也像康德一样,认为时间性是连接理念与经验的枢纽,只有当人类一生的大部分时光,都有可能在对自我实现与自我超越的追求中度过

---

① 《马克思恩格斯全集》第30卷,北京:人民出版社1995年版,第389页。
② 《马克思恩格斯全集》第30卷,北京:人民出版社1995年版,第123页。
③ 《马克思恩格斯全集》第30卷,北京:人民出版社1995年版,第616页。
④ 〔德〕马克思:《1844年经济学哲学手稿》,北京:人民出版社1998年版,第87页。

时,人的创造性、自由才能最终成为全面、深刻和美的现实感受。在《精神现象学》中,黑格尔已经阐述过精神自由的理念在它的完成阶段将直接成为现实存在的思想:"自为的理念,按照它同它自己的统一性来看,就是直观"①,是"达到概念式理解的精神向着特定存在的直接性的返回"。②马克思则更进一步,他相信精神自由既是所有个人重新建立人与人、人与自然之间的关系的创造性活动,又是个人自我实现的现实感性内容,精神自由的真实含义最终将被个人的全部生活所诠释,并在个人的精神创造和享受的感性经验中达到"本质直观",而这也就意味着,生活本身对于每个人来说成了最高的艺术,成了美本身。

---

① 〔德〕黑格尔:《小逻辑》,贺麟译,北京:商务印书馆1980年版,第427页。
② 〔德〕黑格尔:《精神现象学》下卷,贺麟、王玖兴译,北京:商务印书馆1979年版,第272页。

附 录
卢梭与现代共同体

卢梭属于那种永远会在人类的思想和行动中激起波澜的源头式人物，因为他身上结合了那种在开端中预见危机、在混沌中重建秩序的道德和政治天赋。借助于他的天才，我们总是能够更好地理解我们自己的时代，并为解决我们共同的问题找到灵感。卢梭比他的所有同时代人都清楚，启蒙所进行的那场针对王冠和圣坛的史诗般的战斗，已经尘埃落定。最初只是在艺术和科学中获得复兴的主体性、"个人"，现在凭借印刷术和商业的力量成为了新世界的居民。从这一刻起，人们相信最重要的事情——"幸福"只是每个人的私事，人生来就被赋有追求自身利益的诸多权利：自由、平等。但是就在这个大多数人都相信人类已经走出了昏暗的童年，开始主宰自身命运的时刻，卢梭却因其更为敏锐和富有远见而表现得孤独、忧郁，甚至不近人情。从很多地方看卢梭都更像是现代的柏拉图。他意识到这些初尝自由滋味的现代人正在把与自由背道而驰的唯利是图、恣意行事和胡作非为当做自由，并且他们正因此遭遇着一种危险，这就是"他们的革命最终将使他们落入到蛊惑家的手里，使他们的锁链更加沉重"。无疑，卢梭的这一洞见已经揭露出了自由资本主义制度的要害所在。为此他提出补救办法，就是重新使个人的意见统一于理性（社会性）的真理，并在这一基础上建立取代旧王国和宗教的现代共同体。卢梭相信只有这样才能使现代人的自由获得真正的保障。

按照布鲁姆的看法，卢梭在思想史上的重要地位首先在于他是第一位从左派内部对启蒙和现代性展开批判的人。在他以前，霍布斯、洛克等现代性的先驱们已经意识到以虔敬、信仰、"神性的应然"为基础的中世纪政治理想本身并不能有效地规范世俗生活,教会的世俗化、腐败、堕落和宗教战争最终证明人类社会的永恒秩序并不存在于神谕和教义之中,政治哲学必须降底目标,在世俗人性的"实然"中,也就是在个人的自利、自保的本能和经验中寻找基础。早期现代性哲学家以此开始把政治社会理解为人的创制和作品,而这本身也就预示着人最终将成为取代"神"的、具有创制性的"精神存在"。早期现代性哲学家的这些观点在应对现代初期的社会动乱和宗教内战方面取得了巨大的成功。他们从每个人自利、自保的本能中推导出了个人的生命、私有财产等"自然权利",以此对抗教会和封建制等虚假的公共权威,并在急剧变革的社会中重新为个人自由做出了积极的限定,从而使现代社会有可能在一个全新的基础上,即政治个人主义的开明自利和理性计算的基础上恢复和平和繁荣。但是卢梭却对此提出了反驳意见。卢梭认为,自然本身无法为社会立约。因为自然人的激情和欲望实际上都相当有限,他们从不过分担心别人的威胁,至于他们对物的占有,也只是以他们的实际利用为限。自然人在本质上是离群索居的,他依赖自然的厚爱而不是他的同类来生活。自然人因此也不需要理性计算。相比之下,霍布斯、洛克主张的自然本能和欲望实际上只是在人除非依赖他人就不能生存的社会状态中被败坏了的激情,它们属于精于计算的利己主义者,以之为目标建立的社会必然倾向于奴役和僭政。卢梭由此提醒我们,霍布斯、洛克的自然权利观念,特别是作为现代社会基础的私有财产观念,在根本上只是保障了通过财产役使他人为自身牟利的资产者的利益,因为法律保护私有财产,也就同时把富人剥夺穷人变成了持久和正当的权利。可见,霍布斯、洛克的政治个人主义非但不能保障自由,使个人免于依附,反而还会使他们身上的锁链更加沉重。

为了将自由从资产者手中拯救回来,卢梭把目光投向了斯巴达和古代罗马的共和政体,由此导致了社会共同体和精神概念的真正复兴。卢梭相信个人只有在祖国中,在一个真正的社会共同体中才有自由可言,个人的生命、财产等一切权利在根本上都是通过社会才存在的，个人只有作为社会的公民，作为主权共同体的一分子才能获得这些由于结成社会而带来的便利。当然作为现代哲人卢梭也承认个人对自身的偏爱是他们结合成社会的原因，在这一点上他并不完全否定霍布斯和洛克所开创的政治个人主义传统，但是卢梭的高明之处却在于，他知道，人一旦进入社会状态，正义就必须取代本能，每个人得之于共同体的有道德的生命就必须取代每个人得之于自然的天性。卢梭相信，社会共同体本身是人的一种理性的创制，其根本要义就在于每个人将其生命、财产置于社会公约（公意、法律）的监护之下，从而作为公共利益而受到保护。并且因为社会公约只专注于法律等共同利益，而非个体的幸福问题，所以在社会公约中，每个人所接受的条件与其他人所接受的条件是完全同等的，人们只是献出了有可能有害于别人的自由的东西，这一点完全符合他们自身的理性利益，社会公约因此只是理性自己为自己定下的法律，它使人们在根本上脱离了愚昧、局限的动物状态，变得更加自由。卢梭对于社会共同体的这一全新理解影响深远。人能够通过一种普遍的自我立法，超出自然范畴，创制社会，这一点直接启发了康德的先验伦理学，并在后者那里作为人之精神优越性的绝对证明，为"人是目的"这一现代性的核心价值奠定了基础。甚至黑格尔关于"绝对精神"显现为社会和国家的观点也起源于此。因为人、精神只有通过理性创造了独立于自然法则的普遍社会法则，才能显现自身为精神，才能肯定自身为绝对的自由。当然，卢梭对于社会共同体的理解也有不足之处，这就是他过分强调个体在道德、理性方面对共同体的认同，却没有对个人参与社会的具体方式给予足够的重视，而后者只是到了斯密、斯图亚特等古典政治经济学家那里才获得了比较充分的考察。卢梭先于古典政治经济学思考现代社会，因此缺少对现代社会分工、合作环节的把握，这使得他的政治共同体实际上很难落实。由此造成的结果就是，卢梭的社会蓝图不是停留于一种"为义务而以务"、不涉及任何具体对象的形式化的说教（康德的道德律），就是演变为一场个人假借道德之名攻击社会、践踏法律的暴乱（雅各宾专政）。

即便如此，卢梭的教导却没有徒劳，因为社会共同体的观念自此已经深入人心，它构成了现代性自我更新的一个重要维度。在这方面，黑格尔是卢梭的一个重要追随着。他以政治经济学所描绘的现代社会分工体系充实了卢梭的共同体理想，以此打造出使生产、司法、行政和意识形态体系真正统一的现代民族国家理念。根据这一理念，公民在其所参与的一切社会领域中的自由和权利都将获得制度化的保障，公民也因此真正与社会融为一体。应该说，黑格尔对于卢梭思想的这一发展对于当代政治实践来说仍然具有真理性，因为一个国家的最高成就和真正力量就在于能够合理地安排内政，使生产、司法等各个领域协调一致，从而使个人对社会的参与能够创造出更大的社会财富来实现公民的幸福。卢梭思想的另一个重要追随者是马克思，他也像黑格尔一样重视政治经济学对于理解现代共同体的重要意义。但是相比之下，卢梭对资产者和资产阶级法权的批判却对马克思产生了更大的影响，这使他在思考现代共同体的时候能够借助于卢梭超越古典政治经济学的视野。马克思承认现代共同体的基础存在于市民社会的生产体系当中，但是现代共同体又只有在针对这一体系进行一次彻底革命的情况下才能最终确立自身。这场革命就是卢梭所说的变私有财产为社会共同体的财富，当然马克思对此作出了更为严格和科学的说明。按照马克思的看法，资本主义社会已经发展到了使社会生产和从事生产的人都变得更加全面和富有社会性的程度，社会分工至此不再具有本质性和束缚性的意义，因为生产者的全面性和丰富性，已经使他们有可能通过每个人的自由活动和自由联合来安排社会生产。马克思相信在这种情况下，卢梭所说的社会对于财产的占有，将会最终失去其法权和形式上的意义，进展到一种社会生活的真实安排；而那曾经作为私有财产和资本，使人们饱受奴役和分裂之苦的社会生产力也将因此被改造为个人自由和社会团结的共同物质条件，从而有助于人类真正步入每个人的自由发展与共同体完美结合的理想境地。马克思和黑格尔的这两个例子表明卢梭对于社会共同体观念的复兴极大地拓展了现代政治哲学的视野，从而也为现代社会的自我批判和修正准备了丰富的灵感。时至今日，尽管卢梭及其后学们的共同体理想尚未得到完全实现，但是这却并没有妨碍我们从中窥见更为全面、丰富的人性内涵和自由精神。也正因如此，在现代性和全球资本主义在中国特殊社会历史条件下深度扩张的今天，重温卢梭的教导，对于我们仍然具有重要的时代意义。

参考文献

A．著作类

[1] 〔希〕柏拉图：《理想国》，北京：商务印书馆2002年版。

[2] 〔意〕阿奎那：《阿奎那政治著作选》，北京：商务印书馆1963年版。

[3] 〔英〕司各脱：《论第一原理》，上海：华东师范大学出版社2008年版。

[4] 〔英〕霍布斯：《利维坦》，北京：商务印书馆1985年版。

[5] 〔英〕霍布斯：《论公民》，贵阳：贵州人民出版社2004年版。

[6] 〔英〕洛克：《政府论》（上、下篇），北京：商务印书馆1964年版。

[7] 〔法〕卢梭：《社会契约论》，北京：商务印书馆2003年版。

[8] 〔法〕卢梭：《论人与人之间不平等的起因和基础》，北京：商务印书馆2007年版。

[9] 〔法〕卢梭：《爱弥儿》，北京：商务印书馆1978年版。

[10] 〔德〕康德：《纯粹理性批判》，北京：人民出版社2004年版。

[11] 〔德〕康德：《实践理性批判》，北京：人民出版社2003年版。

[12] 〔德〕康德：《判断力批判》，北京：人民出版社2002年版。

[13] 〔德〕康德：《道德形而上学原理》，上海：上海人民出版社2005年版。

[14] 《康德著作全集》（第6卷），北京：中国人民大学出版社2007年版。

[15] 《康德著作全集》（第9卷），北京：中国人民大学出版社2010年版。

[16] 〔德〕康德：《历史理性批判文集》，北京：商务印书馆1990年版。

[17] 〔德〕费希特：《自然法权的基础》，北京：商务印书馆2004年版。

[18] 〔德〕费希特：《论法国革命》，贵阳：贵州人民出版社2001年版。

[19] 〔德〕黑格尔：《哲学史讲演录》（第一卷），北京：商务印书馆1959年版。

[20] 〔德〕黑格尔：《哲学史讲演录》（第二卷），北京：商务印书馆1960年版。

[21] 〔德〕黑格尔：《哲学史讲演录》（第三卷），北京：商务印书馆1959年版。

[22] 〔德〕黑格尔：《哲学史讲演录》（第四卷），北京：商务印书馆1959年版。

[23] 〔德〕黑格尔：《小逻辑》，北京：商务印书馆1980年版。

[24] 〔德〕黑格尔：《逻辑学》（上、下卷），北京：商务印书馆1977年版。

[25] 〔德〕黑格尔：《精神现象学》（上、下卷），北京：商务印书馆1979年版。

[26] 〔德〕黑格尔：《法哲学原理》，北京：商务印书馆1961年版。

[27] 〔德〕黑格尔：《历史哲学》，上海：上海世纪出版集团2006年版。

[28] 〔德〕黑格尔：《精神哲学》，北京：人民出版社2006年版。

[29] 〔德〕黑格尔：《精神哲学》，武汉：华中师范大学出版社2006年版。

[30] 〔德〕黑格尔：《宗教哲学》（上、下卷），北京：中国社会出版社2005年版。

[31] 〔德〕黑格尔：《宗教哲学讲座》，济南：山东大学出版社1988年版。

[32] 〔德〕黑格尔：《自然哲学》，北京：商务印书馆1997年版。

[33] 〔德〕黑格尔：《哲学科学全书纲要》，北京：北京大学出版社2010年版。

[34] 《黑格尔政治著作选》，北京：中国法制出版社2008年版。

[35] 《黑格尔早期著作集》（上），北京：商务印书馆2003年版。

[36] 《黑格尔通信百封》，上海：上海人民出版社1981年版。

[37] 《费尔巴哈哲学著作选集》（上、下卷），北京：商务印书馆1959年版。

[38] 〔德〕费尔巴哈：《基督教的本质》，北京：商务印书馆1997年版。

[39] 《马克思恩格斯选集》（第1—4卷），北京：人民出版社1995年版。

[40] 《马克思恩格斯全集》（第2卷），北京：人民出版社1957年版。

[41] 《马克思恩格斯全集》（第3卷），北京：人民出版社1960年版。

[42] 《马克思恩格斯全集》（第40卷），北京：人民出版社1982年版。

[43] 《马克思恩格斯全集》（第2版），第1、3、30卷．北京：人民出版社。

[44] 〔德〕马克思：《1844年经济学哲学手稿》，北京：人民出版社2000年版。

[45] 〔德〕马克思：《资本论》（第1—3卷），北京：人民出版社2004年版。

[46] 〔德〕马克思：《剩余价值学说史》（第2卷），北京：北京理工大学出版社2011年版。

[47]〔英〕斯密：《国富论》，北京：中央编译出版社2011年版。

[48]〔英〕李嘉图：《政治经济学及赋税原理》，北京：译林出版社2011年版。

[49]〔英〕西尼尔：《政治经济学大纲》，北京：商务印书馆1977年版。

[50]〔英〕米克：《劳动价值学说的研究》，北京：商务印书馆1963年版。

[51]〔法〕萨伊：《政治经济学概论》，北京：商务印书馆1963年版。

[52]〔美〕亨特：《经济思想史——种批判性的视角》，上海：上海财经大学出版社2007年版。

[53]〔英〕唐纳德·温奇：《亚当·斯密的政治学》，北京：译林出版社2010年版。

[54]〔英〕米尔斯：《一种批判的经济学史》，北京：商务印书馆2005年版。

[55]〔英〕彼得·甘西：《反思财产》，北京：北京大学出版社2011年版。

[56]〔法〕科耶夫：《黑格尔导读》，南京：译林出版社2005年版。

[57]张世英编：《新黑格尔主义论著选辑》（上卷），北京：商务印书馆1997年版。

[58]张世英编：《新黑格尔主义论著选辑》（下卷），北京：商务印书馆2003年版。

[59]〔苏〕阿尔森·古留加：《黑格尔传》，北京：商务印书馆1978年版。

[60]〔德〕库诺·菲舍尔：《青年黑格尔的哲学思想》，长春：吉林人民出版社1983年版。

[61]〔法〕阿尔都塞：《黑格尔的幽灵》，南京：南京大学出版社2005年版。

[62]〔法〕雅克·敦德：《黑格尔与黑格尔主义》，北京：商务印书馆1995年版。

[63]〔德〕里夏德·克朗纳：《论康德与黑格尔》，上海：同济大学出版社2004年版。

[64]〔美〕汤姆·罗克摩尔：《黑格尔：之前和之后》，北京：北京大学出版社2005年版。

[65]〔加〕查尔斯·泰勒：《黑格尔》，南京：译林出版社2002年版。

[66]〔意〕洛苏尔多：《黑格尔与现代人的自由》，长春：吉林出版集团有限责任公司2008年版。

[67]〔匈〕卢卡奇：《青年黑格尔》，北京：商务印书馆1963年版。

[68]〔美〕希克斯：《黑格尔与普世秩序》，北京：华夏出版社2009年版。

[69]〔美〕罗伯特·皮平：《黑格尔的观念论》，北京：华夏出版社2006年版。

[70]〔德〕沃尔特·考夫曼:《黑格尔:一种新解说》,北京:北京大学出版社1989年版。

[71]〔美〕弗雷德里克·詹姆逊:《黑格尔的变奏》,北京:中国人民大学出版社2011年版。

[72] 中国社会科学院编:《国外黑格尔哲学新论》,北京:中国社会科学出版社1982年版。

[73]〔法〕科尔纽:《马克思恩格斯传》,北京:生活·读书·新知三联书店1980年版。

[74]〔德〕罗森:《布鲁诺·鲍威尔和卡尔·马克思》,北京:中国人民大学出版社1984年版。

[75]〔英〕麦克莱伦:《马克思传》,北京:中国人民大学出版社2010年版。

[76]〔英〕麦克莱伦:《青年黑格尔派与马克思》,北京:商务印书馆1982年版。

[77]〔意〕奈格里:《大纲》:超越马克思的马克思,北京:北京师范大学出版社2011年版。

[78]〔德〕洛维特:《世界历史与救赎历史》,上海:上海人民出版社2006年版。

[79]〔德〕洛维特:《从黑格尔到尼采》,北京:生活·读书·新知三联书店2006年版。

[80]〔法〕科耶夫等:《驯服欲望》,北京:华夏出版社2002年版。

[81]〔美〕施特劳斯:《霍布斯的政治哲学》,南京:译林出版社2001年版。

[82]〔美〕施特劳斯:《自然权利与历史》,北京:生活·读书·新知三联书店2006年版。

[83]〔美〕施特劳斯:《苏格拉底问题与现代性》,北京:华夏出版社2008年版。

[84]〔美〕施特劳斯:《犹太哲人与启蒙》,北京:华夏出版社2009年版。

[85]〔美〕施特劳斯:《政治哲学史》(上、下卷),石家庄:河北人民出版社1993年版。

[86]〔美〕施特劳斯:《什么是政治哲学》,北京:华夏出版社2011年版。

[87]〔法〕阿尔都塞:《保卫马克思》,北京:商务印书馆2006年版。

[88]〔法〕阿尔都塞:《读〈资本论〉》,北京:中央编译出版社2001年版。

[89] 〔法〕阿尔都塞:《哲学与政治》,长春:吉林人民出版社 2004 年版。

[90] 〔美〕施特劳斯:《苏格拉底与阿里斯托芬》,北京:华夏出版社 2011 年版。

[91] 〔美〕施特劳斯等:《回归古典政治哲学》,北京:华夏出版社 2006 年版。

[92] 〔美〕施特劳斯、科耶夫:《论僭政》,北京:华夏出版社 2006 年版。

[93] 〔美〕布鲁姆:《美国精神的封闭》,上海:译林出版社 2007 年版。

[94] 〔美〕布鲁姆:《巨人与侏儒》,北京:华夏出版社 2007 年版。

[95] 〔美〕沃格林:《政治观念史稿》(卷一 希腊化、罗马和早期基督教),上海:华东师范大学出版社 2009 年版。

[96] 〔美〕沃格林:《政治观念史稿》(卷二 中世纪至阿奎那),上海:华东师范大学出版社 2009 年版。

[97] 〔美〕沃格林:《政治观念史稿》(卷三 中世纪晚期),上海:华东师范大学出版社 2009 年版。

[98] 〔美〕阿伦特:《论革命》,南京:译林出版社 2007 年版。

[99] 〔美〕阿伦特:《人的境况》,上海:上海人民出版社 2009 年版。

[100] 〔英〕艾瑞克·霍布斯鲍姆:《革命的年代》,南京:江苏人民出版社 1999 年版。

[101] 〔英〕艾瑞克·霍布斯鲍姆:《资本的年代》,南京:江苏人民出版社 1999 年版。

[102] 〔英〕伯林:《反潮流:观念史论文集》,南京:译林出版社 2002 年版。

[103] 〔英〕伯林:《现实感:观念及其历史研究》,南京:译林出版社 2004 年版。

[104] 〔美〕恩伯莱、寇普编:《信仰与政治哲学——施特劳斯与沃格林通信集》,上海:华东师范大学出版社 2007 年版。

[105] 〔英〕彼德·拉斯莱特:《洛克〈政府论〉导论》,北京:生活·读书·新知三联书店 2007 年版。

[106] 〔美〕吉尔丁:《设计论证》,北京:华夏出版社 2006 年版。

[107] 刘小枫、陈少明主编:《康德与启蒙》,北京:华夏出版社 2004 年版。

[108] 〔美〕沃格林:《秩序与历史》(卷二 城邦的世界),南京:译林出版社 2009 年版。

[109] 〔美〕阿伦特:《马克思与西方政治思想传统》,南京:江苏人民出版社 2007 年版。

[110] 〔德〕克里斯·桑希尔:《德国政治哲学:法的形而上学》,北京:人民出版社 2009 年版。

[111] 〔美〕马克·里拉:《夭折的上帝:宗教、政治与现代西方》,北京:新星出版社 2010 年版。

[112] 〔法〕皮埃尔·莫内:《自由主义思想文化史》,长春:吉林人民出版社 2004 年版。

[113] 〔奥〕弗里德里希·希尔:《欧洲思想史》,桂林:广西师范大学出版社 2007 年版。

[114] 〔德〕韦伯:《宗教社会学》,桂林:广西师范大学出版社 2011 年版。

[115] 〔德〕韦伯:《古犹太教》,桂林:广西师范大学出版社 2010 年版。

[116] 〔美〕拉吉罗:《欧洲自由主义史》,长春:吉林人民出版社 2001 年版。

[117] 〔美〕萨拜因:《政治学说史》(上、下卷),上海:上海人民出版社 2010 年版。

[118] 〔美〕伯尔基:《马克思主义的起源》,上海:华东师范大学出版社 2007 年版。

[119] 〔匈〕费伦茨·费舍尔编:《法国大革命与现代性的诞生》,哈尔滨:黑龙江大学出版社 2010 年版。

[120] 〔法〕弗朗索瓦·傅勒:《思考法国大革命》,北京:商务印书馆 2005 年版。

[121] 〔德〕特洛尔奇:《 基督教理论与现代》,北京:华夏出版社 2004 年版。

[122] 〔美〕保罗·蒂利希:《基督教思想史》,北京:东方出版社 2008 年版。

[123] 〔美〕科林·布朗:《基督教与西方思想》(卷一),北京:北京大学出版社 2005 年版。

[124] 〔美〕史蒂夫·威尔肯斯:《基督教与西方思想》(卷二),北京:北京大学出版社 2005 年版。

[125] 赵林:《黑格尔的宗教哲学》,武汉:武汉大学出版社 2005 年版。

[126] 赵汀阳:《坏世界研究》,北京:中国人民大学出版社 2009 年版。

[127] 赵汀阳:《每个人的政治》,北京:社会科学文献出版社 2010 年版。

[128] 张盾:《马克思的六个经典问题》,北京:中国社会科学出版社 2009 年版。

[139] 孙正聿等：《当代马克思主义哲学专题研究》，长春：吉林人民出版社2010年版。

[130] 孙利天：《论辩证法的思维方式》，长春：吉林人民出版社2006年版。

[131] 贺来：《边界意识与人的解放》，上海：上海人民出版社2007年版。

G.期刊中析出的文献

[1] 〔德〕黑格尔：《论自然法的科学探讨方法》，载《哲学译丛》1997年第3期，第1—33页。

[2] 〔德〕黑格尔：《论自然法的科学探讨方法》，载《哲学译丛》1997年第4期，第1—10页。

[3] 〔德〕黑格尔：《论自然法的科学探讨方法》，载《哲学译丛》1999年第1期，第1—8页。

[4] 〔德〕黑格尔：《论自然法的科学探讨方法》，载《哲学译丛》1999年第2期，第1—11页。

[5] 〔法〕雅克·董特：《法国大革命和黑格尔辩证法》，载《哲学译丛》1988年第11期，第59—67页。

[6] 〔意〕多美尼科·罗苏尔多：《逻辑学、政治学与社会问题：黑格尔"右派"和黑格尔"左派"》，载《哲学译丛》1997年第7期，第35—48页。

[7] 〔德〕C.K.勃朗宁：《黑格尔和马克思的无限：从无限概念到资本概念》，载《世界哲学》2005年第6期，第37—46页。

[8] 〔美〕T.平卡德：《黑格尔发现他的声音：精神现象学》，载《世界哲学》2008年第1期，第27—38页。

[9] 邹诗鹏：《马克思主义宗教批判思想之辨析》，载《现代哲学》2011年第1期，第24—30页。

图书在版编目（CIP）数据

重建现代性的三次浪潮 / 田冠浩，袁立国著.
—北京：中央编译出版社，2015.5
ISBN 978-7-5117-2679-7

Ⅰ. ①重…
Ⅱ. ①田… ②袁…
Ⅲ. ①现代化研究
Ⅳ. ①K02

中国版本图书馆 CIP 数据核字 (2015) 第 105477 号

重建现代性的三次浪潮

出 版 人：	刘明清
责任编辑：	苗永姝
特邀编辑：	郑　锦
责任印制：	尹　珺
出版发行：	中央编译出版社
地　　址：	北京西城区车公庄大街乙 5 号鸿儒大厦 B 座（100044）
电　　话：	(010) 52612345（总编室）　　(010) 52612335（编辑室）
	(010) 52612316（发行部）　　(010) 52612317（网络销售）
	(010) 52612346（馆配部）　　(010) 55626985（读者服务部）
传　　真：	(010) 66515838
经　　销：	全国新华书店
印　　刷：	北京中兴印刷有限公司
开　　本：	787 毫米 × 1092 毫米　1/16
字　　数：	232 千字
印　　张：	17
版　　次：	2015 年 5 月第 1 版第 1 次印刷
定　　价：	50.00 元
网　　址：	www.cctphome.com　　邮　　箱： cctp@cctphome.com
新浪微博：	@中央编译出版社　　微　　信： 中央编译出版社（ID：cctphome）
淘宝网店：	中央编译出版社直销店（http://shop108367160.taobao.com）　(010)52612349

本社常年法律顾问：北京市吴栾赵阎律师事务所律师　　闫军　　梁勤
凡有印装质量问题，本社负责调换。电话：(010)55626985